Laura Morán

Perfectamente imperfectas

imago mundi

Laura Morán

Perfectamente imperfectas

El secreto para que tu relación de pareja funcione

Ediciones Destino Colección Imago Mundi **Volumen 359**

© Editorial Planeta, S. A., 2023
Ediciones Destino, un sello editorial de Editorial Planeta, S. A.
Avda. Diagonal, 662-664, 08034 Barcelona (España)
www.planetadelibros.com
www.edestino.es

Primera edición: noviembre de 2023
ISBN: 978-84-233-6403-9
Depósito legal: B. 17.035-2023
Composición: Realización Planeta
Impresión y encuadernación: Liberdúplex, S. L.
Printed in Spain - Impreso en España

A Iñaki porque, a pesar de tu sentido del humor,
eres mi persona favorita.
Gracias por hacerme tan feliz y...
el café por las mañanas.
Te quiero.

ÍNDICE

DECLARACIÓN DE INTENCIONES

Lo que tienes entre manos es un libro que pretende ayudarte a sentirte a gusto en tu relación de pareja y a saber qué podéis hacer para lograrlo. Como psicóloga, terapeuta familiar y de pareja y sexóloga he tenido la fortuna de trabajar con muchas parejas que han confiado en mí para exponerme sus desvelos, conflictos y desacuerdos para ver si eran o no resolubles.

Eso me ha permitido conocer, más allá de la teoría, diferentes formas de relacionarse, quererse, enfadarse, perdonarse, distanciarse y volver a juntarse o romper. Por eso puedo afirmar que cada pareja es feliz a su manera, aunque todas suelen tropezar en las mismas piedras cuando están en crisis.

Verás que todo es eterno hasta que se acaba y que algunos procesos terapéuticos tienen un final feliz y otros un feliz final; sin embargo, en ambos casos, suele ser así porque no podía ser de otra manera. Lo que los terapeutas de pareja buscamos es que, sea cual sea la decisión final, se tenga la sensación de haber hecho todo lo posible por rescatar una relación tan relevante como la que tenemos con nuestra pareja.

Se han inventado demasiados mitos sobre las relaciones, como, por ejemplo, que debemos ser felices para siempre, que si es la persona adecuada la pasión será eterna o que tenemos que hablar hasta la saciedad para ponernos siempre de acuerdo.

Sin embargo, no siempre es ni tiene por qué ser así. Una relación no puede (ni debe) satisfacer todas nuestras necesidades ni hacerlo en todo momento. Tampoco podemos esperar que todo sea como el primer día cuando llevamos una década juntos y tenemos dos hijos y una hipoteca en común. Y, aunque hablar es importante, no saber comunicarnos suele jugarnos malas pasadas. Además de que no siempre debemos convencer o ser convencidos por el otro.

Atesoramos tantas falsas creencias sobre el amor, el sexo y las relaciones que es difícil vivirlos de forma sana, funcional y satisfactoria. Por eso, durante las próximas páginas te invitaré a reflexionar sobre qué es lo que entendemos por ser pareja y te hablaré de las emociones que suelen entretejerla. También desmontaré algunos mitos que tanto entorpecen nuestra felicidad y te expondré qué se puede hacer para relacionarnos mejor.

Con la idea de hacer todo ello más comprensible, te contaré ejemplos inspirados en los casos que trabajo en consulta. Garantizar el secreto profesional que les debo a mis pacientes es primordial, por este motivo los detalles están tan maquillados que cualquier parecido con la realidad será pura coincidencia. Sin embargo, las dinámicas descritas sí reflejarán el día a día de las parejas con las que trabajo y puede que no te resulten ajenas.

Si llegas a la última página, espero haber podido argumentar que las parejas son perfectamente imperfectas y que, además de amor, lo que necesitan para estar a gusto es desarrollar confianza, ser capaces de comunicarse de forma eficaz y disfrutar de una intimidad emocional y sexual que les resulte satisfactoria a ambos.

¿Me acompañas?

I

¿QUÉ NOS CONVIERTE EN PAREJA?

¿De qué hablamos cuando hablamos de *pareja*? La respuesta puede parecer obvia: «Dos personas que están juntas porque se quieren» podría servir. Sin embargo, definir una relación amorosa es más complejo, dado que implica más elementos, y algunos de ellos dependen hasta de las coordenadas espacio-temporales en las que intentemos hacerlo.

Por ejemplo, las emociones que experimentes no serán las mismas hoy que cuando os enamorasteis, o los momentos críticos que atraviesa una relación pueden no ser los mismos en función de si se tienen hijos o no. Por eso el cuándo, el dónde, el qué y quiénes y muchas cosas más van a influir en qué entendemos por ser una pareja y cuáles son los ingredientes que cada una necesita para que la receta sea apetecible.

1.1. ¿Cuántos ingredientes lleva esta receta?

Volviendo al intento de definición, si te parece, puedes ensayar la tuya. ¿Te animas?

Mientras lo piensas, te facilito una: una pareja es el resultado de la unión de dos personas que comparten sentimientos amorosos, así como el deseo de alcanzar objetivos, individuales y compartidos, y que tienen la esperanza de que dicha unión sea satisfactoria y duradera. Lo sé, las definiciones académicas son incapaces de recoger lo que un vínculo amoroso significa.

Como ves, ya no son solo dos personas que se quieren. Hay más elementos, como proyectos, el factor satisfacción y qué hacemos para lograrlo. Algunos de esos elementos son internos, como los límites y las reglas que regulan la relación. Otros son externos, como otras personas y los vínculos y contextos en los que está inmersa. En breve te daré más detalles.

¿Alguna vez te habías parado a pensar que la pareja es la forma de vinculación mínima posible? Y, paradójicamente, no puede ser más compleja. Por ejemplo, no es sencillo llegar a acuerdos. Si están de acuerdo, hay consenso; pero si no lo hay, están *enfrentados*. Es decir, uno de los dos deberá ceder en favor del otro o renunciar ambos. Una pareja nunca puede emplear la democrática estrategia del voto porque aritméticamente no nos sirve de nada. Las parejas estamos condenadas a estar de acuerdo hasta en los desacuerdos. Esta realidad puede no ser trascendente si queremos elegir un restaurante para ir a cenar, pero se convierte en un gran problema si tenemos que resolver tener hijos o no.

Si no fuera por el tema sentimental, de hecho, parecería que hablo de una relación empresarial, ¿verdad? Y así era como, hace no tantos siglos, se concebían los matrimonios: como enlaces que buscaban asegurar una serie de beneficiosos fines para todo un clan.

Sin embargo, hoy eso sería un motivo secundario. En la actualidad, los sentimientos como el amor juegan un papel principal. En nuestro contexto es prácticamente imposible que nadie piense en formar una pareja si no exis-

Aunque el amor es esencial en una relación, le pasa lo mismo que a la paella con el arroz: que es esencial, pero no suficiente.

ten emociones románticas, amorosas, libidinosas, de complicidad y compañerismo que sirvan como base.

Quizás por eso muchas personas piensan que el amor lo es todo en una pareja. Lamentablemente, no hay recetas hechas de un solo ingrediente. Y, aunque el amor es esencial en una relación, le pasa lo mismo que a la paella con el arroz: que es esencial, pero no suficiente.

1 + 1 = 3

Muchas veces bromeo con que los terapeutas de pareja suspendemos en aritmética porque afirmamos que la fórmula que recoge una relación de pareja es 1 + 1 = 3.

Philippe Caillé, un prestigioso psicólogo francés, publicó en 1992 un libro con este título. La idea principal que traslada es que dos personas que se unen dan lugar a un tercero, que es la relación. Cuando nos vinculamos, creamos una nueva entidad que es distinta a cada uno de los que la integra y que tiene sus propias dinámicas, normas, límites, puntos fuertes y débiles como resultado de la interacción de las personas que la formamos. Esto es lo que los profesionales tenemos en cuenta cuando trabajamos con parejas: que nuestro paciente no son los miembros de la pareja, sino su vínculo.

Cuando en terapia quiero explicarlo me sirvo de la siguiente metáfora. Piensa en los elementos de la tabla periódica e imagina que cada elemento es una persona. Cuando se juntan las moléculas justas de hidrógeno y oxígeno, el resultado es agua. Sin embargo, si juntamos el oxígeno con el hierro, el compuesto es un óxido. Exactamente lo mismo sucede con las parejas: son el resultado de la interacción de sus integrantes, no solo su adición.

Comprenderlas así es muy útil incluso cuando estamos

inmersos en una y tenemos que, por ejemplo, resolver un conflicto. Si ponemos todo el peso en el otro, perdemos de vista que nosotros somos parte de ese sistema y que lo que uno hace (o no) tiene un efecto en el otro y que todo ello influye en el vínculo.[1] Por eso, para que una pareja sea exitosa, es necesario que pongamos el ojo en la relación y nuestra participación en ella, y no solo en el otro.

Antes de continuar me gustaría añadir un pequeño matiz. En terapia de pareja, cuando hablamos de parejas *exitosas* lo hacemos con pinzas, porque el antónimo del éxito es el fracaso, y que una relación finalice no quiere decir que fracase, sino que ha dejado de funcionar.

Carlos y Marina son una pareja que ha decidido mudarse a Barcelona para tener más oportunidades laborales. Carlos encuentra rápidamente un trabajo relacionado con su profesión, pero Marina está teniendo menos suerte. Como es de esperar, él está emocionado, pero ella se siente frustrada.

Como la situación no cambia, comienza a sentirse cada vez más insegura y preocupada por su futuro profesional. Se comporta de forma más irascible y algo distante. Carlos, que la conoce bien, percibe el cambio y empieza a preocuparse por ella y por la falta de conexión entre ambos.

Es un pequeño ejemplo de cómo las parejas funcionan como un sistema en el que los desafíos individuales pueden afectar la dinámica relacional en conjunto. Por eso es importante que seamos capaces de identificar las dinámicas que lo regulan y no perder de vista que ambos, casi siempre, somos corresponsables.

Ahora que ya sabes que tu pareja y tú sois algo más que tu pareja y tú, voy a detallarte algunos ingredientes que es imprescindible que tengamos en cuenta para hacer que nuestra relación sea lo más positiva, satisfactoria y funcional posible.

Dos personas que se unen
dan lugar a un tercero,
que es la relación.

Unos pocos límites, una pizca de reglas y algunos objetivos

Cuando hablamos de relaciones, es importante entenderlas como instituciones, ya que, además de personas y sentimientos amorosos, las parejas tienen normas, límites y objetivos compartidos que las distinguen de otro tipo de vínculos.

Toda pareja se sustenta sobre un contrato que podríamos definir como el conjunto de reglas que regulan una relación. Estas pueden ser tanto explícitas como implícitas. Las primeras son acuerdos y expectativas que se han discutido y establecido abiertamente. Por ejemplo, cómo dividir la logística doméstica, cómo manejar los asuntos financieros o qué tipo de compromiso se espera en la relación. Las implícitas, en cambio, se desarrollan a través de las interacciones y dinámicas del día a día. Algunas guardan relación con el grado de libertad individual, las manifestaciones de apoyo emocional y la gestión de los conflictos.

Las ventajas de unas sobre otras es que lo explícito puede ser más fácil de analizar y modificar. Sin embargo, lo que más peso suele tener es todo aquello que asumimos implícitamente.

Otro aspecto importante a tener en cuenta es la flexibilidad del contrato, ya que las personas, y por tanto las parejas, estamos en constante cambio, por lo que puede ocurrir que las normas que en un principio regían en favor del vínculo, en un momento dado, cambien, provocando la ruptura de la pareja.

Si te preguntas por los temas en los que las parejas establecemos reglas, te diré que en absolutamente todos. Pero tienes entre manos un libro finito, por lo que mencionaré algunos ejemplos que, a mi parecer, suelen generar cierta tensión.

- Las relaciones con el *exterior*. En una relación de pareja no solo existe la conexión entre dos personas, sino también una conexión con el mundo y los demás sistemas que en él habitan. Establecemos cláusulas que se refieren al tiempo y las actividades compartidas con personas ajenas a la relación, como las amistades o las familias de origen.
- El manejo del conflicto. Como verás más adelante, todas las parejas, las que funcionan y las que no, los tienen. De hecho, lo que las vuelve disfuncionales no son los conflictos en sí, sino cómo los abordan. En este asunto también desarrollamos nuestras propias normas. No todas las parejas discuten del mismo modo. Algunas se gritan, otras debaten largo y tendido, en otras uno hace una cosa y el otro otra. Probablemente no se haya hablado abiertamente, pero todas desarrollan un código de actuación ante el conflicto, que incluye, por ejemplo, qué temas lo generan, quién se aleja o quién se acerca para hacer las paces.
- Distribución del poder y el liderazgo. ¿Quién lleva los pantalones en casa? Es la expresión que se emplea para saber quién manda en la pareja. Lo ideal es que se haga de forma consensuada, justa e igualitaria. Lo cual no implica que siempre sea al 50 por ciento. Puede haber aspectos en los que uno, al ser más habilidoso, tenga más poder de decisión. Por ejemplo, a la hora de cocinar u organizar un viaje. El problema aparece cuando esta distribución es rígida e injusta; y como además suele formar parte de lo implícito, es complejo de abordar y lleva a más de una pareja a terapia.
- La intimidad sexual y la interacción erótica. Aunque cada vez somos más explícitos, estos asuntos suelen tener muchas normas implícitas. Por ejemplo, no solemos hablar claramente sobre quién toma la iniciativa o cuáles son las prácticas favoritas. Sencillamente, lo que hacemos habitualmente es lo que se convierte en norma. Puede pasar que alguna de esas normas, por ejemplo que siempre inicie el encuentro el mismo miembro de la pare-

ja, genere cierto desgaste que lleve a este a la falta de deseo, haciendo que las relaciones se vean afectadas por este motivo. Otro ejemplo es la espontaneidad que presumimos en los encuentros sexuales. Tenemos la idea de que estos no se deben pedir, planificar ni anticipar, sino que en el seno de una relación de pareja lo normal es que surjan.

Esto último es lo que les pasaba a Saúl y Candela. Acudieron a consulta por el descenso en la frecuencia de sus encuentros sexuales. Llevaban dos años juntos y uno conviviendo. Se quejaban de que las relaciones ya no surgían espontáneamente. En consulta pudieron darse cuenta de que en sus comienzos tampoco eran espontáneas, sino que había una norma: mientras no convivieron mantenían relaciones casi siempre que quedaban (normalmente, los fines de semana). Empezar a vivir juntos cambió el contexto y las dinámicas de la relación, pero no reformularon la norma porque no eran conscientes de ella. Entendieron que ahora no mantenían relaciones cada vez que se veían porque no eran citas, sino convivencia, y que organizarse no reducía la magia del sexo, sino que lo hacía posible en su nueva situación.

Además de los contratos, otro ingrediente importante en el mundo de las parejas son los límites. Funcionan como fronteras simbólicas que, además de perfilar la relación y la diferencia respecto a otros vínculos, definen los espacios, tiempos, propiedades e interacciones, tanto entre los dos miembros como entre la relación y el resto del mundo.

Una de las claves para que sean funcionales es encontrar el punto adecuado de permeabilidad. Es decir, no nos conviene que los límites sean tan rígidos que no nos permitan dejarnos influir por lo que ocurre tanto dentro como fuera de la relación. De lo contrario podemos caer en relaciones demasiado endogámicas, aisladas del mundo.

Se pueden identificar dos tipos principales de límites: los intradiádicos y los extradiádicos. Los primeros son aquellas líneas que separan el *tú* del *yo* dentro de la pareja. Estos nos permiten mantener nuestra individualidad y preservar la identidad personal en nuestra relación. Son esenciales para que el *yo* no se diluya en el *nosotros*.

Por otro lado, los extradiádicos definen los límites de la pareja en relación con el resto de los sistemas, como el trabajo, los amigos, las familias o los hijos. Sirven para diferenciar el *nosotros* de *vosotros* y *ellos*.

En las próximas páginas te contaré cómo manejar los límites extradiádicos, y en el capítulo dedicado a los mitos del amor romántico veremos que los intradiádicos son importantes y que mantenerlos no significa quererse menos.

Por último, pero igual de importantes, están los objetivos, los *para qué* de la relación. Estos pueden variar en cada relación y también a lo largo de la historia de la pareja. En cierto modo, funcionan como brújulas que nos marcan un camino conjunto que seguir.

Los objetivos pueden ser de lo más diversos. Algunas parejas pueden soñar con tener hijos y formar un hogar. Otras pueden aspirar a alcanzar el éxito profesional y encontrar apoyo mutuo en su relación amorosa. Muchas metas pueden ser individuales, y, en esos casos, un vínculo funcional debería ser capaz de crear un contexto que facilite, en la medida de lo posible, su logro, porque, en el *nosotros*, el *tú* y el *yo* también importan.

Como ves, no son pocos los ingredientes que una relación de pareja necesita, mezclarlos adecuadamente y saber cocinarlos es lo que conocemos como tener una relación de pareja satisfactoria.

No son pocos los ingredientes que una relación de pareja necesita, mezclarlos adecuadamente y saber cocinarlos es lo que conocemos como tener una relación de pareja satisfactoria.

Otros modelos de relaciones amorosas

Antes de pasar al siguiente punto, me gustaría dedicar unas líneas a otros tipos de relación amorosa. Aunque se habla de los *nuevos tipos de relación afectiva*, lo cierto es que modos y maneras de relacionarse eróticamente diferentes han existido siempre y en todas las culturas, lo único que tienen de nuevo es que ahora se habla de ellos con más naturalidad. Se consideran una opción igual de válida que la pareja *tradicional* (o en ello andamos) y, en esa *normalidad*, también vienen a terapia porque, como las demás, tienen sus más y sus menos, sus alegrías y sus penas y, por supuesto, sus mitos y leyendas.

Una de ellas dice, por ejemplo, que mantener relaciones de pareja abiertas o poliamorosas es para personas inmunes a los celos. *Spoiler*: no. Como te contaré con más detalle en el siguiente capítulo, los celos son una emoción humana, universal y todos los padecemos, en algún momento de nuestra vida, de forma más o menos intensa.

Sí, sí, de verdad. Como humanos, todos somos susceptibles de experimentarlos. Quienes creen que en su caso no es así se debe a que tienen una única forma de concebirlos: la del terrible drama que atraviesa una pareja cuando estos son tan intensos que atacan directamente al bienestar de la relación y sus integrantes, pero lo cierto es que los celos pueden darse en cualquier relación en la que medie algún afecto y haya un tercero que se perciba como una amenaza para el equilibrio o supervivencia de ese vínculo. Por tanto, pueden aparecer entre hermanos, entre amigos, entre compañeros de trabajo, entre progenitores y, por supuesto, entre las personas que participan en una relación amorosa, sean cuantos sean.

Quizás ahora es un buen momento para comentar brevemente[2] en qué consisten las relaciones no monógamas.

En las relaciones abiertas, poliamorosas y otros vínculos no convencionales, cada miembro puede mantener relaciones sexuales y/o románticas con otras personas fuera de esa relación siempre que respete los parámetros acordados entre quienes forman parte de la unión.

Como bien imaginas, la diversidad es enorme, porque se construyen sobre diferentes conceptos que podemos interpretar como continuos y no como categorías cerradas. Por ejemplo, las relaciones abiertas son un modelo relacional basado en la exclusividad romántica pero no en la sexual, mientras que las relaciones poliamorosas son aquellas en las que no se establece exclusividad sexual ni romántica. Esto no quiere decir que no tengan sus propias reglas y límites; de hecho, los necesitan tanto o más que las relaciones convencionales, dado que sus posibilidades relacionales se multiplican al implicar a más de dos personas. Con esto no quiero trasladar la idea de que es peor, sino *sencillamente* más complejo. Es como jugar al Twister: si sale «mano derecha al rojo» habiendo ocho manos en vez de cuatro, es más complicado, pero eso no quiere decir que sea menos divertido.

Otro modo de relacionarse que suele incluirse dentro de las no monogamias son las relaciones *swinger*. El concepto engloba un amplio conjunto de prácticas sexuales que las parejas suelen realizar de forma conjunta.

Para quienes no están familiarizados con ello puede ser difícil de entender, lo que es un maravilloso caldo de cultivo para malinterpretarlas. Por ejemplo, es frecuente confundir el poliamor con la poligamia, la infidelidad consentida o la adicción al sexo.

La poligamia, por ejemplo, implica que varias personas estén casadas con la misma persona, y la forma más frecuente es la poliginia, en la que un hombre está casado con varias mujeres a las que no se les suele permitir que mantengan relaciones con otros hombres ni entre sí. Esta forma de relación es una práctica ilegal en gran parte del mundo, aunque sigue siendo tolerada, e incluso legal, en países como Burkina Faso o Senegal.

Tampoco es una infidelidad consentida, dado que, para que sea infidelidad, las nuevas relaciones deben superar los límites de lo pactado entre los miembros, y en las poliamorosas se sabe de la existencia de las otras personas y se acuerda cómo gestionarla para poder cuidar y vivir todas las relaciones.

Abrir la relación o ampliar el número de personas involucradas suele ser una opción que muchas parejas se plantean cuando están en crisis o ha habido una infidelidad dentro de una relación monógama. Desde un punto de vista terapéutico no es la mejor de las soluciones. Si la pareja está en crisis, añadir más personas a la receta no hará más que incrementar la tensión del sistema, lo que, lejos de ayudar, entorpecerá la resolución de los conflictos o dificultades que estén atravesando.

En broma suelo decir que donde antes parecía que tener un hijo servía para mantener a la pareja unida, ahora, como la vida está cada vez más cara, pensamos en abrir la relación. Si me permites el consejo, ninguna de las dos opciones es una gran idea, y, si fuerais mis pacientes, por supuesto no os diría qué tenéis que hacer, pero trataría de ayudaros a imaginar esos caminos teniendo en cuenta las circunstancias.

Ese fue el caso de Imanol y Gina. Llevaban juntos desde los dieciocho años y tenían tres hijos menores de edad. Cuando me contactaron ambos tenían cuarenta y tres. Él trabajaba para una multinacional y ella se encargaba del cuidado del hogar. Es decir, también trabajaba, pero sin cobrar un sueldo. El trabajo de él le obligaba a viajar con frecuencia, lo que para Gina suponía una sobrecarga física y emocional. Muchas veces se sentía sola y frustrada. Esa no era la vida que había imaginado, pero la aceptaba porque adoraba a su familia.

Imanol echaba mucho de menos estar en casa, participar de la vida familiar y también disfrutar de su pareja. Antes de ser padres, ambos habían compartido viajes, intereses y ocio, pero la combinación de la paternidad y el trabajo de él hizo que se vieran forzados a robar cada vez más y más tiempo a la pareja.

El motivo de consulta fue que él se había enamorado de una compañera de trabajo con la que mantenía una relación y no sabía cómo manejar la situación. Comido por la culpa y el remordimiento, se lo contó a Gina, quien se vio completamente desbordada y hundida por la revelación. En estas circunstancias, acudieron a terapia.

En un momento dado, y ante la imposibilidad de *decidirse*, Imanol le planteó a Gina cambiar su modelo relacional. Con anterioridad habían hablado de esta posibilidad. Ambos tenían una mentalidad muy abierta en muchos aspectos y habían coqueteado con la idea. De hecho, fantasear con ello los había estimulado en más de un encuentro sexual. Sin embargo, para Gina una cosa era pensar en ello y otra muy distinta hacerlo. Matizó que cuando habían hablado de esta posibilidad no la habían imaginado teniendo como punto de partida una infidelidad, por lo que para ella era inaceptable. A Imanol, que se sentía en una tormentosa encrucijada, le parecía la mejor de las peores soluciones.

Ambos se esforzaron mucho para averiguar cómo habían llegado a distanciarse tanto como para que otra persona hubiera podido situarse *entre* ellos. Sin embargo, esta fue una de esas ocasiones en las que la terapia termina con un *feliz final* en vez de con un final feliz. Aunque fue doloroso, llegaron a la conclusión de que vivían como si fueran dos líneas paralelas (que nunca se cruzan) desde hacía años y que esto no tenía tanto que ver con haber tenido hijos como con el hecho de que, desde que se enamoraron siendo adolescentes, ambos habían cambiado mucho y tenían cada vez menos intereses y proyectos comunes.

Puede que si Gina y la compañera de trabajo hubieran aceptado la propuesta, esta relación no hubiera finalizado, pero, aunque no tengo pruebas, tampoco albergo apenas dudas de que no hubiera sido la más eficaz de las soluciones.

Lo que sí puedo afirmar sin titubeos es que el poliamor y las no monogamias consensuadas en general no son para todo el mundo y no pasa nada. Se han vertido ríos de tinta sobre el eterno debate acerca de si la monogamia es natural o antinatural, pero creo que se trata de una falsa dicotomía: hay personas que se sienten más a gusto en la monogamia, otras en las relaciones no convencionales y otras que transitan entre una y otras. En vez de pensar que debe ser una cosa *o* la otra, quizás sería más útil y respetuoso pensar que la diversidad sexual humana hace posible que pueda ser una cosa *y* la otra.

1.2. ¿Pueden las crisis convertirse en oportunidades?

Dicen que en japonés la palabra *crisis* se escribe empleando los caracteres que significan *peligro* y *oportunidad*: 危機.[3] Será que entienden que una crisis es un peligro que nos da la oportunidad de ¿mejorar? No sé si me atrevería a afirmarlo, pero desde luego lo que sí nos ofrece es una oportunidad de aprender. Es una esperanzadora forma de encarar momentos delicados de nuestra historia de amor.

Cuando nos formamos para ser terapeutas siempre hay una asignatura que hace alusión al ciclo vital de la pareja, a las etapas más o menos frecuentes por las que toda relación duradera suele pasar. A saber: enamoramiento, noviazgo, convivencia, nacimiento del primer hijo, adolescencia de los hijos, nido vacío (así es como llaman al momento en el que los vástagos se independizan) y reencuentro (momento en el que la pareja tiene la ocasión de volver a conectar sin que primen sus roles como progenitores). En las últimas clasificaciones, cada vez con más frecuencia se incluye la ruptura porque ha dejado de ser algo excepcional.

Esta clasificación se queda escasa para la gran diversidad de ciclos vitales por los que las parejas pasan hoy día: algunas sin hijos, otras con varios, otras con hijos de relaciones anteriores, algunas no conviven, otras sí, otras sí pero ya no, y un largo etcétera que hace que sea muy difícil hablar de un único ciclo vital. Sin embargo, la mayor parte de las parejas compartimos puntos que pueden poner en crisis nuestro pequeño pero maravilloso mundo.

En las próximas páginas te daré unas breves pinceladas sobre algunas etapas que tienen que ver con momentos clave que nuestra sociedad tiene pensado para cada uno de nosotros, como el de la descendencia. Pero también te detallaré las crisis que, más que *evolutivas*, son *estructurales*, como los conflictos inherentes a la convivencia, las relaciones con nuestras familias de origen, el sexo o las infidelidades.

Sobreviviendo a la descendencia

Que la tasa de natalidad cada vez es menor es una realidad. ¿Las causas? Muchas, entre ellas la dificultad para conciliar una vida personal, profesional, social, amorosa y familiar.

Algunas parejas convierten el deseo de ser padres en uno de sus objetivos compartidos principales, pero que sea uno de los más anhelados no hace que resulte fácil. Ante la llegada de un nuevo miembro al sistema, este tiene que reconfigurarse y adaptarse. En estos casos, las parejas tienden a resentirse, lo que no implica romperse, pero son varios los retos, emociones y nuevas dinámicas a los que tienen que hacer frente.

De repente, el bebé se convierte en la máxima prioridad. Ha llegado para quedarse y, en ocasiones, lo hace, literalmente, entre los dos miembros de la pareja. Es habitual que se genere cierta distancia física y/o emocional entre los padres, la cual puede ser difícil de remediar.

Es frecuente que la madre se enfoque más en el cuidado del pequeño. A veces es una decisión personal y otras la consecuencia de una sociedad patriarcal que asume que las mujeres somos las encargadas de ejercer el rol de cuidadoras. En cualquier caso, estos cambios hacen que, en ocasiones, las madres se sientan sobrecargadas y los padres excluidos. Y aunque hablo de una pareja heterosexual, por los mismos retos pasan las parejas homosexuales que tienen vástagos.

El cansancio, los miedos y las influencias de las respectivas familias también generan tensiones en la relación. Es esencial encontrar un equilibrio y establecer límites adecuados para proteger el núcleo de la pareja. Tendemos a olvidar, por lo emocionante a la par que novedosa que es esta etapa, que la pareja es, junto con su hijo o hijos, la protagonista de esta historia, y que por tanto tiene el poder (y el deber) de tomar decisiones que beneficien a su relación y a la crianza del bebé.

Otra cosa que cambia son los roles. Algunos aparecen, otros pasan a un segundo plano y otros intentan coexistir con los nuevos. Lo ideal es que se ajusten de tal modo que puedan atenderse las nuevas responsabilidades y tareas.

Además, la intimidad puede pasar a un segundo plano

temporalmente debido a la demanda de tiempo y energía que requiere el cuidado del pequeño monstruito. Sin embargo, es vital que la pareja encuentre momentos para conectar física y emocionalmente con el objetivo de que la paternidad no engulla a la pareja. Esto no significa necesariamente *frungir* (por si no estás familiarizado con el término, es el vocablo que suelo utilizar para referirme a la intimidad carnal), de hecho, puede que ninguno de los dos esté para muchas verbenas, pero los pequeños gestos de cariño, una cena a solas o una conversación en la que no se hable de chupetes y pañales puede ser muy terapéutico para el vínculo.

Además, igual que sucede con el amor y el sexo, las maternidades y paternidades también están llenas de mitos y estereotipos contra los que tanto los progenitores como las relaciones suelen chocar. Es tan larga y contradictoria la lista de los «tengo que» para ser *buen padre o madre* sin dejar de ser *buena pareja* que hacemos que la tarea sea más difícil todavía.

Martín y Aurora son una pareja que ha compartido más de una década de vida juntos y son padres de Manuela, una pequeña de cinco años. Cuando conciertan la primera cita conmigo se encuentran en un momento crucial porque hay un desacuerdo fundamental: Martín desea tener otro hijo, mientras que Aurora no.

Ambos comparten el amor incondicional por su hija y ninguno se arrepiente de haberla traído al mundo. Sin embargo, reconocen abiertamente que conciliar la vida profesional y familiar está siendo tan extremadamente difícil que ha generado mucha tensión en su relación.

Martín, quien creció en una familia con tres hermanos, siente tristeza al pensar que su hija no tendrá la misma oportunidad. Por otro lado, Aurora, quien también proviene de una familia numerosa, tiene una perspectiva diferente. No está convencida de que la falta de hermanos vaya a hacer infeliz a su hija. Argumenta que su bienestar no depende tanto de tener hermanos como de que ellos sean capaces de sobrevivir a lo que tienen entre manos.

Cada vez que intentan abordar el tema acaban discutiendo como dos abogados en un tribunal defendiendo los pros y los contras de cada perspectiva. Sin darse cuenta, han convertido este asunto en algo que los enfrenta. Desde luego la solución no va a ser fácil porque no se puede tener medio hijo ni tenerlo solo los días pares. Por el momento, en sesión y con las tareas que se llevan a casa, van compartiendo miedos y expectativas que se esconden detrás de la decisión de tener o no otro hijo.

Sin embargo, los retos no acaban cuando los hijos vuelan del nido. Cuando eso sucede, la pareja tiene que volver a reencontrarse y no siempre lo consigue. Este era el punto en el que se encontraban Santiago e Isabel. Tenían cincuenta y nueve y cincuenta y siete años y hacía unos meses que su tercera hija se había independizado. Quien llamó para solicitar terapia fue Isabel. Se sentía apagada, desmotivada y muy desconectada de su marido. Era consciente de que echaba de menos hacer cosas con él. «Ahora que podemos estar como novios, no hacemos nada juntos.» Dado que este sistema llevaba muchos años desempeñando roles que quedaban muy lejos de ser pareja era, en parte, comprensible. Cuando Isabel le reprochaba que no le hacía caso y le preguntaba si era porque ya no la quería, Santiago se encerraba en sí mismo y, como no quería discutir, se iba a dar un paseo. Aunque le sugerí acompañar a su mujer a consulta, declinó mi invitación, de modo que solo pude trabajar directamente con Isabel.

Analizamos la forma en que ella comunicaba a su marido sus sentimientos y necesidades para que no se hicieran desde el reproche, sino desde la petición. Además tomó conciencia de que lo que le estaba pasando a su relación quizás no fuera desamor, sino la necesidad de adaptarse a una nueva situación en la que ninguno de los dos tenía que dedicar gran parte de su tiempo y energía a criar y cuidar de sus hijos. A pesar de que esta transición suele ser esperada, genera una importante sensación de pérdida y desorientación en la pareja.

Aunque tardamos un poco más de lo deseado (hacedme caso, si los terapeutas os proponemos venir juntos es para que la terapia sea más eficiente), liderados por Isabel, ambos consiguieron realizar nuevas actividades y diseñar proyectos conjuntos que les permitieron redescubrirse como pareja.

Es maravilloso comprobar lo flexibles que pueden ser los sistemas relacionales si encontramos las teclas que hay que tocar.

La erótica del fregao

Tenía mis dudas sobre si titular este apartado así o «Y el robot aspirador salvó el amor», porque para la idea que quiero transmitir ambos me sirven: que el peso, desgaste y carga del día a día son como una gota china que puede erosionar el vínculo de la pareja y el bienestar de sus integrantes.

Las tareas domésticas, la gestión de las finanzas y/o cómo se reparte el tiempo de ocio individual y compartido son temas recurrentes en terapia que, aunque pueden no generar grandes conflictos, son pequeños fuegos que si se repiten diaria, semanal o mensualmente acaban por quemar la relación. Y es que, a pesar de que los comportamientos sexistas cada vez son menos frecuentes, sigue existiendo un importante nivel de desigualdad en el reparto de la logística cotidiana. Desde luego, la única variable a tener en cuenta para este fenómeno no es el género, dado que, de ser así, esta asimetría no tendría lugar en las relaciones homosexuales, y sí la hay. Sin embargo, que en las relaciones heterosexuales la mayor parte de la carga recaiga en la mayoría de los casos en las mujeres no es casualidad.

Todos hemos crecido en la misma sociedad, en una que asigna los roles, las tareas, los oficios, las aficiones, ¡hasta los juguetes!, en dos grandes equipos: el rosa y el azul. Por eso no es necesario que alguien sea consciente y abiertamente machista para que esta distribución desigual, injusta y desgastante se dé. Si bien cada vez es mayor la conciencia y más las conversaciones (o discusiones) que las parejas mantienen con el objetivo de cambiar esas dinámicas, todos —unas y otros—, sin querer, participamos de ellas.

«Él me ayuda mucho», «Siempre ayudo en las tareas de casa», «Me tiende la lavadora», «Le vacío el lavaplatos», etc., son frases bienintencionadas que buscan demostrar que existe, o al menos se busca, la corresponsabilidad en las tareas y, sin embargo, tienen el mismo trasfondo del que te hablaba unas líneas atrás. Compartir la logística doméstica no va de *ayudar* ni de hacer algo al otro, sino de asumir las mismas responsabilidades o en la misma medida.

Algunas parejas intentan hacer la distribución repartiendo las tareas al 50 por ciento, esto es, si yo pongo la lavadora los lunes y jueves, tú los miércoles y sábados, o si yo hago la compra esta semana, tú la que viene. A algunas parejas les funciona. Otras lo hacen por *especialidades*, es decir, yo plancho, tú haces los baños; yo cocino, tú friegas. Esto es lo que mejor les encaja a otras.

Sin embargo, existe otro tipo de tarea que no suele repartirse y que hemos coincidido en llamar «carga mental». Ya no se trata de hacer la cena, sino de pensar en menús variados y saludables para toda la semana. Ya no se trata de llevar a los hijos al pediatra, sino de saber cuándo les toca y estar pendiente de pedir citas. Generalmente, estos asuntos recaen en las mujeres, y esto hace que, de nuevo, la asimetría se perpetúe.

No pierdo de vista que los hombres soléis encargaros de otras cargas mentales como llevar asuntos relacionados con papeleos o las revisiones y puesta a punto de los vehículos familiares. Por supuesto no es menos importante, lo que suele ser es menos frecuente.

Más adelante te hablaré más de ellos, pero Patricia y Ramón, una pareja que vino a consulta, discutían con frecuencia acerca de quién hacía más en casa. Él decía que mantenía muchos metros cuadrados de jardín y ella que ponía muchas lavadoras porque eran cinco en casa. ¿Qué es más cansado? No lo sé, pero ¿qué es más frecuente?

Algunas parejas no saben por qué y otras son plenamente conscientes de ello, pero en ambos casos estas dinámicas influyen negativamente en el vínculo, en la confianza e, incluso, en las relaciones sexuales. Por eso te hablaba de *la erótica del fregao*. Son muchos los estudios que relacionan tener un hogar limpio con bienestar, felicidad e incluso más deseo sexual. Algunos encuentran la correlación entre limpiar y sentirse mejor con uno mismo, otros descubren que en los hogares en los que hay mayor corresponsabilidad también hay mayor satisfacción sexual.

Como bromea mi admirado colega Ramón Nogueras, ¿será que no hay mejor afrodisiaco que el olor a detergente?[4] Los dos sabemos que no. Lo que nos erotiza a las mujeres es sentir que podemos confiar en la persona con la que estamos y, como verás en el último capítulo, la confianza no va solo de saber que no me engañará, sino de tener la certeza de que mi pareja mirará por nuestro bien siempre que pueda.

Por ese motivo, y porque el estrés que genera la carga mental afecta al deseo sexual,[5] cuando sentimos que nues-

Lo que te propongo es que seáis conscientes de que todo lo que ayude a que vuestro hogar esté atendido y a que hagáis un reparto basado en la corresponsabilidad aumentará la confianza en la relación y en vuestra pareja.

tra pareja está a nuestro lado y comparte de forma igualitaria el cuidado del hogar que hemos formado juntos podemos hacer hueco físico y mental al placer, podemos relajarnos para conectar, ya sea viendo una película juntos o queriéndonos carnalmente.

El otro título que se me había ocurrido para este apartado tenía que ver con echar mano de la tecnología o de profesionales domésticos para llevar a cabo, en la medida de lo posible, todo este tipo de tareas con el objetivo de ganar en calidad de vida.

Si os peleáis por pasar la aspiradora, ¿por qué no comprar un robot aspirador? Sé que alguna me responderá: «No es eso, Laura, si a mí no me importa ocuparme, lo que me fastidia es que nunca se ocupe él». En estos casos, el problema es el sentimiento de injusticia, la sobrecarga y la falta de descanso, y no tanto la ejecución de la tarea en sí.

En definitiva, lo que te propongo es que seáis conscientes de que todo lo que ayude a que vuestro hogar esté atendido y a que hagáis un reparto basado en la corresponsabilidad aumentará la confianza en la relación y en vuestra pareja.

Para ello tendréis que encontrar el equilibrio entre hacer calendarios y rebajar la exigencia porque, sí, otro de los problemas con los que las parejas se tropiezan es que el otro no hace las cosas como las hago yo. Bueno, eso no significa que lo haga *mal*. Y en el caso de que así fuera, daos tiempo, porque nadie ha nacido sabiendo.

Enredados en el árbol genealógico

Si ya tiene su intríngulis estar en pareja, gestionar la interacción con las relaciones periféricas —como familiares, hijos y amigos— se convierte en un «más difícil todavía».

Imagino que estás pensando en la icónica *suegra*, pero no solo ella suele tender a saltarse los límites extradiádicos.[6] A veces lo intentan los hijos, los amigos y, en no pocas ocasiones, lo favorecen los propios miembros de la pareja.

Cuanto más claros sean los límites externos menor será la interferencia. Sin embargo, estos no deben ser tan rígidos como para evitar cualquier tipo de influencia, porque el hecho de que no haya influencia externa puede hacer que la relación se *intoxique* de sí misma y acabemos aburridísimos el uno del otro.

Dicen de la cultura mediterránea que somos muy familiares y que nuestro fuerte no es delimitar la influencia que nuestras familias de origen tienen en el diseño de nuestro propio hogar. Por eso no es extraño ver a los padres de la novia decidiendo el menú o a los padres del novio eligiendo los muebles del salón. ¿Crees que exagero? Créeme: solo la realidad supera a la ficción.

Me alegra saber que hay parejas a las que esto les resulta totalmente ajeno; sin embargo, más a menudo de lo que me gustaría, me encuentro con algunas que, deseando construir un hogar propio, acaban peleando entre ellos en vez de hablar con los protagonistas de las intromisiones en cuestión.

Por supuesto, el abordaje no será el mismo si con quien se tiene que hablar es con los padres, los hijos o un amigo. De hecho, hay ocasiones en las que no es necesario hablar, sino cambiar algunos comportamientos.

Este fue el caso de Mariela. Tenía treinta y un años y llevaba dos saliendo con un chico, Andoni. Habían decidido independizarse e irse a vivir juntos. Lógicamente, estaban tan emocionados como estresados. Buscar un piso de alquiler no es tarea fácil, y empezaron a descubrir que todo el mundo les daba opiniones y consejos no solicitados. Los más atosigantes eran los de la madre de Mariela, Pilar.

Era una superviviente. Había enviudado muy joven y sacó adelante a su hija ella sola. Durante años habían estado juntas y *solas*. Aunque no me cabe duda de que se alegraba por su hija, a Pilar le costaba mucho dejarla volar y a su hija intentarlo. En una de las sesiones, Mariela se quejaba amargamente de que su madre le ponía pegas a todo lo que le iba comentando: los barrios donde buscaban piso, la tienda donde iban a comprar los muebles, la web donde iban a adquirir el ajuar. Le pregunté qué pensaba Andoni de todo ello (de los barrios, los muebles, etc.) y me respondió que no lo sabía. En ese momento se dio cuenta de que todo lo que ella debía comentar con Andoni lo estaba discutiendo con su madre. Entonces cambió su dinámica: debatía y llegaba a acuerdos con quien iba a compartir su vida, mientras que comentaba y aceptaba opiniones de la persona con la que la había compartido hasta ahora.

Estas transiciones, aunque bonitas, no siempre son fáciles, pero los límites resultan necesarios. Lo complicado es encontrar el punto justo de *permeabilidad*, es decir, hasta dónde es saludable que el entorno influya en la relación.

En este caso, la influencia viene de los ascendientes, pero los hijos también pueden convertirse en una fuente de interferencia. A veces son las propias parejas las que involucran a los hijos o permiten que invadan el espacio de la relación parental. Esto puede generar celos, alianzas y problemas de estructura familiar que los profesionales solemos llamar *triangulación*. Con mucha frecuencia se ven familias con un progenitor, casi siempre el padre, en una posición bastante periférica, de forma que la *relación* se establece entre la madre y uno o varios de los hijos.

Aunque ellos no lo deseaban, era el proceder que Héctor y Elena habían desarrollado en los últimos años. No tenían una buena relación y para evitar las broncas, el hijo mayor, Asier, cumplía las funciones de progenitor sustituto y mediador. El problema era que con quince años escuchaba las quejas de su madre y se las comunicaba a su padre y viceversa. La responsabilidad que habían cargado sobre sus hombros no solo no le correspondía, sino que acarreaba un mal funcionamiento familiar, ya que el hijo abroncaba al padre por, por ejemplo, no haber fregado los platos. Quien inicialmente acudió a mi consulta fue Elena, como consecuencia de un cuadro de ansiedad. Al cabo de un tiempo, y gracias a que su marido accedió a acudir a alguna sesión, pudieron devolver a su hogar la estructura que debía tener.

Esto que te cuento no es raro, ni malo, sino humano. Es natural y normal que estas influencias, intromisiones o *contaminaciones* tengan lugar. Lo más útil en estos casos es que la pareja, de forma conjunta, decida qué roles y reglas desea establecer. Para ello es muy interesante que ambos miembros tomen conciencia de los patrones relacionales que todos heredamos de nuestras familias y veamos si queremos reproducirlos o no. Sí, no me mires así, ¿todavía no te has descubierto a ti mismo diciendo una frase de tu padre o de tu madre que nunca pensaste que pronunciarías?

Nuestra vida sexual: entre el colchón y la pared

La pregunta del millón: ¿es el sexo esencial en una relación? La respuesta corta es no. El sexo no es esencial en una relación para que esta funcione. Ahora bien, maticemos.

Primero nos tendríamos que plantear qué entendemos por sexo. Tradicionalmente reducimos la sexualidad al sexo y el sexo a los genitales. Es decir, solo entendemos que una pareja mantiene relaciones sexuales cuando hay contacto genital. Por eso se puede afirmar que una pareja puede funcionar sin este reduccionismo sexual. Basta con pensar en dos personas que se quieren y comparten el mismo desinterés por el sexo en general o por este tipo de sexo en particular.

Las parejas que no funcionan bien cuando no hay relaciones sexuales son aquellas en las que el deseo o el valor que se les da es desigual. En los siguientes capítulos hablaremos con más detalle de estos asuntos de alcoba; por eso, de momento solo me gustaría invitarte a reflexionar sobre qué entendemos por sexo y si puede que el sexo no sea esencial, pero sí deseable. Quizás lo relevante no sean las relaciones sexuales en sí mismas, sino lo que implica para el vínculo el hecho de tenerlas.

Cuando en consulta toca abordar estos asuntos, lo primero que trabajamos es qué entiende cada uno por sexo. ¿Puede ser sexual acostarse desnudos? ¿Besarse durante un rato en el sofá? ¿Ducharse juntos? ¿Masturbarse el uno al otro o uno al lado del otro? La respuesta a todas las preguntas es sí. Cuando ampliamos el abanico de opciones sobre qué entendemos por sexo nos damos cuenta de que son muchas más las personas interesadas en *mantener relaciones* con su *partenaire* que las que no.

Es lo que les pasaba a Sofía y Mateo, una pareja de treinta y cinco años que había acudido a la consulta debido a las diferencias que experimentaban en su deseo. Llevaban cuatro años juntos y, desde que se conocieron en un curso de cocina, no habían dejado de verse ni un solo día y ya llevaban casi tres años conviviendo.

Sofía trabajaba en una consultora que le exigía mucha dedicación. Le apasionaba su trabajo, pero se sentía agotada, lo que la había llevado a considerar que el sexo no era una prioridad. Además, percibía que estaba bastante desconectada de su propio deseo. Mateo era un hombre cariñoso y comprometido con su trabajo como educador social que veía el sexo como una oportunidad de expresar su amor y deseo por Sofía. Durante las sesiones, entre otras cosas, tuvieron la oportunidad de conversar sobre cómo la percepción acerca de lo que significaba *tener sexo* era distinta para cada uno y cómo esta estaba influida por otras experiencias. Sofía reveló que sus relaciones anteriores habían estado enfocadas principalmente en la penetración, lo que le generaba cierta aprehensión porque apenas disfrutaba de ella. Entonces Mateo pudo aclarar que él disfrutaba con todo lo que hacían, no solo con la penetración, y que no le importaba que esa práctica pasara a un segundo plano.

El hecho de que se conocieran en una clase de cocina nos brindó un recurso metafórico útil para entender su situación sexual actual. Podíamos comparar la falta de claridad en su comunicación con la suposición de que cuando Mateo la invitaba a cenar, ella rechazaba el plan porque pensaba que él quería ir a un restaurante de comida rápida cuando ella prefería ir a un italiano. Esta analogía los ayudó a comprender cómo sus propias interpretaciones y suposiciones habían contribuido a su desencuentro.

Como la vida sexual de las parejas es algo que se irá repitiendo a lo largo del libro, no me extenderé más por ahora, pero antes de cambiar de tema, una última reflexión.

Si entendemos que la intimidad sexual en una relación es una expresión íntima y física de amor, pasión y conexión entre los dos que va más allá del simple acto sexual y se convierte en una forma de comunicación profunda y única, ¿es posible que sea algo que fortalezca la complicidad y el vínculo emocional de la pareja? Si la respuesta es sí, quizás deberíamos considerarlo no como algo urgente o esencial, sino como algo importante y trascendente para el *nosotros*.

La intimidad sexual en una relación es una expresión íntima y física de amor, pasión y conexión entre los dos que va más allá del simple acto sexual y se convierte en una forma de comunicación profunda y única.

Infidelidades: ¿sexo, mentiras y un final?

Aunque la infidelidad es una de las experiencias más frecuentes en las relaciones humanas, más allá del juicio negativo que a todos nos inspira, es una situación muy poco entendida. Como psicólogos debemos comprender los *porqués* y *paraqués* de los *affaires*. Esto, por supuesto, no significa justificar un engaño, pero las terapias no son un juicio ni las consultas un tribunal.

Si asumimos y compartimos que mentir y traicionar es éticamente reprobable y que mina uno de los ingredientes más importantes de las relaciones, la confianza, tanto si la pareja desea continuar como si no, es tremendamente útil comprender qué llevó a esa circunstancia y qué funciones cumplía en la relación y/o en la vida de los participantes la infidelidad.

Y digo *y/o* porque, en no pocas ocasiones, un *affaire* no tiene que ver con el descontento en la relación de pareja, sino con la satisfacción de necesidades y deseos individuales y unilaterales. En otras ocasiones sí es portador del mensaje de la infelicidad conyugal, pero no siempre. Llevamos tanto tiempo asumiendo que la infidelidad es un síntoma de malestar de la relación o un signo de inmoralidad o inmadurez de quien engaña que nos cuesta observarla con ojos que no sean censores o patologizantes para comprenderla.

Hay infinidad de obras orientadas a la prevención de la infidelidad y a la reparación del vínculo cuando esta sucede, pero hay mucho menos escrito y reflexionado sobre los motivos que llevan a ella y sobre los significados que tiene, incluso para los terceros en discordia. En este sentido, la terapeuta de pareja Esther Perel es todo un referente.

Los amoríos ocurren en las relaciones que funcionan y en las que no, incluso en las relaciones abiertas o poliamorosas, ya que todas las relaciones tienen límites, y una infidelidad no es más que intentar ocultar que hemos rebasado alguno de ellos.

Algo curioso que tiene la infidelidad es que estando universalmente *prohibida*, también es universalmente practicada. Por eso somos muchos los que intentamos entender por qué y, sobre todo, para qué tiene lugar.

En la actualidad, la opinión profesional mayoritaria sostiene que la infidelidad tiene que ser un síntoma de que la relación no va bien. ¿Cómo, si lo tienes todo, vas a querer mirar fuera? ¿Cómo, si eres feliz en tu relación, te arriesgas a romperla? Solo hay una explicación posible: tan feliz no serás.

Sin embargo, las motivaciones para actuar al margen de lo pactado son muchas y muy variadas. Sentimientos de soledad, necesidad de atención, una forma de dinamitar una relación, deseo de novedad, de reconocimiento, un inesperado enamoramiento, largas relaciones desgastadas o dolorosas, etc. En todos los casos, tenemos que conseguir contarnos una historia que conecte lo vivido por quien engaña y por quien es engañado, una historia capaz de recoger no solo los motivos, sino las consecuencias y que permita conocer su significado.

Por otro lado, y aunque el divorcio es, hoy día, algo cotidiano, en los casos de infidelidad lo verdaderamente transgresor no es ya romper, sino elegir quedarse. Incluso hay quienes se marchan primero para volver después. No hay dos relaciones, ni dos rupturas, iguales. Tampoco dos infidelidades.

Quizás deberíamos empezar por el principio. ¿Qué es la infidelidad? Es difícil dar con una única definición porque, aunque tiene que ver con la traición de acuerdos implícitos o explícitos, con la transgresión de límites, lo cierto es que cada pareja (y cada persona) tiene los suyos. Es más, estos límites cambian y evolucionan con el paso del tiempo. De modo que ¿qué es ser infiel? Lo que todas las definiciones coinciden en señalar es que se produce una ruptura de la confianza dado el incumplimiento del acuerdo pactado por la pareja acerca de temas relacionados con las relaciones sexuales, la intimidad y el compromiso.

Uno de los retos con los que tropiezan las parejas es concretar qué actividades incluimos y cuáles no, porque rebasar los límites acordados depende de lo que cada pareja haya establecido. Por ejemplo, en una relación monógama, mantener relaciones sexuales con otra persona sería considerado una infidelidad, mientras que en una relación de pareja abierta podría serlo mantener relaciones con esa persona en más de una ocasión.

Además de las relaciones sexuales *tradicionalmente* entendidas, están el porno, el coqueteo en las redes sociales, la complicidad emocional con otras personas... Hoy en día son muchos los comportamientos que podrían romper esos pactos que no siempre, por desgracia, son explícitos.

Por ejemplo, en las relaciones monógamas la exclusividad es un componente central, pero ¿qué implica esa exclusividad? Como acertadamente recalca Pérez Opi, «Por ejemplo la exclusividad erótica ¿afecta solo a la conducta erótica o también a la respuesta erótica? Si es a la respuesta erótica, ¿cómo evitar atracciones, deseos, fantasías, excitaciones, etc., que ocurren con otros que están fuera del campo de la exclusividad? Si es respecto a la conducta, ¿cuáles son las conductas eróticas excluidas? ¿El coito, una mirada cómplice, un roce retenido, un beso labial? De modo que el concepto de exclusividad —en este caso erótica— es un continuo relativo que se incardina en el continuo fidelidad-infidelidad, de manera que a más exclusividad, más riesgo de infidelidad».[7]

Otra cuestión sobre la que corren ríos de tinta es la de

si somos más infieles ahora que antes. Lamento comunicarte que no tengo la respuesta. No sé si ahora lo somos más que antes, lo que sí sé es que a las relaciones de pareja les pedimos ahora mucho más. Durante siglos, el matrimonio era una unión pragmática en la que se podía desarrollar (o no) un vínculo íntimo y amoroso. En la actualidad, a las relaciones (casamiento mediante o no) les pedimos todo: esperamos seguridad y aventura, amor y pasión, exclusividad y libertad. El ideal romántico nos ha contado que cuando nos vinculamos a alguien, cuando amamos de verdad, nuestro deseo por otros se evapora, de forma que ser *elegido* cobra un significado verdaderamente trascendente. Además gozamos de la libertad de dejar una relación, con lo que los motivos para *quedarse* en ella deben merecer la pena y no ser pocos.

Paradójicamente, en una sociedad tan global e interconectada, las personas nos sentimos un poco más alejadas de los demás, por lo que mantener un vínculo único y duradero nos hace sentir un cálido confort al que nos cuesta renunciar.

Es en este contradictorio y variado contexto en el que, aunque las formas de vincularnos son cada vez más amplias y flexibles, la infidelidad perdura y parece inmutable. Ante esta realidad, hay quienes afirman que el ser humano no ha nacido para ser monógamo,[8] otros argumentan que existen más especies animales que lo son y que vincularse a una única persona también es *natural*. Yo me pregunto si no estaremos perdiendo el tiempo preguntándonos si es natural una cosa o la otra cuando quizás deberíamos plantearnos que son humanas tanto una forma de relacionarnos como la otra.

Del mismo modo, te animo a reflexionar sobre si las infidelidades son causa o consecuencia del malestar en la pareja, es decir, si la pareja está en crisis porque ha aparecido una tercera persona o si esta ha podido entrar porque la relación estaba en crisis. En esta ocasión sí que tengo una respuesta. Cuando una relación funciona, es muy poco probable que quepa un tercero. Y con funcionar quiero decir que el vínculo sea satisfactorio para ambos. Cuando esto no es así y nos vamos distanciando, física y/o emocionalmente, no es difícil que entre los dos haya espacio para alguien más.

Soy consciente de que esta afirmación puede causar un ligero esguince cerebral, con más razón si has sido víctima de una infidelidad. Sin embargo, lejos de buscar culpables, lo que te propongo es que des varios pasos atrás y veas el conjunto. Del mismo modo que cuando una pareja funciona ambos nos *responsabilizamos* de tan maravilloso hecho, cuando no lo hace, la responsabilidad también es conjunta, aunque los porcentajes no se repartan al 50 por ciento. En este punto me gustaría aclarar que cuando se habla de responsabilidades se hace referencia al estado de la relación y no al engaño, porque, en este sentido, el único responsable es quien decide hacerlo.

Cuando a quienes cometen la infidelidad les preguntamos si creen que lo hubieran hecho en otro momento en el que se sentían fuertemente vinculados o unidos a su pareja y enamorados de ella, como, por ejemplo, al principio de la relación, suelen responder que no. Es decir, si les pedimos que se imaginen encontrándose a la misma persona con la que han tenido el *affaire* en un periodo diferente de su vida y de su relación, no se ven engañando al otro en todas las ocasiones. Esto sucede porque no suele ser la simple presencia del tercero la que nos lleva al engaño, sino el contexto relacional y personal que tengamos.

A pesar de buscar explicaciones, lo cierto es que una infidelidad tiene unas consecuencias devastadoras. En este sentido, el trabajo que los terapeutas debemos desempeñar es acompañar a las parejas durante el proceso para que superen tres fases principales: la crisis asociada a la revelación o el descubrimiento, la elaboración de un significado y, en último lugar, la construcción de un futuro, conjunto o por separado.

Cuando el engaño es descubierto o revelado, la intensidad de lo que ambos sienten puede ser tan abrumadora que la terapia debe ser un espacio seguro y libre de juicios para que puedan tomar decisiones desde la calma y la claridad. Además, en ese momento, acompañar el dolor de la persona engañada es prioritario.

En una segunda etapa, es importante dotar de significado a todo lo acontecido. Entender por qué y para qué ha tenido lugar el engaño y qué responsabilidades se han manejado. Es decir, si era un indicador de una crisis en la pareja, si era la señal de la insatisfacción por parte de uno de sus miembros o si era la consecuencia de algún evento desestabilizador que hayan atravesado como pareja o individualmente. Elaborar toda esta información les da la posibilidad de entender, más allá del dolor, cómo se dio la tormenta perfecta para que algo así sucediera, además de proporcionarles la oportunidad de que no se repita en el caso de que decidieran continuar juntos.

Es el punto en el que ahora mismo se encuentran Vega y Bruno. Son una pareja estable desde hace nueve años y tienen un pequeño de seis. Bruno trabaja en el sector aeronáutico y pasa varios días al mes viajando por trabajo. Vega, en cambio, trabaja desde casa como diseñadora gráfica y dedica la mayor parte del tiempo al cuidado de su hijo. Aunque su relación es sólida y se llevan muy bien, Vega confiesa que se sentía un poco sola. La responsabilidad de llevar la casa, la maternidad y cumplir con su trabajo se habían convertido en algo agotador para ella. A pesar de contar con el apoyo de su padre, Vega echaba de menos las conversaciones con adultos de su edad.

Queriendo cambiar esa situación, decidió empezar a ir al parque que hay cerca de su casa. El objetivo era que su hijo pudiera jugar y relacionarse con otros niños mientras ella tenía la oportunidad de entablar amistad con otros padres. Allí conoció a Pau, el padre de uno de los compañeros de clase de su hijo. Pau acababa de pasar por un divorcio y, al igual que Vega, buscaba la forma de sentirse mejor en sus propios zapatos. Desde el primer momento, Vega y Pau congeniaron muy bien y decidieron intercambiar números de teléfono para hacer planes con sus hijos. Una noche empezaron a chatear comentando las actuaciones de Eurovisión y, poco a poco, su complicidad y cercanía fueron en aumento.

Puede que sea importante destacar que, aunque no han mantenido relaciones sexuales, sí se han besado en más de una ocasión y el sentimiento de culpa de Vega es abrumador porque siente que está siendo más infiel por la amistad que tiene con Pau que por los besos robados. Tiene claro que quiere a Bruno y no desea separarse de él. Todo lo que experimenta con Pau le gustaría vivirlo con su marido. Sin embargo, la ausencia de Bruno hace que ella viva en un permanente anhelo de apoyo emocional.

La situación se complicó cuando Bruno, de manera casual, vio un mensaje en el móvil de Vega. En las notificaciones de la pantalla de bloqueo apareció un «Te echo de menos» de Pau. A raíz de este descubrimiento y de la crisis que ha provocado han decidido acudir a consulta. Ahora tienen que entender qué ha pasado, por qué y cuáles son las opciones que pueden brindarle a su relación.

De hecho, en esto último consiste la tercera fase de la terapia: la pareja se proyecta hacia el futuro. Puede ser un futuro compartido o no y deben reflexionar sobre lo que les espera juntos y/o por separado.

Aunque cada situación es única, si llegas a vivir esta traumática experiencia en cualquiera de los roles, te invito

Es posible que una crisis brinde la oportunidad de explorar y comprender más profundamente las necesidades, deseos y vulnerabilidades tanto individuales como de la relación.

a que reflexiones sobre si la infidelidad es sinónimo de punto final. Es posible que esta crisis brinde la oportunidad de explorar y comprender más profundamente las necesidades, deseos y vulnerabilidades tanto individuales como de la relación.

Un acontecimiento de este estilo puede llevarnos a tomar diferentes caminos: desde cuestionar las normas y expectativas tradicionales impuestas sobre la monogamia y la fidelidad hasta darnos cuenta de que, efectivamente, no estamos en la relación en la que nos gustaría estar, pasando por el deseo de recuperar la confianza que el engaño ha roto. Y cuando hablamos de recuperarla no se trata tanto de demostrar la inocencia, dado que es imposible, como de mostrar que somos *culpables* de querer recuperar la relación.

En cualquier caso, te animo a que aproveches para mantener conversaciones abiertas y honestas sobre vuestros deseos y fantasías, contigo mismo y con la persona que, hasta el momento, ha sido tu pareja.

¿Hay luz al final del túnel?

Después de semejante recopilación de crisis, lo mismo se te ha quedado mal cuerpo y muy poca esperanza. Sin embargo, la respuesta es inequívoca: sí, hay luz al final del túnel.

Muchas veces será de la mano de tu pareja y otras, no. Sin embargo, eso no significa que no puedas encontrar una salida y recuperar la estabilidad, la esperanza o la ilusión. Aunque el mito de la media naranja nos hace pensar que sin una pareja estamos condenados a la infelicidad, la realidad lo desmiente. Eres una pieza de fruta entera y no necesitas completarte con nadie.

La idea con la que me gustaría que te quedaras es que cuando tenemos una relación estable y esta atraviesa una crisis podemos intentar averiguar si la confianza se ha roto, si la pasión se ha desgastado o si el compromiso pende de un hilo y por qué motivos lo hace. Esto no quiere decir que trabajar en ello garantice la continuidad de la relación. Como te decía al principio, la terapia puede tener un final feliz o un feliz final, porque hay ocasiones en las que lo más saludable es asumir que la relación nos ha dado todo lo que podía dar y que no podemos hacer más en ella ni por ella. Y no pasa nada, porque las parejas no fracasan, las parejas evolucionan y, en ocasiones, esa evolución implica decirse adiós.

Ahora bien, es mucho más sencillo hacerlo cuando tenemos la sensación de que hemos hecho lo posible por entender qué era lo que no estaba funcionado y haber intentado resolverlo. Aquí es donde los terapeutas o libros como este pueden tener un papel importante.

Otro tema es que no quieras renunciar a compartirte y prefieras aventurarte en la construcción de un vínculo duradero, satisfactorio y significativo. En ese caso es importante tener presente que las relaciones no son como nos dicen en los cuentos ni en las películas (ni falta que hace), sino que son algo en lo que debemos y podemos trabajar. Esta tarea es mucho más fructífera cuando quitamos malas hierbas, como todos los mitos relacionados con el amor y el sexo, y plantamos una buena comunicación que ayude a que la confianza y la intimidad florezcan.

Aun así, habrá conflictos. De hecho, las investigaciones que el reconocido psicólogo John Gottman ha realizado durante décadas indican que el 69 por ciento de los conflictos que tienen lugar en una pareja no son resolubles. Es decir, que por mucho que nos empeñemos, siete de cada diez desacuerdos que podamos tener en nuestras relaciones quedarán sin *solución* porque sus miembros tienen pensamientos, deseos, creencias y un largo etcétera que no son negociables y los *condenan* a no poder cambiar en algunos temas. Sin embargo, a lo que no estamos condenados es a la ruptura de la relación. Lo que las parejas tenemos que aprender es a convivir con esas diferencias y desacuerdos, desarrollando habilidades de comunicación y negociación. De todo ello te hablaré con más detalle en el último capítulo.

2

AMORES, DESAMORES Y OTRAS EMOCIONES

Hablar de emociones siempre es complejo, pero hacerlo de todas aquellas relacionadas con la pareja me parece más difícil todavía. Puede que se deba a que las he visto sentir de tantos modos y maneras que me resulta casi imposible sintetizarlas, pero lo voy a intentar.

¿Alguna vez te has planteado si las emociones y los sentimientos son dos cosas diferentes? De forma cotidiana, estos conceptos se emplean como sinónimos, pero los estudiosos del tema sí los distinguen. Sin embargo, aunque sean dos realidades distintas, resultan inseparables, como las dos caras de una moneda.

Las emociones suelen ser una reacción instantánea e involuntaria a un estímulo concreto. Los sentimientos, en cambio, son más conscientes y más elaborados. Podríamos decir que son la interpretación que hacemos de las emociones. Pero no te preocupes, puedes sentir tus emociones y emocionarte con tus sentimientos.

Con lo que sí me voy a poner algo más exquisita es con las emociones y su *gestión*. Cuando mis pacientes me piden que los ayude a gestionar sus emociones, tengo la sensación de que esperan eliminarlas o reducir su impacto. Curiosamente, solo lo desean para aquellas menos confortables, como los celos o la tristeza. Todavía nadie me ha dicho «Laura, estoy demasiado feliz y no sé cómo gestionarlo».

Lamentablemente, la psicoterapia no consiste en eso. Las emociones se tienen y no podemos modificarlas directamente. Tenemos que entrar por *la puerta de atrás*, lo que implica modificar pensamientos y comportamientos que provocan, mantienen o intensifican la emoción que nos incapacita.

Recuerdo con bastante ternura el caso de Sonia. Era una chica muy joven para afrontar lo que la vida le había deparado: el fallecimiento de su novio, de veintinueve años, de un infarto. Cuando acudió a mi consulta no había pasado ni un mes desde que había ocurrido, porque ella deseaba superar el duelo cuanto antes. Aunque, como imaginas, no pude acelerar el proceso, al menos pude acompañarla en el afrontamiento de tan amarga pérdida.

Por eso, cuando hablamos de gestionarlas, no debemos caer en la tentación de traducirlo por *eliminarlas* o evitarlas. Las emociones, además de tenerlas, hay que recorrerlas.

En el caso de que las que sientas sean disfuncionales o incapacitantes, es mucho más útil centrarnos en las circunstancias que las generan o sostienen que pelearnos con la emoción en sí para que se vaya porque... no lo hará, a pesar de lo esperanzadoras que suenan las frases motivacionales, decir «Alégrate» es igual de útil que decir «Desenamórate».

Debemos adoptar la misma estrategia con los pensamientos insidiosos, esos que se nos quedan en la cabeza dando vueltas y vueltas como si tuviéramos los cuatro estómagos de una vaca en vez de un cerebro. Es mucho más útil dejarlos pasar e intentar ir *a otra cosa, mariposa* que encararse con ellos para que se vayan y así *no pensarlos*. Eso nunca funciona porque los seres humanos no estamos diseñados para *no* pensar. Si yo ahora te sugiero que, por favor, no pienses en un elefante rosa. ¿En qué has pensado? Podemos intentarlo de nuevo. Concéntrate. Por favor, no pienses en un perro de peluche de color verde. ¿Ves? No estamos hechos para eliminar una emoción o un pensamiento por el mero hecho de añadir el adverbio *no*. Por este motivo te sugiero que aceptes tus emociones como lo que son: respuestas espontáneas que funcionan como un GPS[9] que trata de orientarnos hacia el bienestar y la supervivencia.

Volviendo al tema, ¿son las emociones desagradables la antesala del fin? ¿Sienten los dos miembros las mismas y a la vez? ¿Es mala señal no compartirlas? ¿Cuántas emociones crees que caben en una relación de pareja? ¿Hacemos una tormenta de ideas? Coge papel y boli y apunta. Mientras tú piensas, yo te voy contando.

Amor, pasión, deseo, curiosidad, lujuria, celos, desamor, duda, temor, inseguridad, confianza, consuelo, aceptación, desconfianza, apego, aburrimiento, cariño, ternura, interés, empatía, enamoramiento, respeto, admiración, felicidad, bienestar, equilibrio, decepción, frustración, miedo, culpa, vulnerabilidad, placer, ilusión... Es decir, todo un universo de emociones y muchas de ellas pertenecientes a las mismas galaxias.

Si ves que tu lista no es especialmente amplia, no te preocupes. A veces es muy difícil poner palabras a lo que sentimos; y quizás no te consuele, pero es algo con lo que me encuentro a diario. Por eso, hace unos años, adquirí un póster llamado «Universo de emociones».[10] En él se recogen más de trescientas, agrupadas como si fueran galaxias temáticas, en las que el amor, la felicidad, la alegría, la tristeza, la ira y el miedo serían las principales. Y todas las demás orbitan a su alrededor.

¿Te parecen muchas? A mí también me sorprendió. No solemos gozar de un vocabulario emocional amplio y casi siempre *tiramos* de las que se dice que son las cinco emociones básicas.[11] Afirmación que no discuto, pero sí matizo. Podríamos decir que esto es como los colores: que primarios son tres,[12] pero que, cuando los combinas o mezclas, la gama se amplía y mucho.

¿Hay alguna emoción desagradable en la lista que has confeccionado? Sospecho que la respuesta va a depender de las experiencias que atesores en tu biografía. Si ahora mismo estás viviendo tu primer enamoramiento puede que la impaciencia sea la más *desagradable* que hayas experimentado. Si, por el contrario, has disfrutado de relaciones más largas habrás comprobado que las emociones desagradables también aparecen, sin que esto sea, necesariamente, una mala señal. Simplemente, las personas evolucionamos y nuestros vínculos también. Por eso es comprensible, y muy humano, que experimentemos todo tipo de emociones mientras estamos inmersos en una relación.

Puede que te hayas dado cuenta de que no empleo los términos *positivo* y *negativo* para referirme a ningún tipo de emoción. Se debe a que no hay emociones buenas o malas. Hay emociones más o menos confortables, más o menos desagradables, pero todas cumplen una función adaptativa y por eso todas son necesarias y muy humanas.

Otra cosa es cómo las experimentemos y en qué comportamientos las traduzcamos. El ejemplo típico que suelo poner es el del enfado. Todos podemos enfadarnos y es algo que no podemos evitar porque las emociones se tienen y punto. Donde tenemos que poner nuestra atención (y autocontrol) es en cómo afectan a nuestra conducta. Puedo estar enfadada, pero no puedo agredirte. Y si lo hago, el problema no será mi enfado, sino mi comportamiento, es decir, el bofetón que he podido llegar a darte.

La reflexión es igual de válida para las emociones más agradables. Por ejemplo, puedo pensar en Hugh Jackman o Pedro Pascal y sentir un montón de emociones *positivas*, incluidas cosquillas en el corazón (y más abajo), pero si tuviera la suerte de cruzarme con alguno de los dos, debería controlar mis ganas de abalanzarme sobre ellos, ¿verdad? De hecho, si no lo consiguiera y acabara colgada de sus cuellos, el problema no sería tanto mis lúbricas emociones como mi comportamiento.

Respecto de las emociones que vivimos en pareja, es muy útil tener en cuenta que todas son válidas y que lo esperable es que experimentemos un amplio elenco de ellas, incluidas las menos confortables, sin que ello signifique, necesariamente, que la relación esté en crisis o herida de muerte.

Por ejemplo, como veíamos en el capítulo anterior, algo que puede provocar mucha tensión es la relación con las respectivas familias de origen. Los motivos pueden ser muy diversos: desde la intromisión de los familiares en los asuntos de la pareja hasta el más absoluto desapego y desinterés por todo lo que tenga que ver con ella, pasando por las particulares costumbres de cada núcleo familiar a la hora de relacionarse o mostrarse afecto. Te voy a contar el caso de Daniela y Lourdes, en el que había cierto nivel de conflicto y emociones poco confortables, pero que no afectaban a la estabilidad de su vínculo.

Daniela es de origen mexicano y, por motivos profesionales, vino a vivir a España. Como no quería relacionarse solo con sus compañeros de trabajo, se apuntó a una *app* para conocer gente nueva con aficiones comunes. Y ya sabes lo que puede pasar en estas aplicaciones, que entras a buscar amigos y sales con pareja, como cuando entras al supermercado a por calabacines y papel higiénico, pero sales con patatas fritas y chocolate.

En la primera sesión, me contaron que lo suyo fue amor a primera vista. Encajaban muy bien, tenían gustos e intereses parecidos y en la cama todo eran fuegos artificiales. Así que, como suele ser frecuente en estos casos, y más siendo dos mujeres las que se enamoran, convivir fue un paso que dieron a los pocos meses de conocerse.

Contra todo pronóstico, y en contra de los consejos y opiniones de sus familiares y amigos, no resultó ni *demasiado* pronto ni *demasiado* difícil. Fue en el quinto aniversario cuando una pequeña crisis, relacionada con tomar decisiones acerca de la maternidad, llamó a su puerta; y, entonces, ellas llamaron a la mía. Estaban de acuerdo en ser madres, pero no en cómo enfocarlo y quien más dudas tenía era Daniela. Además, estas no giraban en torno a ella, sino a Lourdes, porque, como se había ido evidenciando en esos años, las dos tenían formas muy diferentes de relacionarse con sus familias.

Daniela mantenía un contacto estrecho y frecuente con sus padres, hermanos y sobrinos. Todo lo estrecho y frecuente que la distancia y la diferencia horaria les permitía. Prácticamente a diario hacían alguna videollamada para ponerse al día de lo que pasaba a ambos lados del charco. Aunque en alguna ocasión Daniela invitaba a su pareja a participar, esta era un poco reacia. A pesar de haber conocido a su mujer en una *app* de citas, no se sentía muy cómoda con las nuevas tecnologías. Además, le costaba entender que su pareja tuviera todos los días cosas que contar a su familia y ganas de hablar con ella. Lourdes vivía a menos de veinte kilómetros de distancia de sus familiares, pero podía pasar varios días sin verlos ni hablar con ellos. De hecho, llegó a plantearse si quería *poco* a su familia, pero no. Sencillamente eran más despegados, se relacionaban de una forma diferente que Daniela y la suya.

Cuando Daniela se imaginó teniendo hijos a miles de kilómetros de su familia y con una familia política poco dada a las conversaciones y los encuentros frecuentes, sintió vértigo. Tanto que empezó a imaginar que no solo la familia de Lourdes no sería el apoyo que ella esperaba, sino que su propia pareja no cumpliría con sus expectativas porque «Fíjate cómo se relacionan ella y su familia». Cuando hablaban de ello, Lourdes intentaba explicar que una cosa no tenía que ver con la otra y le pedía a Daniela que no exagerara. Ambas se sentían incomprendidas y parecía que no eran capaces de salir de ese callejón, por lo que su proyecto de ser madres estaba en pausa.

El póster de las emociones resultó útil para que ambas pudieran expresar qué les inspiraban, por un lado, sus familias de origen y, por el otro, la familia que ellas mismas formaban. También hicieron, por separado, la tarea de escribir cómo imaginaban su vida familiar cuando fueran madres. Cuando pusieron sus impresiones en común, Daniela pudo eliminar sus catastróficas profecías al comprobar que el proyecto familiar de Lourdes se parecía mucho al suyo, aunque se relacionasen con sus respectivas madres de manera diferente.

Bueno, ahora que ya te he reconciliado con el amplio espectro de emociones que cohabitan en una misma relación, desgranemos algunas.

2.1. ¿Por qué lo llaman amor cuando quieren decir enamoramiento?

Si buscas canciones, novelas o películas de amor encontrarás que muchas de ellas describen sensaciones y experiencias relacionadas más con el enamoramiento que con el amor. No me sorprende, porque todos, profesionales incluidos, tenemos ciertas dificultades a la hora de definirlos; y es que, aunque parece que el amor es una experiencia universal, tiene muchos matices que lo hacen único para cada uno de nosotros y de nuestras relaciones.

También somos capaces de ponerle muchos apellidos. Maduro, romántico, erótico, platónico, eterno, líquido o apasionado. Hay quien afirma estar enamorado de su pareja como el primer día después de más de dos décadas juntos y quien sostiene que ama a su pareja desde hace años, aunque nunca sintió las famosas mariposas en el estómago.

A pesar de lo particular que es un sentimiento tan universal, voy a intentar dar unas pinceladas básicas acerca del enamoramiento, el amor y el desamor.

Cuando empieza todo

Aunque es difícil definir una clara línea que separe el amor del enamoramiento, en mi opinión, cuando estamos enamorados la otra persona nos gusta porque todo en ella nos parece perfecto, mientras que cuando amamos a alguien, lo hacemos sabiendo que no lo es. Por ejemplo, cuando tu pareja ronca en las primeras noches compartidas, puede parecerte tierno. Seis meses de serenata después, es probable que te resulte molesto (porque lo es), pero también es totalmente compatible con seguir amando a esa persona.

Esto no quiere decir que cuando nos enamoramos no seamos conscientes de los *defectos* del otro o de las dificultades que pueda tener seguir adelante con la relación. Normalmente somos capaces de percibir todo eso, sin embargo, la enajenación mental transitoria que implica enamorarse hace que lo minimicemos.

Por ejemplo, si se trata de una relación a distancia, buscamos soluciones para reducirla, aunque pueda no ser sostenible a largo plazo. Si hay una gran diferencia de edad, nos centramos más en lo que nos une que en lo que nos separa. Si la otra persona está casada o en otra relación, o si lo estás tú, intentamos razonar qué está sucediendo e incluso intentamos *compatibilizar* todas las emociones y reducir la disonancia que nos produce. Si hay diferencias de opinión notables en proyectos futuros como tener hijos o dónde vivir, al principio somos capaces de posponerlas porque tenemos la absoluta confianza de que unas sensaciones tan maravillosas, a largo plazo, solo pueden dar buenos resultados.

Es decir, al principio, factores relevantes que pueden tener una influencia determinante en la relación son aplazados y/o minimizados debido a la arrolladora magnitud de nuestras emociones. La atracción, la pasión, el deseo, la admiración, la ilusión, la curiosidad, la necesidad de verse, hablarse, tocarse y saborearse reinan sobre todas las demás.

Son muchos los valientes que han hecho ciencia del amor y del enamoramiento. Una de las más reconocidas es Helen Fisher, bióloga y antropóloga estadounidense, que ha dedicado gran parte de su carrera profesional a la investigación científica del amor romántico. Sus estudios le han permitido constatar la universalidad de este sentimiento y de sus características, así como comprobar que muchas de ellas son exclusivas del enamoramiento y otras permanecen en los vínculos amorosos una vez que nos recuperamos de la montaña rusa emocional que supone enamorarse.

Fisher ha querido averiguar por qué nos enamoramos, por qué amamos y por qué elegimos a quien elegimos. También si los sentimientos románticos son diferentes entre hombres y mujeres. Para ello ha empleado diversos métodos de investigación, desde escáneres cerebrales de personas enamoradas y/o que habían sido recientemente rechazadas hasta cuestionarios con preguntas relacionadas con cómo nos sentimos y con las emociones que nos despierta la otra persona cuando estamos enamorados.

De los primeros obtuvo resultados interesantes como que, en general, los hombres responden con más intensidad a los estímulos visuales, que las mujeres somos capaces de recordar más detalles de una relación y que las regiones que se activan en el cerebro enamorado son las mismas que lo hacen cuando satisfacemos alguna adicción.

Por su parte, las encuestas le permitieron llegar a la conclusión de que variables como la edad, la orientación sexual, el origen cultural o el género influyen muy poco a la hora de experimentar este tipo de emociones. Por lo visto, el amor romántico, tan obsesivo, secuestrante y embriagador es algo común a toda la humanidad.

Del hecho de que así sea se extrae una conclusión evolutiva. ¿Qué funciones pueden cumplir enamorarse y amar? La de garantizar la supervivencia de la especie y de las crías. Sin embargo, aunque ese sea su origen evolutivo, las respuestas a cómo lo vivimos en la actualidad y por qué son mucho más diversas. Por ejemplo, no todas las personas nos vinculamos para reproducirnos (o no es lo que buscamos todo el tiempo), y, aun así, experimentamos el amor y tenemos deseos de vincularnos.

Hay una película de los noventa que se titula *Solo los tontos se enamoran*,[13] pero tengo la sensación de que más bien nos volvemos tontos cuando nos enamoramos. Y, aunque estoy casi segura de que compartes mi percepción, te lo argumento.

Al enamorarnos, la persona amada se convierte en alguien sumamente importante en nuestra vida, en parte porque es completamente nueva y única. Nuestras emociones son tan intensas que acaparan nuestra atención de una manera avasalladora. Tendemos a centrarnos en ella, dejando de lado otras áreas importantes de nuestra vida como el trabajo, la familia y los amigos. Sí, todos hemos cometido ese error alguna vez. Además, es tal el subidón de energía que nos da estar enamorados que la pérdida de apetito y el insomnio son otros de sus *síntomas*. Somos capaces de

Cuando estamos enamorados la otra persona nos gusta porque todo en ella nos parece perfecto, mientras que cuando amamos a alguien, lo hacemos sabiendo que no lo es.

dedicar casi todos nuestros pensamientos y actividades a esa persona, estemos o no con ella. Nuestra mente se ve dominada por su constante presencia, y poco importa lo que hagamos, no podemos sacarla de nuestros pensamientos. Su imagen y su recuerdo nos acompañan a cada paso que damos.

Según los resultados del estudio de Fisher, un alto porcentaje de hombres y mujeres admitieron que su mente se dirigía constantemente hacia la persona amada mientras estaban en clase o en el trabajo. Además, una gran mayoría afirmaron ser capaces de recordar cosas triviales que su amado había dicho o hecho. ¡Pero luego no nos acordamos de qué comimos ayer!

Otro dato que también pudo confirmar en sus investigaciones es el filtro de *perfección* del que hablábamos al principio. A todos nos parece que las personas que nos enamoran son un dechado de virtudes y cualidades. Todo es mejor a su lado y todo lo hacen mejor que nadie, ¡hasta roncar! Claro que, cuanto más alto vuelas, desde más alto caes, por lo que los altibajos emocionales son inherentes al enamoramiento. La atención y el afecto recibidos por parte de quien nos gusta pueden iluminar nuestra noche, pero también apagar nuestro día si los percibimos lejanos o indiferentes.

Por el mismo motivo, cuando nos enamoramos y no estamos seguros de si nuestro sentimiento es correspondido, nos volvemos hipersensibles a cualquier pista o señal. Cada gesto, cada palabra, adquieren un significado desproporcionado y nos sumergen en un mar de especulaciones y análisis minuciosos. Vamos, que no paramos de darle vueltas a la cabeza, y en este asunto, como te contaré en el último capítulo, no nos ayuda que las aplicaciones y las redes sociales nos den tantísima información sobre si alguien ha leído el mensaje, cuándo se ha conectado por última vez, si está en línea o con quién más interacciona.

El anhelo de conectar emocional y profundamente también es una característica esencial del amor romántico. Tanto es así que somos capaces de hacer cambios en nuestras prioridades y en nuestro día a día con tal de no tener que renunciar a nada de lo relacionado con esa persona.

Esto suena un poco a dependencia, ¿verdad? Efectivamente, los amantes nos volvemos interdependientes, que no es lo mismo que dependientes o codependientes, aunque en la actualidad esta realidad humana está siendo, en mi opinión, injustamente denostada, quizás porque está siendo mal entendida. Me explico.

Nadie quiere ser *dependiente* porque nos imaginamos a personas agobiantes, inseguras, que no saben estar solas y que mantienen relaciones incluso cuando no les benefician. Y es cierto que no es saludable, en ningún sentido, que nuestro bienestar dependa de sentirnos amados o no por una persona, se trata de lo que llamaríamos codependencia o dependencia emocional; pero conviene tener presente que es prácticamente imposible no depender emocionalmente de los demás, ya que los seres humanos somos una de las especies más sociables en el planeta. Así, cuando una persona nos gusta, ya sea porque nos hayamos enamorado o porque la amamos, querer estar, compartir, disfrutar e ilusionarnos con ella no habla, necesariamente, de dependencia, sino de acciones que favorecen el vínculo con esa persona y viceversa. Es lo que se denomina interdependencia. Las parejas cuyos miembros ejercen una influencia mutua y reconocen la importancia de la colaboración y la interacción para lograr metas comunes, pero también respetan la autonomía individual, son parejas interdependientes.

Por otra parte, como animales sociales que somos, la empatía es una de las habilidades más necesarias, dado que nos permite ponernos en la piel del otro. Cuando nos enamoramos, comprensiblemente, esta se dispara. Sentimos una conexión tan profunda que somos capaces de contagiarnos tanto de su felicidad como de su tristeza. Además, la conexión sexual no suele faltar en el enamoramiento. El deseo sexual y la pasión se entrelazan con los sentimientos románticos, llevándonos a experimentar situaciones que difícilmente volveremos a sentir si no se dan circunstancias parecidas. Son tan potentes que luego las echamos de menos y no son pocas las personas que, amargamente, se quejan en consulta de que «nada de eso es como antes». Pero no solo la libido ya no es como antes. El nivel de compromiso y seguridad tampoco es el del principio en una relación funcional y duradera. ¡No se puede tener todo, amigos!

La exclusividad sexual también suele ser un componente importante en el amor romántico. Parece que cuando nos enamoramos se despierta cierta necesidad de exclusividad, de ser especiales y únicos para el otro, lo cual encaja con otra emoción frecuente en las relaciones amorosas: los celos, a los que en breve dedicaremos unas cuantas líneas.

Según Fisher, el deseo de exclusividad tiene raíces evolutivas, ya que busca asegurar la crianza dentro de la relación por parte de los progenitores implicados. Sin embargo, como hemos visto en el capítulo anterior, cada vez son más frecuentes, o como mínimo más visibles, otros modelos relacionales en los que la exclusividad no es necesariamente un rasgo definitorio del vínculo, o al menos no es obligatorio que se dé únicamente entre dos personas.

Como enamorarse resulta algo tan maravilloso, a la par que abrumador, quizás sería interesante poder tener cierto control sobre ello, pero se trata de un estado involuntario y muy difícil de manejar. Según los participantes en el estudio de Fisher, enamorarse no fue una elección consciente, sino algo que, sencillamente, les pasó. Y esto es algo muy importante a tener en cuenta cuando, por ejemplo, tiene lugar una infidelidad. No eliges quién te gusta, no existe el delito de pensamiento o emoción. A lo más que puedes aspirar es a no alimentarlo, a intentar entender en qué contexto ha nacido o qué puede significar para tu relación, pero no podemos sentir culpa por las emociones que nos inundan. Como te decía: las tenemos y punto.

No me gustaría avanzar sin insistir en que, para lo bueno y para lo malo, el enamoramiento es un estado emocional transitorio. Esa magia del amor romántico tiene una duración variable de entre doce y dieciocho meses. Y menos mal. De no ser así, la especie humana no hubiera evolucionado nunca porque, como ya has comprobado, nos volvemos bastante inútiles. A medida que pasa el tiempo, las emociones pueden cambiar y transformarse en un amor más duradero y profundo, o bien derivar hacia el desamor al comprobar que después del enamoramiento no hay nada más.

Si describir algo tan universal como el enamoramiento es complejo, definir el amor no resulta más sencillo. Por suerte, hay muchos expertos filósofos, antropólogos, psicólogos, etc., que han dedicado gran parte de su vida profesional a este menester. Por supuesto, también puedes contar con tu propio bagaje personal. Si has tenido la suerte de estar enamorado, pero también la fortuna de seguir amando, es posible que tú mismo seas capaz de distinguir un sentimiento del otro.

Hay quienes consideran que amar tiene más que ver con lo que haces por el otro que con lo que sientes por él. También hay quien entiende que el enamoramiento es el amor hacia una idea, una fantasía o incluso hacia la imagen idealizada que el otro te devuelve de ti mismo, mientras que el amor tiene más que ver con la confianza, la amistad, el compromiso y la intimidad, tanto emocional como sexual.

Existen muchas teorías sobre el amor. Una de las más conocidas es la teoría triangular del amor de Robert Sternberg. Este reconocido psicólogo estadounidense publicó, en 1989, *El triángulo del amor*. En él explica que los ingredientes fundamentales que definen una relación amorosa son la intimidad, la pasión y el compromiso y que, en función de cuáles estén más presentes en una pareja, nos hallaremos ante diferentes estilos relacionales o ante diferentes momentos por los que una relación de pareja podría pasar. Esto último es sumamente interesante para todas aquellas personas que creen que su relación es *peor* porque no es como *al principio*.[14]

Aunque soy una chica *de letras*, si pensamos en sus posibles combinaciones, tendríamos como resultado siete opciones de relación afectiva que exploraremos en las próximas páginas, pero antes de meternos en harina y ver en qué consiste cada una de ellas, es interesante saber qué entiende Sternberg por cada uno de los tres principales conceptos.

Cuando habla de *intimidad* se refiere a la confianza, a esa sensación de cercanía y seguridad que experimentamos cuando entendemos que hemos conectado con una persona hasta tal punto que podemos mostrarnos tal y como somos sin temor al juicio o al rechazo. Este ingrediente no aparece, por supuesto, solo en las relaciones de pareja, sino que también es parte esencial de la amistad.

Si deseamos cuidar la relación para permanecer en ella en las duras y en las maduras, estaríamos hablando de *compromiso*, de la decisión consciente que cada uno toma cuando apuesta por una relación. Efectivamente, eso no implica ni garantiza que vaya a ser *para siempre*, porque todo es eterno hasta que se acaba. Sin embargo, el compromiso denota la voluntad, la esperanza y el deseo de que así sea.

El último ingrediente que Sternberg contempla es la *pasión*, entendida como deseo por la otra persona y excitación, como las ganas de compartir el placer sexual y romántico con nuestra pareja o bien *inspirados* por ella. Hay quien considera que el sexo es esencial en las relaciones de pareja y que, de hecho, es el ingrediente que las diferencia de una buena amistad. Como te comenté en el anterior capítulo, todo depende de qué entienda cada miembro de la pareja por *sexo*, qué valor le dé y cómo encajen esas dos perspectivas.

En función de la presencia única o de la combinación de estos ingredientes, Sternberg elabora su triangular teoría del amor, de la que deduce siete tipos relacionales que te resumo a continuación.

Intimidad: Es la relación en la que predomina el cariño y sentimos un vínculo y una cercanía especiales con la otra persona, sin que medie el deseo sexual ni la idea de un compromiso a largo plazo.

Pasión: Protagoniza muchas películas porque viene a durar lo mismo que una de ellas: hora y media. Quiero decir que lo que vincula a estas parejas *temporales* es eso: el deseo, la atracción, sin que haya espacio para la confianza ni posibilidad de alargar la relación en el tiempo.

Compromiso: Sería algo así como un contrato de trabajo o de alquiler. Nos unen una serie de condiciones que hacen que permanezcamos ligados gracias al respeto y la reciprocidad, pero la intimidad y la pasión (ya) no están.

Intimidad + pasión: Esta también sale mucho en las películas. El amor romántico que surge de la conjunción de estos dos elementos habla de conexión emocional y de atracción sexual, pero el compromiso, por los motivos que sea, puede no darse.

Compromiso + intimidad: Con el paso de los años, una relación de pareja estable puede quedar principalmente vinculada por estos dos elementos. Seguramente la pasión estuvo en su día, pero no siempre sabemos o podemos mantenerla.

Pasión + compromiso: De película también, pero de argumento tormentoso. Relaciones apasionadas que se alargan en el tiempo, pero poco estables, dado que no cuentan con la intimidad emocional.

Intimidad + pasión + compromiso: Según el autor, sería la forma de amor más completa en una pareja y a la que todos aspiramos. Sin embargo, avisa de que lo más difícil no es alcanzarlo, sino mantenerlo.

Me gustaría recalcar que no hay juicio de valor alguno sobre ninguno de los tipos de amor que plantea Sternberg. No los hay mejores ni peores, porque esta apreciación depende única y exclusivamente de sus protagonistas. Si ellos están a gusto y bien, ¿quiénes somos los demás para decir lo contrario? También es importante darse cuenta de que este listado representa casos estereotípicos, y lo más probable es que nunca vivamos estos estilos de forma *pura* porque, como señala además el propio autor, estos «triángulos amorosos emanan de las historias»,[15] es decir, tienen que ver con nuestro contexto, nuestras experiencias y nuestras creencias, tanto individuales como conjuntas.

No obstante, este enfoque nos sirve, tanto a los profesionales como a los miembros de la pareja, para entender de qué está hecha nuestra relación, para reflexionar sobre lo que deseamos mantener y para ser más conscientes de lo que puede que estemos echando de menos.

Tanto hablar de amor, no sería extraño pensar que el elemento básico y esencial de toda relación de pareja es ese, ¿verdad? Y efectivamente lo es: básico, esencial, imprescindible, pero no el único necesario. Recuerda que el amor es a la relación lo mismo que el arroz a la paella. Necesario, pero no suficiente. Precisamos de más cosas, como la comunicación, que facilitará la confianza necesaria para que el amor no deje de alimentarse.

Los amantes nos volvemos interdependientes, que no es lo mismo que dependientes o codependientes.

El desamor y el arte de decir adiós

Todavía me queda una cosita más que contarte sobre el amor o, más bien, sobre su desaparición. Efectivamente, quiero hablarte de la experiencia emocional de alejarse o separarse de quien has amado o de quien te ha amado; en fin, del desamor. Este puede venir motivado por tan distintas causas que cada uno lo transita de una forma íntimamente única, es decir, como puede.

Puede pasar que un buen día te des cuenta de que ya no sientes lo mismo por tu pareja. Identificas que estás más a gusto sin ella o, incluso, puede que su presencia te moleste. A veces son los dos miembros los que consideran que no pueden seguir así porque en la relación predominan las interacciones negativas, las peleas, las críticas o el desprecio, y puede que sientan que ya no hay solución y que hablar no sirve de nada. En otras ocasiones el desamor es más difícil de detectar, ya que se va instalando en la pareja sin apenas darnos cuenta. Lo que muchas personas llaman rutina, si destruye el amor, es más bien desidia y aburrimiento. Y hay momentos, en cambio, en los que el desamor nos llega como una bofetada cuando la persona que amamos quiere finalizar la relación o porque nosotros mismos nos damos cuenta de que deseamos o queremos a otra.

En cualquier caso, ya sea porque no lo sientes o no te corresponden o porque la relación no funciona, cuando el amor desaparece nos toca afrontar sentimientos de abandono, tristeza, desesperanza, soledad y angustia que pueden ser igual de intensos que sus opuestos, cuando, en los comienzos, todo era felicidad e ilusión.

Aunque en el siguiente capítulo te hablaré sobre algunos mitos del amor romántico, como te decía unas líneas atrás, todo es eterno hasta que se acaba. Asimismo, que una relación dure no quiere decir que sea mejor y que no lo haga no significa que haya sido mala. No hay leyes universales al respecto.

No deberíamos vivir las rupturas como un fracaso. Hay veces en las que las relaciones funcionan bien, otras mal, y hay otras en las que, sencillamente, dejan de funcionar. Las personas, normalmente, lo hacemos todo lo mejor que podemos (aunque a veces no salga bien) y cuando nos vinculamos con otras dejamos de tener el control sobre lo que sucede. No porque el control lo vaya a tener tu pareja, sino porque cuando nos unimos en una relación, como te contaba en el anterior capítulo, creamos una nueva identidad. El tercero en esta relación de dos es el vínculo y todos los que participamos en él vamos cambiando. Nuestras necesidades y deseos pueden modificarse y lo que aportamos a la relación también, por lo que no siempre es posible evolucionar en sintonía con nuestra pareja.

Una vez que tenemos claro que tenemos que separarnos de nuestra pareja porque el desamor ha hecho acto de presencia, llega otra parte complicada: ¿cómo lo hacemos? ¿Podemos ser amigos? ¿Hay que dejar de verse? ¿Quedamos una última vez como despedida? ¿Qué explicaciones damos? Y, si tenemos hijos, ¿cómo se hace? Te voy a dar la respuesta favorita de los psicólogos: depende. Depende de las circunstancias y de las posibilidades que tu contexto te ofrezca.

Por ejemplo, si tu pareja quiere romper pero tú no, aunque aceptes (lógicamente) su decisión, lo ideal sería evitar todo contacto para poder afrontar el duelo. Sin embargo, si trabajáis juntos y/o tenéis hijos en común, será un poco más difícil.

El contacto cero es una de las fórmulas más defendidas por los expertos. Esto implica evitar verse o hablar con la expareja todo lo posible. No será fácil para ninguno de los dos porque, como le he oído explicar a la psicóloga y sexóloga Ester Pérez Opi, una ruptura implica la separación física, la emocional y, a veces, también la legal. Es decir, romper implica tantas separaciones que es difícil que puedan darse *limpiamente*.

Mi recomendación es que dejéis de hacer las cosas que os convertían en pareja. Por ejemplo, si entrenabais juntos o frecuentabais los mismos lugares con las mismas personas durante los fines de semana, dejar de hacerlo sería una forma de implementar la ruptura.

Puede que lo que te cuento te resulte una obviedad, pero si lo hago es porque me consta que no es sencillo. Aunque he conocido varios casos en consulta, te contaré brevemente el de Nadia y Adrián.

Cuando empezaron a acudir a mi consulta llevaban seis años de relación y tres de convivencia. El motivo era que desde hacía un año tenían frecuentes discusiones, cada vez más fuertes y por tonterías. Durante las sesiones se enfrentaron a sus desacuerdos, exploraron sus diferencias y aprendieron a comunicarse de manera más eficaz. Sin embargo, a medida que avanzaban en la terapia, comenzaron a darse cuenta de que ya no eran la pareja que solían ser y no conseguían disfrutar ni disfrutarse. A pesar de sus esfuerzos, llegaron a la dolorosa conclusión de que debían poner fin a su relación.

Adrián, quien me pidió continuar en un proceso de terapia individual, me contó que les estaba resultando muy difícil lidiar con la ruptura, especialmente porque habían decidido seguir viviendo juntos hasta que Nadia encontrara un piso al que mudarse. Lógico y normal teniendo en cuenta que las familias de ambos vivían fuera de la provincia. Pero en ese convivir, lo cierto era que nada había cambiado: seguían durmiendo juntos, comiendo juntos, haciendo la compra juntos y saliendo juntos. Entre lágrimas me decía que no quería perderla.

Le expliqué que era comprensible que ambos quisieran estar y sentirse cerca debido al cariño que se tenían, pero que para que pudieran cultivar un nuevo vínculo era necesario que antes dejaran de ser lo que habían sido hasta el momento, una pareja, y que seguir haciendo todo juntos dificultaba la posibilidad de transformarse en algo diferente.

Otras veces sucede justo lo contrario: cortamos tan por lo sano que hay quien se va hasta sin despedirse. He oído llamarlo «marcharse a la francesa», hoy lo han bautizado como *ghosting*. Dado que en inglés significa *fantasma*, se ha denominado así a la práctica que consiste en que una persona desaparezca de una relación sin una explicación y de forma abrupta, no respondiendo a los mensajes, llamadas o citas acordadas. Desde luego, no es una conducta respetuosa, y tampoco saludable emocionalmente hablando.

Quien lo experimenta se queda confundido, frustrado y sin oportunidad de tener un cierre adecuado, llegando a generar sentimientos de rechazo, ansiedad y baja autoestima. Lo llamen como lo llamen, desvincularse tan silenciosamente no es una buena forma de decir adiós a una relación. Lo ideal es que todo final haga honor a la relación que hayamos tenido.

Como dicen Estela Buendía y Lola González, psicólogas del centro Borobil, «Da igual que sea "solo un rollo", una follamistad o una relación no exclusiva. Quien decide terminar debe tomarse la molestia (porque sí, lo es) de plantarse frente a la persona con la que ha compartido un tiempo para comunicarle que no quiere seguir. Tener una conversación sincera y honesta no garantiza que quien habría optado por seguir actúe llevado por las emociones. Sin embargo, este acto también puede mitigarlas».[16]

Como sé que lo que los profesionales sugerimos no es

No deberíamos vivir las rupturas como un fracaso. Hay veces en las que las relaciones funcionan bien, otras mal, y hay otras en las que, sencillamente, dejan de funcionar.

fácil, te propongo una actividad que puede ayudarte a afrontar esta situación: escribir una carta de despedida. Dirígete en ella a la que fue tu pareja y recoge todo aquello que echarás de menos, lo que valoras de lo que habéis vivido, también las responsabilidades que asumes de lo bueno y de lo malo que haya podido haber y tus deseos para el futuro de tu expareja. De esta manera podrás rendir homenaje a todo lo bueno que la relación os haya podido brindar. También te ayudará a afrontar el duelo por la pérdida y a rescatar lo positivo. Es importante abordar la separación de manera consciente y escribir una carta puede convertirse en un valioso ritual durante esta etapa de transición.

Aunque yo no lo descartaría del todo, es probable que no llegues a entregarla; pero no importa, el hecho de escribirla nos ayuda a poner en orden las ideas y encontrar palabras para lo que sentimos. Es un estupendo cierre de algo que ha merecido la pena vivir.

Por supuesto, como todo lo que te propongo, habrá ocasiones en las que esto no será apropiado ni adecuado, pero, si llegado el momento no te suena mal, dale una oportunidad.

Ahora que ya hemos hablado del amor y de su ausencia, creo que puede ser interesante asomarnos a otras emociones como los celos o el deseo, que si no se manejan adecuadamente pueden dañar una bonita relación.

2.2. La ilógica lógica de los celos

Me llama la atención la capacidad que tienen los celos para despertar reacciones absolutamente contradictorias entre sí. Al mismo tiempo que son ensalzados como muestra inequívoca de amor, también son relacionados con el desprecio, ya sea porque nos parecen despreciables o porque son despreciados.

El caso es que, independientemente de que en nuestras coordenadas espacio-temporales se consideren buenos o malos —de si se promocionan o se denostan—, lo que no podemos negar es que, sencillamente, *existen*. Los celos son una emoción que todas las personas, en mayor o menor medida, podemos sentir o, mejor dicho, podemos llegar a *sufrir* en algún momento de nuestra vida. Porque si hay algo en lo que imagino que coincidiremos es en que los celos siempre producen sufrimiento.

Salvo si nos parece acertado relacionarlos con el *amor verdadero* (*spoiler*: no lo es), los celos suelen ir asociados al dolor, la desconfianza, la traición, la inseguridad, el conflicto e, incluso, las agresiones y, por desgracia, también la muerte. Pueden llegar a ser una emoción tan intensa que el autocontrol del que te hablaba sea muy difícil, aunque no por ello menos irrenunciable.

Cuando los sufrimos desearíamos no padecerlos; sin embargo, no podemos hacer que alguien los sienta o deje de hacerlo, como mucho, podremos ayudarle a *recorrerlos* de una forma más funcional. Y con «no podemos» me estoy refiriendo a los profesionales.

Del mismo modo que te decía que cuando nos educamos en las emociones el objetivo no es no sentir enfado, en este caso tampoco es no sentir celos, sino que una vez que los experimentemos se resuelvan de una forma mucho más saludable. Solo así podremos llegar a reducir su influencia en nuestro bienestar y el de nuestra pareja, porque las emociones son como los malos de las películas: aunque intentes cerrarles la puerta en su cara siempre consiguen poner el pie y acaban entrando con más fuerza todavía.

No eres celoso, tienes celos

Ahora que he dejado claro que los celos son una emoción, me gustaría añadir lo que los celos no *son*. No son un trastorno, ni una enfermedad, ni un defecto, tampoco son un rasgo de la personalidad ni una unidad de medida del amor. Son una emoción que, además, tiene la particularidad de surgir siempre en el contexto de una relación de, al menos, dos personas. Y es que son dos las condiciones necesarias para que los celos emerjan. La primera, que exista una relación de afecto entre dos personas, y la segunda, la presencia real o imaginada de una tercera persona que amenace ese vínculo.

Así como para enamorarte de alguien te bastas y te sobras tú solito, para sentir celos debemos formar parte de una relación. En este caso, debo aclarar que me estoy refiriendo todo el rato a los celos que pueden surgir en una relación de pareja, a los celos amorosos, eróticos, porque lo cierto es que podemos sentir celos en otro tipo de relaciones, como las familiares, las de amistad o incluso las profesionales.

Otra particularidad que tienen, no tanto como celos en sí, sino como emociones que son, es que la forma en la que cada cual los experimenta es personal e intransferible, y está influida por el contexto de la persona y su propia biografía. Ni todas las personas amamos o nos alegramos igual, ni todas sentimos celos del mismo modo. Depende de muchos factores, como del momento vital que esté viviendo la pareja, de la biografía afectiva de cada uno, de la historia de la propia relación, del significado que tengan los celos en sus historias y en relaciones anteriores, de su estilo de expresión emocional e, incluso, del contexto sociocultural en el que viven. Por eso es tan difícil ser sentenciosos y encontrar soluciones que quepan en una foto de Instagram a la hora de abordar emociones tan complejas como esta.

Por cierto, ¿te animarías a definir lo que son los celos? He consultado el diccionario de la Real Academia Española de la Lengua y me he tropezado con una curiosidad que solo me ha pasado con esta palabra. Solemos usar la palabra *celos* en plural; sin embargo, las definiciones en los diccionarios siempre, o al menos hasta donde yo sé, se recogen en singular. De modo que lo que la RAE ofrece en sus primeras seis acepciones de *celo* tiene que ver con ser diligente o cuidadoso en el desempeño de algún deber o a los ciclos reproductivos de algunos animales. No es hasta la séptima definición cuando indica que puede emplearse en plural y dice lo siguiente: «Sospecha, inquietud o temor de que la persona amada deposite su cariño en otra».[17]

En el ámbito académico y profesional, a la hora de definirlos, existe bastante consenso y no dista mucho de lo que recoge la RAE. Por ejemplo, Echeburúa y Fernández-Montalvo afirman que «constituyen un sentimiento de malestar causado por la certeza, la sospecha o el temor de que la persona querida, a quien se desea en exclusiva, prefiera y vuelque su afecto en una tercera persona».[18] Pérez Opi los resume como «el sentimiento que se expresa como temor (inquietud, sospecha, desconfianza...) ante la pérdida del amado/a frente a un tercero».[19] Labriola afirma que «son una compleja combinación de sentimientos, sensaciones, experiencias y reacciones puestas en marcha por el miedo a perder o a que haya un cambio en una relación [...] que consideremos importante».[20] Parece que, indiscutiblemente, antes de sentir celos tenemos que haber sentido o seguir sintiendo amor.

A pesar de que algunas personas no lo viven así, el amor erótico, el amor *romántico*, tiene cierto componente de *posesión* y exclusividad. Ojo, entendiendo estos no como anhelos de propiedad o de dominio, sino como el deseo de estar y compartir lo máximo posible con esa persona de una forma única y especial. Es decir, del deseo de crear un *nosotros* excepcional e irrepetible.

Además de este deseo de unión, los celos surgen sobre la base de la creencia en la exclusividad. Una exclusividad que puede esperarse en diferentes ámbitos de la relación, tales como el tiempo dedicado a ella, las emociones compartidas o las relaciones sexuales. Y cuando sentimos celos, tenemos la sensación de que esta exclusividad está perdiendo fuerza y poniendo en peligro el vínculo.

Como ves, la exclusividad es, a la vez, tanto un deseo como un recurso para crear este *nosotros* tan distinto de todo lo demás. Ahora bien, como veíamos al hablar de infidelidades, definir los límites de estas exclusividades es todo un desafío que no siempre se aborda de forma directa y explícita. ¿Esperamos no tener fantasías y no sentir atracción, deseo o excitación por otras personas y/o esperamos no abrazarnos, besarnos, penetrarnos con otras personas? Esta es una conversación que en las parejas abiertas o las relaciones poliamorosas se mantiene en más de una ocasión, mientras que la pareja heterosexual tradicional suele dar por hecho que su acuerdo se establece según mandan los cánones. Y en función de lo exclusivos que sean esos cánones, más fácil será que se transgredan los límites de la fidelidad. Recuerdo una paciente que, quizás por su juventud y por los estrictos valores morales que imperaban en su familia, entendía que si su pareja se masturbaba le estaba siendo infiel porque, como ella decía, «si estoy yo, para qué quiere masturbarse. ¿Es que no soy suficiente?».

Seguro que también has oído hablar de los celos catalogados como *justificados* o *injustificados*. No hace falta ser terapeuta para concluir que, si en tu relación habéis vivido una infidelidad, sentir desconfianza, inseguridad y mos-

Los celos no son un trastorno, ni una enfermedad, ni un defecto, tampoco son un rasgo de la personalidad ni una unidad de medida del amor.

trarse celoso es comprensible y esperable. Y en una conversación informal todos estaríamos de acuerdo en juzgarlos como justificados. Sin embargo, no siempre es tan sencillo (y me atrevería a decir que tampoco útil) *etiquetarlos* a partir de esta dicotomía porque es algo muy subjetivo y particular, no ya solo de cada relación, sino de cada persona. Por eso son las propias parejas las que deben establecer sus acuerdos y en función de esos límites podrán valorar si en *esa* pareja y en *ese* acuerdo está justificada o no *esa* desconfianza.

Por todos estos motivos no es de extrañar que los celos se sientan llamados cuando aparece el amor, porque es en ese momento cuando podemos temer que, de alguna manera que quizás ni hemos sido capaces de prever, el otro y lo que nos une desaparezca o sea *secuestrado*.

¡Qué difícil es para el ser humano tolerar la incertidumbre! Sufrimos no sabiendo qué esperar incluso cuando ya no cabe esperar nada, y es que hay experiencias de celos que pueden llegar a durar más que el propio sentimiento amoroso o que la relación de pareja en la que nacieron.

Fue el caso de Miguel. Cuando se puso en contacto conmigo tenía cuarenta y cuatro años y acababa de divorciarse. La ruptura no tuvo que ver con terceros. Su exmujer le explicó que ya no le amaba y que quería divorciarse. No tenían hijos ni una relación tormentosa, por lo que el proceso legal fue *sencillo*. Sin embargo, al inmenso vacío que Miguel sentía se le sumaron unos celos como nunca antes había experimentado. Por las noches, cuando se metía en la cama, solía imaginar un listado de hombres que él conocía (de su trabajo, del barrio, del entorno social que habían compartido durante la relación) y que podían enamorarla, y eso le producía un sufrimiento indescriptible. Aunque el amor de su pareja ya lo había *perdido*, imaginar que se lo daría a otro le causaba un dolor terrible, lo que además le sorprendía porque él, según sus propias palabras, «no *era* una persona celosa».

No se me ocurre mejor momento para ahondar en el hecho de que sentir celos no es una forma de *ser* ni una personalidad. El hecho de que la gran mayoría de las personas podamos sentirnos celosas en algún momento de nuestra vida y en diferentes tipos de relación (no solo las amorosas) hace que no tenga sentido considerarlos como un rasgo de personalidad.

Por qué unas personas los experimentan con más intensidad que otras o los resuelven con más sufrimiento que otras depende de muchas variables. Depende de las experiencias y aprendizajes vividos en primera persona o en el entorno más cercano, de lo estables y ajustados que sean nuestro autoconcepto y nuestra autoestima y del estilo de pensamiento que tengamos, si es obsesivo y rumiante o no.

Según mi experiencia profesional, muchas de las personas que sienten celos, ya sean hombres o mujeres, suelen mostrarse inseguras tanto a la hora de expresar sus emociones como cuando necesitan que se satisfagan sus necesidades afectivas. Se perciben a sí mismas como dependientes, frágiles, vulnerables y poco valiosas, lo que las lleva a necesitar grandes muestras de amor, pasión y romanticismo para poder *creerse* queridas. Esta necesidad puede ser fruto de una *colección* anterior de relaciones afectivas en las que no se han sentido valoradas, se han sentido abandonadas o han sufrido pérdidas inesperadas. Al final, lo que intentan es anticiparse para poder evitar la pérdida y el abandono, sin darse cuenta de que con ese comportamiento celoso lo que pueden conseguir es que su temida profecía se cumpla, reforzando, fatídicamente, su idea de que no merecen ser amadas.

Ha sido escribir esta frase y acordarme de Marisa. Fue una paciente que acudió a consulta porque se consideraba una celosa patológica. Da gusto cuando los pacientes vienen diagnosticados de casa. Estaba angustiadísima por el temor a que su novio la dejara, a ser ella la que *lo obligara* a hacerlo o a estar volviéndose loca. Incluso me preguntó si era adecuado solicitar un ingreso voluntario en una clínica psiquiátrica. Ante tal sugerencia exploré si podía haber algún motivo que lo justificara, como riesgo de autolesión, intentos autolíticos o agresiones hacia su pareja; pero no: lo que Marisa esperaba del ingreso era poder *parar su mente* a golpe de psicofármaco.

En las primeras sesiones averigüé que mi joven víctima era hija única y había vivido siempre con su madre porque su padre se había marchado de casa cuando era pequeña. De hecho, solo recordaba haberlo visto en una ocasión siendo niña, con motivo de su sexto o séptimo cumpleaños. Al preguntarle por las causas de la ausencia de su padre me contestó: «No lo sé, nunca me lo dijo. Supongo que no me quería». Indagando un poco más me comentó que su madre tampoco le pudo dar explicaciones. Él se había ido y su madre no pareció preocuparse mucho. Quizás separarse fue lo mejor para ambos. Quizás, aunque no se hablara explícitamente, para ellos la razón fuera evidente, pero para Marisa no hubo una explicación de por qué su padre había renunciado a ella. Por eso fabricó su propia respuesta: «Supongo que no me quería».

Marisa era una chica de diez. Trabajadora, responsable, amable, cariñosa, simpática y muy atractiva. Sin embargo, también se mostraba muy muy insegura respecto de su valía y sus cualidades. Esta falta de confianza en sí misma no le afectaba solo en las relaciones románticas, también con sus amistades cuando no le devolvían una llamada o tardaban en responder a un mensaje. Con su familia y amigos se sentía más capaz de trasladar sus miedos y necesidades, pero en las relaciones de pareja era casi imposible. Como ella misma decía, le costaba muchísimo enamorarse. Por ese motivo, en las dos ocasiones en las que lo había hecho, su principal temor era que le fueran infieles y la abandonasen. Experiencia que había visto sufrir a su madre con otra pareja y que ella quería evitar a toda costa. «Prefiero que me dejen a que me engañen. No quiero que me tomen por tonta.»

En su intento por anticipar y evitar esta catástrofe, Marisa analizaba las redes de sus parejas como si de un agente de la CIA se tratara. Los espiaba de reojo cuando estaban juntos, cogía sus móviles y a su última pareja llegó a seguirla por la calle en varias ocasiones. Sabía que era inadecuado, pero no podía evitarlo. En parte porque fue así como pilló a su primera pareja manteniendo conversaciones *picantes* a través de Instagram. ¡Qué más podía necesitar su temor que confirmarse para volverse más fuerte! Aquella relación terminó años atrás, pero la que le preocupaba era la que mantenía en la actualidad.

Aunque intenté invitar a su pareja a las sesiones, fue demasiado tarde. Entre la segunda y la tercera su novio la dejó porque le resultaba insoportable su desconfianza y todo lo que eso generaba en su relación. Su profecía de abandono, aunque sin infidelidad y *sin querer*, se había cumplido (de nuevo).

Además de los celos, Marisa tuvo que atravesar un duelo del que se sentía responsable. Fue un caso doloroso en el que en algunas sesiones reinó la impotencia, porque los celos, la desconfianza y el miedo a la incertidumbre son tan pegajosos como un chicle en el pelo, pero gran parte del trabajo terapéutico pasó por *absolver* a mi paciente de sus sentimientos. Eran comprensibles y lícitos porque eran suyos. Lo que teníamos que conseguir era atravesarlos sin que *la atravesaran*. Intentar legitimar su derecho a sentir inseguridad, desconfianza y celos y darle herramientas alternativas para no convertirse en la inspectora Gadget de la relación.

Te he hablado de este caso para ilustrar que unos comportamientos como los que desplegaba Marisa fácilmente hubieran sido tachados de celos patológicos. Y bueno, no cabe duda de que fueron disfuncionales y perjudiciales para ella y su relación, pero la palabra *patología* implica enfermedad y Marisa no estaba enferma. Tampoco *era* celosa, controladora, ni estaba loca. Marisa tenía miedo a ser herida y abandonada como ya lo había sido antes, pero las soluciones que encontraba para resolver su problema se convertían, a su vez, en otro problema mayor. Ella estaba intentando adaptarse al sufrimiento que había padecido anteriormente para prevenirlo, pero el tiro le salía por la culata. Esto, los humanos, lo hacemos constantemente. ¿Sabes cuando te duele el tobillo derecho y para evitarlo te apoyas en el izquierdo y lo sobrecargas? Pues eso, intentando evitar un mal, puedes provocar otro.

Así que repite conmigo: «No soy celoso, siento celos». «No soy inseguro, siento inseguridades.» Y es cierto que tenerte en poca estima puede alimentar la duda de que tu pareja pueda abandonarte porque no vales lo suficiente. El hilo de pensamiento es este: Si no vales lo suficiente puedes pensar que otras personas pueden ser más atractivas para tu pareja (porque tú no lo eres). Si se las cruza, poco puedes hacer tú porque no vales tanto como los demás. Esto despierta el temor a ser abandonado, engañado o rechazado. Como quieres evitarlo o estar prevenido en caso de que suceda, te anticipas. ¿Cómo? Controlando, comprobando hipótesis... Es decir, desarrollando conductas celosas poco saludables para la relación.

Es entonces cuando tener inseguridades se correlaciona con sentir celos, pero no todas las personas que tienen celos tienen baja autoestima, ni todos los que tienen baja autoestima tienen celos. Por eso aumentar la autoestima de esa persona probablemente no sea la (única) solución, porque quien siente celos tampoco es la única protagonista de la historia. Otras variables que intervienen a la hora de convertir los celos en perjudiciales son de nuestra pareja y de cómo funcione nuestro vínculo. Recuerda que lo que importa en la terapia de pareja es el tercero, la relación que resulta de la interacción de sus participantes.

Cuando te explique qué es el *juego celotípico* verás que, a veces, sin querer, la respuesta que la pareja da ante los celos hace que la inseguridad se haga todavía más fuerte.

Estoy haciendo especial hincapié en este asunto por dos motivos. El primero porque considero que las etiquetas no son útiles. Como mucho, podemos servirnos de ellas para facilitar la comunicación con otros profesionales del gremio, pero nada más. Si las usamos como explicaciones de lo que les pasa a nuestros pacientes, corremos el riesgo de que ellos o personas de su entorno las conviertan en rasgos de su personalidad y, como *es así*, crean que nada se puede hacer para dejar de funcionar *tan poco saludablemente*.

El otro motivo es la facilidad con la que hoy día empleamos adjetivos como *tóxica* para referirnos a las personas que sienten celos y que ponen en marcha estrategias tan perjudiciales como las descritas hasta ahora. *Tóxicas* no son las personas, sino las relaciones. Del mismo modo que cuando una relación va bien solemos compartir los méritos, cuando no va tan bien la responsabilidad también es compartida.

Pongo un ejemplo tonto, pero común. Si me quejo de que mi pareja nunca pone la lavadora y al final siempre la acabo poniendo yo, lo más probable es que él siga sin po-

Repite conmigo: «No soy celoso, siento celos». «No soy inseguro, siento inseguridades.»

nerla porque, al final, ya la pongo yo. Sin querer, participo en que esta dinámica se mantenga. Otro tema es que queramos debatir (y de paso resolver) por qué a mi pareja se le suele olvidar. En ese caso, tendrá que buscar estrategias para recordar hacerlo cuando así lo hayamos acordado.

Al hilo de la responsabilidad, me gustaría aclarar que en ningún caso me estoy refiriendo a las relaciones en las que hay agresiones, violencia o maltrato. Nunca podemos pedir responsabilidad a la víctima ni culparla de serlo. Cuando los psicoterapeutas queremos que todas las partes implicadas se *responsabilicen* de la relación y de las dinámicas que se establecen, consciente o inconscientemente, nunca nos referimos a las víctimas de maltrato.

En el caso de los celos, puede que, inicialmente, sentirlos solo sea responsabilidad de uno de los miembros, quien, quizás por su historia personal, ha aprendido a desconfiar de los sentimientos de los demás, pero cuando en terapia hay que desmontar lo que llamamos el juego celotípico, tenemos que ayudar a la pareja a tener presente que en ocasiones el otro ayuda a mantener esa inseguridad, aunque sea sin querer. Por ejemplo, ocultando información para evitar el conflicto.

El juego celotípico

Ha llegado el momento de hablarte de Lola y Eneko. Llevan juntos ocho años y son padres de un niño de cinco. Cuando acuden a consulta lo hacen porque ella tiene sospechas de una posible infidelidad de su pareja con una compañera del gimnasio. Aunque Eneko lo niega, ella no termina de creerlo porque no entiende «por qué se mandan tantos mensajitos». Su pareja le explica que hay muy buen rollo en el grupo de *crossfit* y que todos, chicos y chicas, se llevan muy bien y que no solo intercambia *mensajitos* con esa compañera, sino también con todos los demás. Lola tiene la sensación de que la relación con esta chica es más cercana porque «cada vez que miro de reojo, os pillo enviándoos vídeos de ejercicios y recetas».

Lola está intentando concluir si su pareja todavía la quiere mirando de reojo sus conversaciones de móvil, en vez de fijarse en las muestras de afecto que él intenta profesarle para que se dé cuenta de que la quiere a ella y que esa compañera no es más que eso. Cuando los celos hacen su aparición en escena la confianza suele ser la primera damnificada.

Curiosamente, el *celosado* no suele vivir la amenaza de la relación del mismo modo, lo que le lleva a infravalorar y no validar el temor de su pareja. Aunque intenta combatirla, la persistencia de la desconfianza solo provoca más impotencia, que es, precisamente, lo que le pasa a Eneko, quien, además, lo tiene difícil, porque es mucho más complicado demostrar la inocencia que la culpabilidad. ¿Qué solución ha encontrado Eneko? Mantener las conversaciones con esta chica cuando está solo. Es decir, en el *excusado* o en el trabajo. ¿Es una buena solución? Puede que en otros casos funcione (cosa que dudo), pero para esta pareja en concreto, rotundamente no.

La ausencia de información dispara, todavía más, la alerta y la sobreinterpretación de lo que se hace y de lo que no. Antes, *al menos*, Lola podía comprobar que todo lo que intercambiaban eran vídeos de TikTok sobre entrenamientos de fuerza y recetas de proteínas. Que él busque momentos de intimidad para chatear con su compañera aumenta la desconfianza de Lola. «Si no tuviera nada que esconder, hablaría delante de mí, ¿no? ¡Hasta podría enseñarme las conversaciones!» En este punto de la discusión Eneko se siente tan fiscalizado como dolido y por eso responde negándose a traspasar ese límite de su privacidad.

¿Cuál crees que fue el siguiente paso de Lola para intentar calmar sus dudas? Efectivamente: mirarle el móvil por la noche. ¿Crees que se quedó más tranquila? Solo durante unos minutos, porque después de haber comprobado que no tenían ninguna conversación fuera de lugar, el monstruo de los celos le sembró otra terrible duda: «¿Y si tu marido borra los mensajes por si le sigues mirando el móvil?».

He querido invitarte a observar por la mirilla de este caso para que pudieras ver cómo, sin querer, las dinámicas de ocultación y evitación, lejos de apagar el incendio, lo pueden avivar. Lo que sucede dentro de la pareja depende de lo que los miembros hacen y de lo que no y de las *reglas* que rigen su relación. Es lo que los profesionales llamamos *juegos*. No porque sean divertidos, sino porque son dinámicas organizadas en torno a unas normas, un reparto de roles y unas estrategias que influyen en la relación. A veces, somos plenamente conscientes de ellos, otras no y, sin embargo, influyen y afectan a la relación del mismo modo.

En el caso concreto de los celos, hablamos de juego celotípico porque, como te he comentado, no son una emoción *individual*. Para aparecer requieren de unos elementos que solo puede facilitarnos estar vinculados a alguien y sentir que esa relación está amenazada. En este juego, además, existen al menos otros dos protagonistas aparte de quien los padece: la persona que amamos y la persona con la que rivalizamos. Y aunque esta última pueda no saber siquiera que forma parte del juego, ambos miembros de la pareja la hacen *presente* en sus vidas a través de sus conversaciones, pensamientos y estrategias.

Te voy a poner otro ejemplo de una fuente frecuente de celos y desconfianza: las buenas relaciones con un ex. Sí, esto a veces pasa, no es una leyenda. Sin embargo, puede resultarnos tan ajeno o extraño que dudemos de la honestidad de esta buena relación porque «donde hubo fuego, siempre quedan ascuas», como dice uno de los mitos del amor romántico.

Imagina que eres tú quien queda —de Pascuas a Ramos, pero quedas— con una de tus exparejas porque tenéis muy buen rollo. Sin embargo, tu pareja actual, que tuvo una separación horripilante y no quiere ver a su ex ni en pintura, no solo no comprende que tú quieras compartir siquiera un café, sino que te traslada sus dudas sobre la transparencia de las intenciones de tu ex. «Eso es que no te ha olvidado. Es que no entiendo a qué viene que os pongáis al día si ya no sentís nada el uno por el otro. Porque no sentís nada, ¿no?»

Probablemente, no será la primera vez que intentas calmar sus temores explicándole que no sientes nada romántico por esa persona. Que fue alguien importante en tu vida, a quien tienes cariño y que tomaros un café no tiene más trascendencia. En otra ocasión, para reforzar el argumento, puede que le hayas comentado que estás convencido de que ninguno de los dos queréis volver con el otro. Y que, aunque la otra persona quisiera, tú estás enamorado de ella y no tiene por qué preocuparse.

Zanjarías la conversación más o menos bien, te irías a tomar ese café, pero al llegar a casa es probable que la percibieras cabizbaja por haber estado rumiando durante las últimas horas, intentando convencerse a sí misma de que ese café no significaba nada. De hecho, de tanto rumiar, puede que haya dado una vuelta de tuerca más y haya pensado que si tan poco significa, por qué lo has hecho si podrías haberle ahorrado ese sufrimiento.

En este momento, la culpabilidad, la impotencia y la rabia se mezclan en tu cabeza. La culpa por herir a quien amas, la impotencia por no saber cómo convencerla de que no debe temer nada y la rabia por sentirte controlado y cuestionado cuando hace ya años que tienes pelos en las piernas. Estás muy molesto porque no confía en ti, no le basta tu palabra y te pide una demostración en forma de *pequeño* sacrificio.

Le das una vuelta. Efectivamente, podrías hacerlo. Puedes renunciar a esos cafés. Y puede que incluso no te provoque ningún malestar hacerlo. Pero también podría despertarse cierto resentimiento porque estarías pagando una multa por una deslealtad no cometida. Así que, por respeto a ti mismo, no vas a renunciar, pero no quieres hacer daño a tu pareja. No quieres que sufra ni cuestione tu amor de esa manera por un simple café. ¿Qué puedes hacer, entonces? Es en este preciso instante cuando se te ocurre un plan casi perfecto: no decirle nada cuando la próxima vez, dentro de seis meses o un año, vuelva a darse la oportunidad. Y, por si acaso, quizás tampoco le cuentes que te sigue felicitando por tu cumpleaños.

Tu pareja, por su parte, estará atenta durante los próximos meses para ver si volvéis a quedar porque no le has comentado que vayas a dejar de hacerlo. Sin embargo, sabe que no te gusta tener discusiones con ella y piensa que la próxima vez que quedéis puede que no le comentes nada, *por evitar*.

De este *meditado* modo habrá quedado instaurada una norma y una dinámica celotípicas: no se habla de las veces en las que se queda con un ex para no preocupar al otro. Así dispuesto, quien queda con el ex no lo contará, y el otro miembro de la pareja, si siente celos, tendrá que estar atento a buscar la información que confirme que han quedado.

Como ves, estas reglas pueden tener un origen perfectamente bondadoso y bienintencionado, pero pueden hacer que sea peor el remedio que la enfermedad. Y, como Pérez Opi recoge, la forma que adoptan, cambiando el contenido según el caso o los motivos, se reducen principalmente a dos:

A) No voy a contarle toda la verdad, para que no sufra le ocultaré ciertos datos, disimularé ante sus dudas y sospechas, le mentiré por piedad.

B) Me oculta cosas, no me dice toda la verdad, me engaña, disimula que no tiene interés, se muestra raro. Luego es seguro que esconde algo.[21]

A pesar de que están enfocadas a preservar la relación, estas dinámicas acaban empañando y contaminando todas las demás, y dominan sobre las que son benéficas de verdad. Modifican el tiempo compartido, cómo nos comunicamos sobre determinados temas, las relaciones sexuales y también cómo percibimos e interpretamos el tiempo que el otro pasa sin nosotros. Así es como, sin desearlo, pero sin poder evitarlo, los celos se van situando entre ambos miembros de la pareja en la comunicación, en el día a día, en la cama, en los encuentros sociales y en la gestión de los tiempos individuales. Y cuanta más distancia hay, más fácil es pensar: «¿Ves, Laura? No quiere estar conmigo».

Como te contaba a raíz del caso de Lola y Eneko, el monstruo de los celos es insaciable porque, aunque se quede *satisfecho* con la última comprobación, lo cierto es que nunca es la *última*, porque puede que en este café no haya pasado nada más, pero ¿cómo sabré que no ocurrirá nada en el siguiente si no lo compruebo? No hay racionalidad, no hay lógica, pero es un poco absurdo por nuestra parte esperarlo de las emociones porque no son racionales ni lógicas.

La persona que siente celos seguirá intentando manejarlos a través del control del otro, no porque realmente desee controlar y dominar a su pareja, sino porque no sabe cómo acallar sus temores de otro modo. Sin embargo, al final, el otro sentirá que sí intenta hacerlo, lo que aumentará su malestar y su sensación de indefensión porque «da igual lo que haga, nunca será suficiente». Sin querer, se establece un círculo vicioso que afecta a muchas esferas de la vida de la pareja, incluida su identidad misma.

Cuando hablábamos de qué nos convierte en pareja, hablamos de que 1 + 1 = 3 porque estamos tú, yo y el *nosotros* que construimos motivados por el amor que compartimos. Sin embargo, este juego difumina los límites intradiádicos, los que hay entre el *tú* y el *yo*, porque mientras que antes éramos capaces de respetar los espacios individuales, ahora los invadimos o los sacrificamos.

Esta invasión puede darse de forma oculta o directa y abiertamente, dado que el dolor de quien se siente inseguro le puede llevar a intentar confirmar sus sospechas directamente con preguntas hechas a su pareja o investigando e invadiendo la intimidad del otro a sus espaldas. Por su parte, quien se siente perseguido puede responder volviéndose más celoso de su intimidad o todo lo contrario, desarrollando una especie de *política de transparencia* que va más allá de lo habitual. Una forma de hacerlo sería intentando demostrar su inocencia dando todo tipo de detalles y explicaciones. Explicaciones que muchas veces no son pedidas ni esperadas y que le hacen parecer todavía más culpable. Ya sabes, *excusatio non petita, accusatio manifesta*.

Este es un ejemplo de las dinámicas que los psicólogos tratamos de identificar, primero, para, después, boicotearlas, pero me veo en la obligación de aclarar que la intervención terapéutica en los casos de celos depende muchísimo de las características particulares de cada uno, por eso no hay recetas mágicas que te pueda contar aquí. Si tienes curiosidad por saber si Lola y Eneko consiguieron resolver su problema, la respuesta es que sí. Con mucho esfuerzo por su parte conseguimos que el monstruo de los celos se marchara de puro aburrimiento.

Voy a aventurarme a leerte la mente. Puede que estés

pensando algo así como: «Entonces, Laura, si en mi relación de pareja aparecen los celos, ¿solo nos queda acudir a terapia?». La respuesta que no quieres escuchar es *depende*.

Sí, así somos los psicólogos, si podemos hacerlo todo un poco más *interesante* todavía, para qué lo vamos a poner fácil. Bromas aparte, no tenemos un recetario de tareas, aunque en muchas de nuestras actividades divulgativas (como lo es este libro) compartamos ejemplos de las que hemos empleado con mayor o menor éxito. Siempre hay que tener en cuenta que se desarrollan en un contexto y en un vínculo terapéuticos muy concretos que tienen muchísimo que ver con el éxito de la tarea. Si las compartimos es porque pueden ser inspiradoras para otros colegas o esperanzadoras para muchas parejas.

«Laura, entonces, ¿qué hacemos: vamos o no a terapia?» Un buen método para saber si ha llegado la hora de buscar ayuda profesional es valorar la recurrencia e intensidad de esa emoción y las conductas que nos lleva a poner en marcha (ya sea para calmarlas o para defendernos de sus invasoras intenciones). Si de una u otra forma están restando bienestar e interfieren significativamente en tu vida y en la relación, quizás no sea mala idea buscar ayuda profesional.

Mientras eso llega, te animo a que se pueda hablar de la emoción sin juzgar ni al emisor ni al receptor. Como veremos en el último capítulo, las parejas exitosas no lo son porque no tengan problemas, sino por cómo los abordan. Validar las emociones del otro, aunque no las compartamos o entendamos, puede ayudar a que nuestro vínculo y confianza no se vea afectado por ellas.

Por ejemplo, yo no puedo entender cómo a mi churri pueden no gustarle *La princesa prometida*[22] o *Dentro del laberinto.*[23] Sin embargo, he decidido aceptarlo. No lo entiendo, pero lo respeto. Entonces, en vez de iniciar eternos debates para convencernos el uno al otro, las veo cuando estoy de Rodríguez y me he dado cuenta de que no necesito que a él le gusten para que a mí me sigan encantando. ¿Me *gustaría* que le gustasen? Sí. ¿*Necesito* que le gusten? No.

Ahora voy a trasladar este ejemplo tan tonto a los celos. Aviso: a unos celos incipientes y, en principio, manejables. La conversación en una pareja podría ser algo así:

> Quien siente celos: Últimamente chateas mucho con Juan, ¿no?
>
> Quien es celado: ¿Sí? No me había dado cuenta.
>
> Quien siente celos: Pues yo sí. Cada vez que te miro estás hablando con él por el móvil.
>
> Quien es celado: Puede que tengas razón. Resulta que es un fanático de Tino Casal, como yo, y siempre que encontramos algo, nos lo mandamos.
>
> Quien siente celos: ¿Seguro que solo es eso? A mí me parece que es algo más.
>
> Quien es celado: Siento mucho que esto te haga sentir inseguro, cariño. Te prometo que no es nada más que eso.
>
> Quien siente celos: No sé, me parece que cada vez usas más el móvil y hablas menos conmigo.
>
> Quien es celado: ¿Te molesta que cuando estamos juntos utilice el móvil?
>
> Quien siente celos: No, no me importa que lo uses, pero ya te digo que creo que últimamente lo usas mucho cuando estás conmigo. Como si fuera más interesante lo que tienes en el móvil que conversar conmigo.
>
> Quien es celado: Pues nada más lejos de la realidad. Intentaré reducir el uso del móvil cuando estamos juntos. Es verdad que, cuando lo cojo, pierdo la noción del tiempo.

¿Te parece ciencia ficción? La ciencia respalda que validar los sentimientos de nuestra pareja e incluso valorar la posibilidad de que nuestra pareja tenga razón (¡Flipa!) fa-

Las parejas exitosas no lo son porque no tengan problemas, sino por cómo los abordan.

vorece el entendimiento, el respeto y la confianza. De momento, confía en mí: este tipo de conversación es posible.

2. 3. Deseando desear

He querido dejar esta emoción para el final con la intención de cerrar el capítulo con buen sabor de boca. Incluso si ahora mismo te estuvieras quejando amargamente por su ausencia o pérdida, espero poder explicarte no solo por qué no sientes deseo, sino qué puedes hacer para recuperarlo.

Podría hacer una revisión de cómo desde el principio de los tiempos y a lo largo de la historia de la filosofía, de la medicina, de la psicología o de la sexología se ha abordado el asunto del deseo, pero para lo que nos ocupa me parece más útil abordar el asunto como lo hago con las parejas que acuden a consulta por este motivo. Esto es, reflexionando sobre qué entendemos por deseo, por qué nos preocupa, qué interpretamos ante su ausencia, por qué esperamos que aparezca como por arte de magia, cuáles han podido ser las causas de que desaparezca y cómo podemos alimentarlo.

Me resulta curioso que, en los últimos años, cuando hay asimetría en el deseo de los miembros de una pareja, se pone el foco sobre la persona que *menos* deseo tiene, cuando hace unas pocas décadas el principal problema era tener *demasiado*, ya que eso era considerado poco adecuado, de viciosos y pervertidos o, incluso, de trastornados. Más si se trataba de una mujer. Tenían hasta un diagnóstico: ninfomanía. Menos mal que los tiempos cambian...

He resaltado *menos* porque cuando hablamos de más, menos o igual solo podemos hacerlo en virtud de una comparación. Y, en estos casos, esa comparativa se hace en función del deseo que siente la otra persona, su pareja. Sin embargo, la única comparación terapéuticamente útil es la que realizamos dentro de la biografía de la propia persona. Es decir, cuando evaluamos cuánto más o cuánto menos deseo tiene o ha tenido esa persona a lo largo de su vida o, al menos, mientras ha estado inmersa en esa relación de pareja. Este me parece un importante detalle a tener en cuenta, dado que tener *menos* (o más) deseo que tu pareja no es, en sí mismo, indicador de ningún problema individual. Otra cosa es que esa realidad traiga a la relación más de un quebradero de cabeza porque sus miembros no saben cómo gestionar esa disparidad en sus anhelos.

¿Deseo o deseos?

Me gustaría preguntarte qué es para ti el deseo. Puede que no te lo hayas planteado nunca. Puede que no tengas muy claro qué responder o que se te ocurran varias respuestas porque el concepto es, desde luego, muy amplio. Tan amplio que en mi experiencia profesional y personal he podido comprobar que no todos nos referimos a lo mismo cuando hablamos de él.

Según la RAE, se trata del «movimiento afectivo hacia algo que se apetece» y de la «acción y efecto de desear». El verbo *desear* lo definen como «1. Aspirar con vehemencia al conocimiento, posesión o disfrute de algo. 2. Anhelar que acontezca o deje de acontecer algún suceso. 3. Sentir apetencia sexual hacia alguien».

Parece que desear implica anhelar algo que no se tiene, algo de lo que en ese momento no se disfruta. Siguiendo esta lógica, cuando ese anhelo es satisfecho, ¿desaparece el deseo? ¿Puede ser este uno de los motivos por los que sentimos que esa emoción ya no forma parte de nuestra vida o de la relación? Por otro lado, parece que muchas personas lo relacionan con el sexo. De no ser así, la insigne academia no hubiera incluido este uso en la tercera acepción.

Teniendo en cuenta que entre tus manos tienes un libro sobre relaciones de pareja, no me sorprendería que el primer deseo que se te haya ocurrido sea el que lleva por apellido *sexual*; sin embargo, me gustaría invitarte a la siguiente reflexión. ¿Puede el deseo, en una relación afectiva, llevar más apellidos que *sexual*? Confío en que hayas llegado a la misma respuesta afirmativa que una servidora porque lo cierto es que sí.

Uno de los principales errores que las personas, y a veces los profesionales, cometemos al abordar los asuntos del deseo es pensar en singular, como si solo hubiera uno, *el único*: el deseo sexual, que, además, en la mayor parte de las ocasiones tendemos a reducir a las ganas de mantener un encuentro *genital*. Sin embargo, lo más acertado es pensar en *deseos*, es decir, en plural, porque cuando nos vinculamos románticamente con alguien podemos anhelar más de una cosa e, incluso, más de una al mismo tiempo. Sin embargo, para que todos puedan cumplirse, además de ser expresados, a veces, también es necesario establecer un orden.

Imagina a un chico que se despierta con una erección matutina y anhela intimidad con su pareja, a quien desea profundamente. Sin embargo, su pareja, que se despierta a su lado y disfruta del contacto de los cuerpos desnudos, puede que aún no tenga el mismo nivel de deseo o puede que tenga uno diferente: como el de sentirse deseada. De hecho, puede quererlo de una forma muy específica. Tal vez anhela abrazos, caricias y palabras tiernas. Siendo así, ¿qué crees que sucederá si su *partenaire*, que no lo sabe, toma su mano para dirigirla, juguetón, hacia su pene? Es posible que ella lo rehúse.

¿Considerarías que su rechazo fue debido a la falta de deseo? Ya te digo yo que no. En realidad, ambos tenían deseos relacionados con *encontrarse*, pero con matices diferentes. Si hubieran comunicado y coordinado sus deseos, todos podrían haberse satisfecho. De hecho, en muchas ocasiones, la terapia sexual se enfoca en decodificar y traducir los deseos de los participantes, ya que mientras él puede desear más contacto carnal, ella podría desear más mimos e intimidad. En general, si se logra satisfacer uno, suele ser más fácil colmar el otro.

Como ves, dentro de una pareja puede haber muchos deseos. Por ejemplo, si lo que nos apetece es el disfrute sexual, el placer orgásmico, estaríamos hablando del deseo *hedónico*. Si lo que buscamos es el encuentro, la cercanía, la conexión e intimidad emocional con la otra persona sentiríamos un deseo *fusivo*. Otras veces lo que necesitamos es dar salida a la excitación que ha encendido nuestro cuerpo y lo que nos invade en ese momento es un deseo *catártico*. Y otras muchas lo que pretendemos es tener descendencia, procrear, por lo que las relaciones sexuales mantenidas partirían de un deseo *genésico*.

Teniendo en cuenta esta nueva perspectiva, si hay problemas de deseo, una de las cosas más útiles que puedes llevar a tu relación es la idea de que quizás no sufrís una falta de deseo, sino que es posible que no deseéis lo mismo o no en el mismo orden —lo que no implica, necesariamente, que alguno de los deseos deba ser excluido—. Te lo cuento mejor con un caso.

Ricardo y Silvia tenían cuarenta y ocho y cuarenta y seis años respectivamente cuando acudieron a consulta. Eran padres de dos chicas de dieciocho y quince años que vivían con ellos y ambos trabajaban en empresas farmacéuticas. Cuando los conocí ya venían con algún deber que otro hecho porque un año antes habían estado yendo a terapia de pareja con otro psicólogo: las discusiones entre ellos eran muy fuertes y por ese motivo habían buscado ayuda profesional. Habían conseguido mejorar ese aspecto y, sin embargo, el deseo por compartir momentos de intimidad sexual no había vuelto a florecer en Silvia. De hecho, según comentaba Ricardo, hacía muchos años que este había ido desapareciendo poco a poco hasta quedarse en nada. Él lo llevaba muy mal porque estaba convencido de que su mujer ya no le quería y seguía con él porque era el padre de sus hijas y nada más. Aunque Silvia lo negaba, la falta de intimidad sexual hacía que su marido se sintiera rechazado y poco querido.

Llevaban juntos desde los dieciocho años. Se habían conocido en la universidad y no se habían separado desde entonces. Ambos recordaban los primeros años con una sonrisa. Tenían aficiones comunes, compartían los buenos y malos momentos, se divertían mucho juntos y se hacían reír. En aquella época, la vida sexual también era estupenda. Ricardo recordó con cierta nostalgia cómo ella llegaba a veces a casa y, sin mediar palabra, lo buscaba para desnudarlo y ducharse juntos. Al oír esas palabras, Silvia no pudo evitar disgustarse. «Sí, ya lo sé, el problema soy yo, y ya estoy intentando arreglarme, ¿no?», dijo. «Arreglarme» fue la palabra que empleó. Estaba convencida de que el problema era solo suyo.

Como habían acudido a terapia con anterioridad y habían mejorado su estilo comunicativo, habían llegado a la conclusión de que la falta de deseo de Silvia tenía que ser única y exclusivamente problema de ella porque él tenía libido para dar y regalar.

Por cómo eran las relaciones con las familias de origen respectivas (complicadas) y cómo gestionaban la logística del hogar (según porcentajes distribuidos por ellos mismos, ella se encargaba del 85 por ciento de las cosas de la casa), empezamos a trabajar en la hipótesis de que la existencia de algunos enfados ocultos, sumados al agotamiento por la gestión de la vida cotidiana, podía haberlos alejado emocionalmente, especialmente a Silvia.

Gracias a las investigaciones de Gottman, sabemos que siete de cada diez conflictos que surgen en una pareja son irresolubles, pero las parejas exitosas se comunican para encontrar la forma de convivir con esos desacuerdos. En este sentido, Ricardo y Silvia habían decidido, sin darse cuenta, enterrarlos.

Uno de esos temas irresolubles eran los suegros, tanto los de una como los del otro. Silvia no se sentía respetada ni querida por su familia política y tenía la sensación de que Ricardo no la apoyaba. Por su parte, Ricardo se sentía agobiado porque todos los domingos había que ir a la casa de sus suegros a comer. Según comentaban, cada vez que salía este tema acababan discutiendo, así que solo lo abordaban cuando no quedaba más remedio. Es decir, cuando se acercaban celebraciones y reuniones familiares.

Ricardo estaba convencido de que Silvia solo estaría tranquila si él se distanciaba de sus padres, mientras que Silvia sentía que para Ricardo su familia de origen estaba por delante de la de ellos, ya que nunca los criticaba. Esto se lo habían gritado y reprochado el uno al otro en un sinfín de ocasiones, pero en una de las sesiones pudieron *hablar* de ello. Es lo que tiene que haya una persona ajena a la relación delante: que, normalmente, nos gritamos un poquito menos.

Ambos pudieron explicar lo que les *gustaría*. Silvia expuso lo mucho que le gustaría que cuando ella expresara su malestar por algún comportamiento de su familia política él no intentara justificarlo. Ricardo le pudo transmitir que le gustaría que algún fin de semana pudieran hacer planes ellos cuatro sin tener que acudir a la comida del domingo. Curiosamente, a ambos estos deseos les parecieron totalmente razonables. El problema es que otras veces no se habían expresado deseos ni hecho peticiones, solo se habían lanzado reproches.

Algo que no te he contado es que les había prohibido mantener relaciones sexuales. Al principio del proceso era tal la aversión que Silvia había desarrollado hacia ellas que la simple proposición por parte de Ricardo la hacía sentirse incómoda, triste y agobiada (por tener que decir que no una vez más). El objetivo de la prohibición era dejar de acumular experiencias negativas asociadas a su sexualidad. Y esta limitación estuvo vigente gran parte del tratamiento. Pues bien, después de aquella sesión en la que pudieron hablar, vinieron a la siguiente con cara de «el perro se ha comido mis deberes». Silvia se había saltado la prohibición hasta en dos ocasiones en las dos semanas que habían pasado entre sesiones. No tengo pruebas, pero tampoco dudas de que la cercanía emocional que empezaron a recuperar en aquellas conversaciones había facilitado la corporal.

Por supuesto, el proceso conllevó varias sesiones más, pero los dos comprendieron que las dificultades no eran una responsabilidad unilateral y que las dinámicas que mantenían en torno a la gestión del hogar y a la comunicación sobre temas espinosos dificultaban el desarrollo de otros deseos que también llevan al sexo y al encuentro carnal, como, por ejemplo, el deseo de proximidad, el deseo de sentirse parte del mismo equipo o el deseo de complicidad emocional. Del mismo modo que muchos caminos llevan a Roma, también son varios los deseos que pueden llevarnos a la cama.

Otra reflexión importante acerca de los deseos es pensar en la acción de *desear*. Se trata de un verbo transitivo, es decir, que tiene un objeto directo que responde a la pregunta «¿qué es lo que deseo?». Lógicamente no hay una única respuesta. Dependerá de quién esté deseando, en qué momento se encuentre, etc., porque si por algo no se caracteriza el deseo es por ser estático.

Para empezar, puedes desear *algo*, como sentir placer, y/o a *alguien*, como la persona amada. Esto da lugar a varias combinaciones posibles, dado que puedes tener ganas de *sentir placer con alguien* o puedes buscar a *alguien con quien sentir placer*. En este caso, el orden de los factores sí altera el producto. Podemos desear el placer, y que nuestro deseo sea hedónico, o podemos desear el encuentro con el otro, haciendo que nuestro deseo sea erótico. Y, por último, aunque no menos importante, también puedes buscar placer sin la compañía de nadie, que para eso se inventó el autoerotismo.

Además del *qué*, si el acto va a ser compartido también implica un reparto de *roles*: el de la persona deseante y el de la persona deseada. Aunque el papel del deseante y el del deseado pueden ir alternándose, ambos son complementarios y no pueden existir el uno sin el otro. Este fenómeno no se limita al ámbito del deseo, sino que se extiende a todos los roles que desempeñamos en la vida. Por ejemplo, para que exista un alumno debe haber un profesor, y para que exista un ídolo debe haber alguien que lo admire. De manera similar, para que alguien sea deseado debe haber alguien que lo desee.

Otro obstáculo con el que podemos toparnos es desempeñar el mismo papel: el de ser deseado. En este caso, la situación puede estancarse y no llegar a ningún lado, ya que si ambos pretenden ser cortejados y, además, esperan que el deseo surja de manera espontánea, se desactiva el emocionante y complementario juego del deseo.

Te voy a contar el caso de Nico, un chico de treinta y dos años que me consultó por falta de erección. Cuando lo recibí por primera vez estaba bastante preocupado porque nunca antes había tenido problemas de este estilo y últimamente eran tan frecuentes que se le habían quitado hasta las ganas de *frungir* con Mara, su pareja. Según me contaba, no le había ido mal en el arte del ligoteo y siempre había disfrutado mucho con el sexo. Antes de la actual, había tenido dos relaciones *serias* que se habían terminado por el mismo motivo: según sus palabras, «ninguna de mis ex era muy sexual y yo necesito el sexo». Había conocido a Mara hacía dos años y fue enamoramiento a primera vista. Todo había ido genial al principio. Para ambos, el sexo que mantenían era el mejor que habían tenido en su vida.

Sin embargo, hace cuatro meses, Nico tuvo un *gatillazo*. En mitad de la acción, su erección cedió y, aunque Mara no hizo ningún aspaviento, Nico se quedó muy preocupado. No entendía por qué le había pasado, pero es que, además, como pudo averiguar en los siguientes encuentros, la erección no era algo que pudiera *controlar* a voluntad. Esa sensación de *fracaso* le hizo perder confianza en sí mismo y en su rol de hombre deseante. La evitación de un posible nuevo *fracaso* le llevó a ir reduciendo las oportunidades de encuentros sexuales. Sin embargo, Mara, que no era para nada coitocéntrica —por si es la primera vez que te tropiezas con el *coitocentrismo*, te aclaro que es el término que empleamos para referirnos a la creencia de que el coito es la actividad sexual principal o más importante de un encuentro—, no tenía ningún problema en seguir deseando y proponiendo encuentros sexuales. Propuestas que, cada vez con más frecuencia, eran rechazadas por Nico. Así fue como pasó de ser una persona deseante a ser una persona deseada que evitaba los encuentros por miedo a no estar *a la altura*. Al avanzar en el proceso e invitar a Mara a las sesiones pudimos llegar a la conclusión de que las dificultades erectivas de Nico tenían que ver con que, aunque le gustaba que su pareja fuera sexualmente tan activa, él no sabía muy bien cómo colocarse en el nuevo rol de hombre deseado.

Esto, en general, no es ni bueno ni malo, es una oportunidad para aprender a movernos en los roles que nos va tocando desempeñar en nuestras relaciones. A veces, somos los cuidadores y otras los cuidados, a veces somos los amantes y otras los amados. Del mismo modo, lo ideal es que a veces seamos los deseantes y otras los deseados. Los papeles que desempeñamos en una relación funcionan bien cuando son no solo complementarios, sino también flexibles. Hay ocasiones en las que las parejas se deterioran porque no pueden descansar o tomarse unas vacaciones de los papeles y funciones que, en un primer momento, han adoptado.

Continuando con la discusión acerca de los tipos de deseo, una cuestión que la ciencia intenta aclarar es si hay diferencias entre el deseo sexual masculino y el femenino. La respuesta es que en algunos aspectos sí y en otros no. Por ejemplo, no existe evidencia científica que vincule los niveles hormonales o la apariencia de los genitales con el deseo sexual. Es cierto que algunas personas necesitan una cantidad mínima de testosterona para experimentar el deseo, pero no es necesario tener altos niveles para sentirlo. Por esta razón, los hombres no sois más deseosos que las mujeres a pesar de tener más testosterona, ya que las mujeres somos más sensibles a esta hormona y, por lo tanto, no necesitamos la misma cantidad para encender nuestro deseo.

Aunque es difícil decir exactamente qué es ser masculino o femenino, está claro que ambas cosas existen y se necesitan para existir. Es como el norte y el sur, sin uno no se puede explicar el otro. La razón principal por la que existen hombres y mujeres es porque necesitamos reproducirnos sexualmente para mantener nuestra especie. Y es que quizás no lo sabías, pero fue la evolución la que inventó la atracción sexual, el deseo primigenio.

Para entender por qué sentimos atracción tenemos que viajar hacia atrás en el tiempo hasta hace unos 1.200 millones de años, cuando apareció la reproducción sexual. Antes de eso, los organismos se reproducían asexualmente, por mitosis, lo que significa que hacían *fotocopias* de sí mismos. Era un proceso rápido y fácil, pero también tenía una gran desventaja: no generaba una gran diversidad, lo que dificultaba la adaptación a los cambios del medio. Y ya sabes, si no te adaptas, mueres.

Con la llegada de la reproducción sexual, las cosas se pusieron un poco más interesantes. Este método permitió la combinación de la información genética de dos células sexuales, dando lugar a distintos organismos, lo que propició una diversidad que aumentaba las posibilidades de adaptación y supervivencia de las especies. Claro que esto también trajo un nuevo desafío: ¿cómo asegurarse de que los dos sexos quisieran estar juntos y reproducirse? La evolución encontró la solución perfecta: la atracción sexual.

Después, el asunto se complicó aún más, porque a medida que las especies iban evolucionando y mejorando, también iban volviéndose más complejas y necesitaban más cuidados para criar a sus descendientes hasta que pudieran valerse por sí mismos.

Puede que pienses que con esta explicación estoy justificando que el deseo es algo instintivo, pero todo lo contrario. Fíjate en cuántos miles de años te separan de aquellos primeros organismos cuyo único objetivo era la reproducción. Como has visto hace unas líneas, las personas tenemos más motivos, además de multiplicarnos, para mantener relaciones sexuales. En el tercer capítulo te explicaré por qué el deseo no es algo instintivo, aunque por el momento te voy a contar qué factores hacen que florezca o se marchite.

Frenos y aceleradores

Entre el repertorio de frenos del deseo se encuentran el estrés, las actitudes y la educación que tenemos respecto de la sexualidad, los problemas de salud física y/o psicológica y las dificultades a nivel sexual o relacional. Si alguna o varias de estas variables están presentes en tu vida, es bastante probable que, a la larga, el deseo salga por la ventana.

Empecemos por lo que todos padecemos: el estrés. Este nos mantiene en un nivel de alerta tal que es física y mentalmente imposible que se den las condiciones adecuadas para que nuestra excitación sexual y nuestra libido se manifiesten. El juego del cortejo y la fogosidad del encuentro hacen que no estemos atentos a posibles ataques de nuestros depredadores naturales —ten en cuenta que cuando mantenemos relaciones sexuales nos quedamos *desprotegidos*—. Por eso, incluso en cuanto al sistema nervioso, no es posible estar alerta —con estrés y ansiedad— y experimentar deseo sexual o excitación al mismo tiempo. Y esto es algo para lo que venimos programados desde hace miles de años. Por otra parte, según las investigaciones, las mujeres parecemos ser más sensibles a los efectos nocivos del estrés en cuanto al disfrute de nuestra vida sexual se refiere. Es quizás por ello que cuando sentimos que nuestras parejas se involucran más en cualquier cosa encaminada a la reducción de ese estrés nos sentimos sexualmente más disponibles. Ya te he hablado de *la erótica del fregao*.

Cuando Adela y Marcos vinieron a consulta tenían

treinta y cinco años y tres hijos. Los últimos dos, mellizos. Te puedes imaginar el trajín diario de esta familia, dentro y fuera de casa. Como en la mayor parte de los hogares, incluso en aquellos con una filosofía feminista, las tareas del hogar estaban repartidas de forma bastante asimétrica. Teniendo dos bebés lactantes podía ser a veces comprensible, pero no menos agotador.

Pero antes de continuar voy a aclararte algo: contrariamente a lo que se cree, las mujeres no suelen *castigar* a sus parejas sin sexo por no hacer las cosas como ellas quieren. Además de poco útil, es un mito. Como comentaba en el primer capítulo, es la carga mental lo que impide que se den las condiciones necesarias para que ellas se abandonen a sus deseos, sean estos los que sean: desde *frungir* hasta lavarse el pelo, pasando por leer un libro o tumbarse un rato sin hacer nada.

Pues bien, esto es lo que les pasaba a Marcos y Adela, quienes consultaban, cómo no, por la falta de deseo de ella. Él no era machista, ni egoísta, ni quería tener explotada a su mujer. Sin embargo, aunque estos no eran sus deseos, la realidad era que ella estaba mucho más estresada que él.

Una noche, viendo que Adela se había quedado dormida en la cama después de amamantar a los dos pequeños, Marcos se encargó de las tareas que su mujer solía hacer a aquellas horas. Entre ellas fregar, porque no tenían lavavajillas. En el único hueco que les quedaba en la cocina prefirieron poner una secadora. El caso es que a la mañana siguiente Adela se alegró de que esa tarea estuviera hecha sin tener que pedirla y así se lo comunicó. Como a todos, a Marcos le gustó que le reconociera el gesto y que se lo agradeciera. De forma que, esa noche, mientras Adela acostaba a los peques, Marcos repitió la jugada. Esta vez el reconocimiento vino acompañado de un beso de más de seis segundos y el visionado de un capítulo de una serie que tenían a medias.

Las siguientes noches Marcos siguió encargándose de fregar, lo que le permitió a Adela tener un respiro después de dormir a los peques. Esto le hizo ver a su marido con otros ojos. Por supuesto, no estaba agradecida por que *la ayudara*. En esa casa tenían claro que las labores domésticas son responsabilidad de todos. Sin embargo, no habían conseguido organizarse de la forma más eficiente, y tal y como lo estaban haciendo ella salía peor parada. Habían hablado (y discutido) sobre ello otras veces, pero como lo hacían desde los reproches, ambos habían acabado defendiéndose del otro en lugar de coordinarse para resolver el problema.

Cuatro noches después de mantener esta dinámica, estando los dos relajados en el sofá viendo la tele, Adela empezó a sentir deseos de hacer *cositas* con su pareja. Y, dicho y hecho. ¿El deseo había vuelto como por arte de magia? No. El terreno ganado al estrés y al cansancio habían dejado espacio al deseo.

Otro factor importante tiene que ver con las actitudes que mantenemos respecto a la sexualidad y con la educación sexual recibida. Los psicólogos utilizamos el término *actitud* para referirnos a la predisposición que tiene una persona para comportarse o pensar de cierta manera. Esta predisposición suele ser de carácter positivo o negativo, lo que influye en la inclinación de aproximación o alejamiento de lo que estamos evaluando. Por ejemplo, si alguien tiene una actitud positiva hacia el ejercicio físico, es probable que tienda a hacer deporte con más frecuencia que alguien con una actitud negativa.

Muchas veces clasificamos las actitudes como buenas o malas según si nos acercan o alejan de algo. Aunque existen situaciones que no nos importan mucho, hay temas que sí nos hacen reaccionar de forma más intensa y personal. Por ejemplo, cuando hablamos de religión, política, deportes o sexo. Si piensas en cualquier cena navideña, seguro que te viene a la mente esa discusión con el tío abuelo que ves solo una vez al año sobre si el aborto debería estar cubierto por la Seguridad Social (¡por supuesto que sí!). Para evitar el conflicto, a veces decidimos esquivar ciertos temas, ya que las actitudes pueden hacer que la conversación acabe siendo demasiado apasionada.

Además, cuanto más nos importa un tema, más fuerte y difícil de cambiar es nuestra actitud. Y en pocas cosas estamos tan implicados como en nuestra vida sexual, que está presente en todo, desde que nacemos hasta que morimos, por lo que cualquier actitud que tengamos influirá en el desarrollo de nuestra vida sexual a solas o en pareja.

Una influencia similar tiene la educación sexual recibida o su ausencia. En ambos casos, pueden influir en que el deseo aflore o no. Por ejemplo, en mi práctica profesional suelo recomendar a mis pacientes que dediquen tiempo a explorarse a sí mismos a través de la masturbación, ya que es uno de los mejores recursos para alimentar el deseo perdido. Sin embargo, muchas (sobre todo mujeres) son reacias a hacerlo. Curioso.

Quiero proponerte una reflexión al respecto: es posible que desde que eras pequeña te hayan enseñado que tocarse no estaba del todo bien. Quizás las razones de esa creencia eran de índole religiosa o tal vez se tratara de simple pudor. Si en algún momento te pillaron masturbándote, es probable que te hicieran sentir vergüenza o frustración. Aunque te gustara mucho, es probable que hayas aprendido que masturbarse estaba mal. Por esta misma razón, es posible que, desde adolescente, hayas continuado amándote a pesar de saber que no estaba bien visto. Y aunque el orgasmo era placentero, puede que también hayas experimentado sentimientos negativos al respecto. De hecho, es posible que te hayas acostumbrado a hacerlo rápidamente para evitar que te pillaran (antes, tus padres, ahora, tus hijos o tu pareja) o que trates de limitar su frecuencia para no caer en la adicción. Incluso puede que pienses que es mejor abstenerse, ya que, además de tener poco deseo, podrías reservar esa energía para cuando estés con tu pareja.

Esta que te acabo de describir es una de las formas de asociar emociones de culpa, vergüenza, rapidez, inadecuación o represión a la idea de quererse mucho a uno mismo.

Cuando son los problemas de salud física o emocional los que nos anulan el deseo, tenemos que trabajar en dos direcciones: una, para superar o adaptarnos en la medida de lo posible a las consecuencias del padecimiento, y dos, para hallar la forma de no perder aquellas cosas que nos aporten placer y bienestar, entre las que puede encontrarse el sexo.

En ocasiones, las enfermedades, los efectos secundarios de los medicamentos o estar atravesando una época difícil pueden afectar negativamente a nuestro placer. Sin embargo, si somos conscientes de cómo estos factores pueden influir en nuestra sexualidad, hay casos en los que es posible adaptarnos a las circunstancias y buscar la manera de recuperar el placer.

Si los problemas guardan relación con las relaciones sexuales propiamente dichas, haciendo que el deseo no pueda aparecer, lo ideal será abordarlos. En este caso estaríamos hablando de dificultades erectivas, de problemas en la eyaculación, de dolor en la penetración o de problemas relacionados con la autoestima sexual.

Estos últimos suelen tener que ver con el aspecto físico y los estándares de *rendimiento* que nos marca la ficción amatoria. Mientras que a nosotras se nos exige cumplir con un determinado canon de belleza, los hombres son víctimas de lo que Landarroitajauregi llama *la tiranía 3D*,[24] una forma ingeniosa de señalar la presión que se ejerce sobre el miembro viril desde la última revolución sexual del siglo pasado: y es que el pene tiene que estar duro, dentro y durante mucho tiempo. La verdad es que la lógica detrás de estas dificultades sexuales (disfunción eréctil, eyaculación involuntaria, falta de deseo) es bastante simple. Estos hombres quieren que sus parejas disfruten del sexo, y no solo eso, sino que también quieren que tengan orgasmos. Y, en muchos casos, esperan lograr esto únicamente con la penetración. Ahí está la clave del asunto.

Recuerdo el caso de Leo, de veintisiete años, a quien le expliqué esto en más de una ocasión. No había tenido relaciones estables, aunque había experimentado varios encuentros casuales. A pesar de que soñaba con formar una familia en unos años, se sentía abrumado por su *incapacidad* de mantener relaciones sexuales *prolongadas* y dudaba de que alguna mujer quisiera estar con él y compartir su proyecto.

En nuestra primera sesión me explicó que se había informado mucho sobre la anatomía genital femenina, pero ninguna de sus parejas había podido darle indicaciones para alcanzar el orgasmo. Aunque sabía que no todas las mujeres experimentamos el orgasmo de la misma manera y que alcanzarlo durante la penetración podía ser difícil, él creía que, en el fondo, todas queríamos un hombre con habilidades sexuales excepcionales. Insistía en que hacía todo lo posible para satisfacer a sus parejas, pero que no lo lograba porque su pene no respondía.

Intenté que cuestionara algunas de sus creencias, como la idea de que el placer de su pareja dependía únicamente de él y de su anatomía masculina. Sin embargo, la idea de que las mujeres anhelan un hombre sexualmente potente, o como se dice ahora, un empotrador, siguió por un tiempo arraigada en su mente. Aunque nos costó, puedo decir con alegría que, al final, conseguimos erradicarla y liberar tanto su excitación como su deseo.

Permíteme un pequeño paréntesis sobre los empotradores, tan venerados en la actualidad. Querida amiga, si eres una de las que suspiran por uno, debo decirte que es maravilloso sentirse tan deseada que tu pareja no pueda contener sus ganas de fundirse contigo; sin embargo, si lo que anhelas no es alguien que te empotre, sino un empotrador, lamento decirte que su estilo relacional será el de alguien poco empático y bastante egoísta. No debemos confundir una práctica sexual con una manera de funcionar o relacionarse. Cierro paréntesis.

Cuando la falta de deseo tiene que ver con la relación en sí tenemos que trabajar en ella. Puede tener que ver con las expectativas que tenemos sobre ella, ya sea fuera o dentro de la cama, o con la rutina, la edad de la relación o la forma en que nos relacionamos. En cualquier caso, la solución pasa por trabajar con el *tercero*, con el vínculo, y para eso suele ser necesario que ambos miembros se impliquen en el proceso.

Antes de continuar y desvelarte qué cosas se pueden hacer para despertar tu deseo, me gustaría compartir contigo un descubrimiento reciente realizado por la médica y sexóloga canadiense Rosemary Basson.

A principios de siglo, Basson y su equipo publicaron los resultados de sus investigaciones acerca del deseo sexual femenino y encontraron que más del 50 por ciento de las mujeres con una sexualidad satisfactoria nunca o rara vez pensaba en el sexo. De hecho, las mujeres de su estudio que mantenían relaciones de pareja duraderas no solían experimentar deseo antes del encuentro sexual, sino una vez iniciado, es decir, después de sentir excitación y placer. Esto es posible porque el deseo tiene que ver con las ganas y la excitación sexual con reacciones físicas como erecciones, aumento de la temperatura y demás cosquilleos corporales. Por eso, y en función de sus resultados, podemos afirmar que el deseo no es algo que siempre preceda a la excitación y el orgasmo.

Si hemos tenido esa suerte, todos hemos podido comprobar que el deseo aparece con más facilidad en la juventud, durante el enamoramiento o en los encuentros casuales; sin embargo, *preexistir* no es una condición que defina al deseo. De hecho, es una emoción que emerge de un pensamiento, de una sensación, de la excitación y/o de la interacción entre los participantes del juego. Es decir, el deseo es el resultado de algo que hacemos de forma activa, no es algo que te viene. Por eso Basson y su equipo hablaron de dos tipos de deseo: el espontáneo y el deseo «en respuesta». El primero se corresponde con la idea estereotípica que todos tenemos de lo que es desear sexualmente a alguien. Sin embargo, como espero haberte argumentado a estas alturas, no es la única forma de deseo que existe. Ese deseo arrebatador es denominado como *espontáneo* porque parece que surge de la nada, pero no es cierto. Surge de la conquista, de la seducción, de la novedad, del temor a que se evapore, de picos hormonales... Siempre hay un estímulo que lo enciende, pero a veces es tan sutil que no lo percibimos o nos parece que es tan fácil sentirlo sin esfuerzo alguno que creemos que es automático, instintivo.

El deseo en respuesta, en cambio, aparece como consecuencia de un estímulo claro y bien identificado. Por ejemplo, los arrumacos de nuestra pareja. Según Basson, en una relación de pareja estable, lo común es que la mujer se sienta sexualmente neutral, pero abierta al inicio del encuentro. Si recibe los estímulos necesarios en cantidad suficiente, su estado neutro se convertirá en excitación y, en consecuencia, en deseo. Y si el encuentro es satisfactorio, esto aumentará su motivación sexual para futuras ocasiones, ya que, como bien imaginas, los humanos tendemos a repetir lo que nos gusta.

Lo que ambos tipos de deseo tienen en común es el placer, la satisfacción (que no necesariamente tienen que significar que haya orgasmo). En el caso del deseo espontáneo, el placer es anticipado o fruto de una pasión desbordante propia del enamoramiento y los primeros meses de una relación. El deseo en respuesta, en cambio, tiene que ver con la satisfacción y el placer experimentados. Una vez que lo percibimos, aparecen las ganas de más.

Imagínate ahora mismo un bombón, uno de tus favoritos. Recuerda su textura, su olor y su sabor. Si ahora mismo quieres comerte uno, estaríamos hablando del deseo espontáneo por un bombón. En cambio, si alguien te ha pedido que cierres los ojos, que abras la boca, te da a probar un bocado del mismo y al descubrir de qué se trataba quieres más, estaríamos hablando del deseo en respuesta por un bombón.

Así que, ya sabes, desea como desees porque lo hagas como lo hagas estará bien, dado que no existen ni un único deseo ni una única manera de desear. Ahora bien, intenta que el escenario reúna las condiciones necesarias para que tu deseo florezca.

¿No sabes cuáles son? Ahora mismo te enumero algunas. La primera de ellas es una orden: ¡tócate! Piensa que si el deseo está relacionado con el placer tendrás que conocer cómo experimentas el tuyo. Para ello conoce y acepta tu cuerpo. Ten presente que no es tan valioso por su aspecto como por todo lo que eres capaz de hacer y experimentar con él.

Otro factor es el manejo del estrés. En este sentido es

importante distinguir el estrés de los estresores. Si no podemos eliminar estos últimos, como pasa en muchísimas ocasiones, intenta al menos encontrar la forma de recorrer la emoción de la mejor forma para así poder cerrarla y dar paso a otra más amable con tu salud mental.

Y si crees que el origen de tu falta de motivación tiene que ver con tu pareja, no te preocupes. En las próximas páginas te iré comentando cómo se relacionan y comunican lo que los expertos denominan *parejas exitosas*.

El deseo es una emoción que emerge de un pensamiento, de una sensación, de la excitación y/o de la interacción entre los participantes del juego. Es decir, el deseo es el resultado de algo que hacemos de forma activa, no es algo que te viene.

3

NO TE CREAS TODO LO QUE TE CUENTAN

Los seres humanos no podemos comprobar ni experimentar en nuestras carnes todos los aprendizajes que vamos adquiriendo. Por eso, gran parte de ellos vienen dados por la sociedad y la cultura en la que crecemos y ahí es donde interiorizamos gran parte de los mitos y leyendas. De los relacionados con el asunto que nos ocupa, algunos coinciden con el argumento de una película romántica; no obstante, darnos cuenta de que son solo eso, ficción, nos permitirá construir una relación mucho más funcional y, sobre todo, real.

3.1. ¿Qué tiene de mítico el amor romántico?

¿Recuerdas a qué se referían en las clases de filosofía del cole cuando nos hablaban de «el paso del mito al logos»? Es la expresión que se emplea para hablar del origen del pensamiento racional que nace tanto de la filosofía como de la ciencia. Si el ser humano no hubiera dado ese salto, seguiríamos pensando que cuando llueve es porque los angelitos sufren incontinencia urinaria.

Aunque gran parte de estas creencias míticas, místicas, espirituales y religiosas nos resultan muy lejanas —e incluso podemos llegar a sonreír pensando en la capacidad que el ser humano tiene para inventar explicaciones cuando las necesita—, lo cierto es que en muchos asuntos seguimos viviendo bajo el influjo de los mitos. Estos distorsionan nuestra interpretación de la realidad y nos generan unas expectativas tales respecto del amor, el sexo y las relaciones que dificultan que los vivamos sana y plenamente. Así que desmontemos algunos...

La omnipotencia del amor

Este es uno de los más frecuentes y perjudiciales. Pensar que el amor todo lo puede implica creer que es garantía suficiente para superar cualquier problema o conflicto y que no es necesario nada más que quererse para que la relación siga viento en popa.

Quizás tampoco debería sorprendernos, teniendo en cuenta que el amor es una de las emociones más poderosas que el ser humano es capaz de sentir. Puede hacernos experimentar la más intensa de las alegrías y la más profunda de las penas, puede despertarnos las ganas de emprender aventuras que de otra forma no comenzaríamos o de realizar sacrificios que, en otras circunstancias, no estaríamos dispuestos a llevar a cabo. Pero de ahí a pensar que es omnipotente hay un trecho, y, además, es una idea peligrosa porque posibilita que nos situemos en escenarios poco deseables.

El primero de ellos sería abandonar una relación saludable y funcional porque nos tropezamos con una situación complicada que la presencia del amor por sí sola no puede resolver o superar. Por ejemplo, un despido, problemas económicos o el diagnóstico de una enfermedad grave. Según este mito, si hay problemas que no se están resolviendo y están afectando al vínculo, es fácil llegar a la conclusión de que lo que nos une no es amor.

Otro escenario desafortunado sería justo el contrario: quedarnos en una relación disfuncional o dañina porque, aunque se estén cruzando líneas rojas, sentimos que queremos a nuestra pareja y, siendo así, ¿cómo vas a romper con ella si el amor todo lo puede? Por eso hay ocasiones en las que nos vemos inmersos en relaciones *tóxicas* porque tenemos la firme convicción de que cualquier contratiempo es reconducible si hay amor.

Detrás de este último escenario también operan las ideas de que el amor todo lo cura y todo lo perdona. Y, ojo, hay experiencias en las parejas que, de no haber amor, no tiene sentido ni siquiera intentar superarlas. Sin embargo, como ya he mencionado, el amor es importante, pero no siempre suficiente. Por eso, aunque nos queramos, hay conflictos o problemas que no deben ignorarse o aceptarse, sin más, en nombre del amor.

Esta reflexión me hace pensar en Clara y Manuel, una pareja de treinta y pocos años que llevaban juntos más de tres cuando solicitaron terapia de pareja. Quizás pienses que es demasiado pronto para acudir a consulta. Eso es culpa del mito que proclama que si las cosas no van bien desde el principio no pueden ir bien al final. Sin embargo, hay ocasiones en las que los comienzos de una relación no son de color de rosa, pero con un retoque aquí y otro allí puede llegar a ser igualmente bonita y augurar una unión satisfactoria e, incluso, duradera.

El motivo de su consulta eran las frecuentes discusiones que mantenían sobre algunos temas concretos. Se habían conocido en el cumpleaños de una amiga que tenían en común (sí, todavía quedan sujetos de nuestra especie que se conocen a la antigua usanza). Se gustaron y empezaron a quedar.

Como ocurre casi todas las primeras veces, bajo la luz del enamoramiento todo fue muy emocionante. El primer año estuvo lleno de muchas experiencias chulas, escapadas, largas conversaciones y mucho sexo. Sin embargo, hubo una que no lo fue tanto. Un día, Clara empezó a sentir escozor al orinar y percibió que tenía el flujo vaginal diferente, amarillento y con un olor peculiar. Al principio no le dio importancia y pensó que sería algo pasajero. «Cosillas del ciclo menstrual», se dijo a sí misma. Pero a estos síntomas se le sumaron pequeños sangrados después de mantener relaciones sexuales. Le diagnosticaron clamidiasis, una infección de transmisión sexual. Ella tenía claro que solo podía habérsela contagiado una persona, Manuel, ya que en los últimos seis meses solo había mantenido relaciones con él y con nadie durante los seis meses anteriores a aquella fiesta de cumpleaños.

Cuando se lo comentó, él negó cualquier tipo de responsabilidad en el asunto. Durante las siguientes semanas, la relación entre ellos fue muy tensa. A ella le reconcomían las dudas y se las trasladaba a él una y otra vez, y una y otra vez Manuel las negaba. Hasta que en una de las conversaciones le confesó que había vuelto a ver a su exnovia en una única ocasión y que habían mantenido relaciones sexuales, aunque para él no habían significado nada.

En ese momento Clara sintió tanto enfado como alivio. No estaba loca y la causa de su infección estaba localizada; sin embargo, la persona que le provocaba mariposas en el estómago la había traicionado. Él le pidió perdón y le aseguró que solo había sido un desliz, que era de ella de quien estaba enamorado y con quien quería estar. Clara aceptó sus disculpas y lo perdonó. «Total, acabábamos de empezar nuestra relación y él había roto pocos meses atrás. No era tan raro que echaran el último polvo de despedida, ¿no?», decía ella en una de las sesiones.

Esta era la hipótesis de Clara y lo que ella se decía a sí misma cada vez que el recuerdo del engaño le daba un pellizco, pero lo cierto es que nunca más habían vuelto a hablar del asunto porque Manuel se negaba a hacerlo. Llegaron a la conclusión de que no era necesario porque el amor todo lo cura y lo perdona. Y puede que en ocasiones sea así, pero, como ellos mismos comprobaron después, en estos acuerdos tácitos y poco madurados siempre se nos cuela algo de letra pequeña.

Unos meses más tarde se fueron a vivir juntos. Se divertían, se apoyaban, mantenían relaciones sexuales satisfactorias, hacían planes de futuro... Si estaban juntos, estaban bien, pero cuando no era así a Clara le costaba confiar. Investigaba las redes sociales de Manuel, de sus amigos y de su ex para comprobar si conservaban algún tipo de contacto. Él, que era consciente de todo ello y de su sufrimiento, le decía que todo eso formaba parte del pasado y le pedía que intentara olvidarlo, que intentara «no pensar en ello».[25] Las discusiones surgían debido a la constante necesidad y la desconfianza de ella, a la manera en que ambos gestionaban el ocio individual y con quién pasaban el tiempo cuando no estaban juntos. El amor, por sí solo, no había podido curar esa herida. ¡Oh, sorpresa!

Cuando acudieron a consulta hacía tiempo que no tenían sexo, se comunicaban muy poco y casi todo les molestaba. Aunque intentaron saltárselas confiando en que con el amor bastaba, pasaron por todas las fases que la superación de un engaño te obliga a recorrer. Hubo sesiones complicadas y mantuvieron muchas conversaciones incómodas en la intimidad de su casa, pero consiguieron restablecer la comunicación y la confianza en su relación. Y, aunque hace tiempo que no sé de ellos, espero que sigan juntos, ahora que saben que el amor es necesario pero no suficiente.

Otro mito de la misma familia es la incondicionalidad del amor. Nos cuentan que cuando amamos de verdad *de la buena*, lo hacemos sin condiciones. ¿Que mi pareja compra homeopatía? ¡No importa, es mi alma gemela! Cada uno se endulza la vida como quiere.

Permíteme la broma. En temas tan serios como estos me sirvo del humor para quitarle hierro al asunto, pero lo cierto es que creer que las relaciones amorosas deben ser incondicionales puede dejar la puerta abierta a situaciones que no deberíamos permitir, como aquellas en las que exista el control o la violencia, ya sea verbal y/o física.

¿Te acuerdas de la película de Disney *La Bella y la Bestia*? Yo tenía unos once años cuando se estrenó en España. Si viajo por mis recuerdos, sé que me gustó muchísimo. Las canciones, los personajes. Incluso la Bestia, al final, me cayó bien. No es de extrañar, la historia está contada para que así sea. Todo lo terrible y cuestionable que sucede está argumentado y justificado para que te apiades del personaje. Está hechizado. No es *culpa suya*, no es responsable de sus actos, aunque estos impliquen haber secuestrado y atemorizado a Bella. A veces cometemos el error de emplear una explicación como si fuera una justificación.

Fuera de los dibujos animados, el trauma infantil, como el que padece el protagonista de *Cincuenta sombras de Grey*, de quien hablaré más adelante, sería el equivalente del *hechizo*.

A pesar de cuánto me gustan el candelabro Lumière y la tetera, la señora Potts, ahora que soy una mujer adulta no puedo perder de vista que la historia romantiza lo que coloquialmente se llama síndrome de Estocolmo. Aunque en la actualidad no hay una unificación de criterios diagnósticos e incluso existe el debate abierto de si puede considerarse un síndrome, es el término que se emplea para describir el vínculo de afecto positivo que puede llegar a darse entre los secuestradores y sus víctimas. Y tanto en la película de Disney como en la del señor que colecciona sombras, la idea que se traslada es que el amor es incondicional. Que no puedes poner como condición para amar que la otra persona se controle, que sea educada y respete los derechos humanos más básicos. La única condición es que no haya ninguna porque el amor todo lo puede. (No me ves, pero mientras escribo estas palabras pongo los ojos en blanco y suspiro.)

Este es el lado más oscuro de los mitos del amor, la romantización del trato desigual, vejatorio y violento. Vamos, la romantización del maltrato. Lo que me lleva a otro conjunto de mitos que sostienen la idea de que merece la pena luchar por el amor, entendiendo por *luchar* aguantar, sacrificarse o resignarse.

El amor vale la pena

Reconozco que he tardado en darme cuenta del significado literal de esta frase hecha. Hasta hace no mucho, cada vez que escuchaba «el amor vale la pena», automáticamente mi cabeza lo traducía por «el amor vale el *esfuerzo*», entendiendo como esfuerzo, por ejemplo, compartir ocio cinematográfico o deportivo que no es de tu total agrado simple y sencillamente porque a tu pareja sí le gusta. Total, tampoco me voy a morir por ver un par de partidos de fútbol al mes... Eso sí, en otras ocasiones, será nuestra pareja la que comparta cosas que puede que solo le entretengan y no le entusiasmen, pero que a nosotros sí, como trilogías de fantasía épica en las que dan ganas de empujar al hobbit protagonista con anillo y todo dentro del Monte del Destino, dada su resistencia a arrojarlo a su volcánico interior. *Quid pro quo*, como se suele decir.

Sin embargo, gracias a la labor divulgativa de Marina Marroquí, educadora social y experta en violencia de género, caí en la cuenta de lo que en realidad transmite la frase. Nos están diciendo que sufrir, *penar*, si es por amor, está justificado. Y, mira, por ahí sí que no paso. Ya es siglo de que dejemos atrás la idea de que el amor glorifica si implica sufrimiento y lágrimas.

Primas hermanas de este mito son otras tantas creencias, como aquellas que dicen que «quien bien te quiere te hará llorar», que «el amor es dar sin esperar nada a cambio» y que «si me quiere, cambiará». Como somos pura contradicción, por otro lado también tenemos la mítica idea de que las parejas felices son aquellas que no discuten y que lo hacen todo juntos.

Puede que pienses que estoy exagerando y que ya nadie cae en estos clichés, pero historias de amor cinematográfico como *Grease*[26] no han dejado de hacerse y replicarse. Lo único que las diferencia es que se han adaptado a los tiempos. Tengo que reconocer que el setentero musical me sigue gustando cada vez que lo veo, aunque ahora lo hago con otros ojos, mucho más maduros y conscientes de que la historia de amor que nos cuentan debe quedarse en la ficción.

Incluso Travolta me sigue pareciendo sexy a pesar de que mi cerebro solo puede tolerar los mocasines negros con calcetines blancos en Michael Jackson. Sin embargo, es difícil negar que por muy seductor que fuera el personaje de Danny Zuko, también era un poquito imbécil, ¿no? Él y su pandilla eran gallitos de corral intentando sacar la cabeza por encima de la valla, ninguneando a las chicas que mostraban interés por ellos. Hacerse el duro, el difícil o el interesante es algo que tanto chicos como chicas siguen haciendo en la actualidad. Por ejemplo, tardando en responder al mensaje de WhatsApp de la persona que les gusta, no vaya a pensar, llámame loca, que tiene interés por él o por ella. En el próximo capítulo le dedicaré unas líneas a este inútil fenómeno.

El mensaje amoroso que la película nos transmite es que, si aguantas lo suficiente, él, al final, se dará cuenta de lo maravillosa que eres y superará todos sus traumas, vergüenzas y complejos para estar contigo. Bueno, si aguantas y si *cambias*, porque menuda sesión de chapa y pintura que tuvo que hacerse el personaje de Olivia Newton-John para seducir a su alma gemela.

Cuando hago este comentario jocoso hay quien me señala, acertadamente, que no solo Sandy cambia, sino que Zuko también lo hace. Y tengo que darle la razón. Él dejó de fumar y se volvió todo un deportista. Pero los cambios de ella fueron bastante menos saludables, ya que tuvo que quemarse el pelo y los pulmones (porque empezó a fumar). Además se ajustó unos *leggins* de licra que sospecho que no eran nada saludables para la transpiración de su *genitalia*. De modo que, aunque ambos cambiaron, el *win-win* no termino de verlo.

Mismo perro pero con diferente collar son trilogías recientes como *Cincuenta sombras de Grey* o *Crepúsculo*. Ambas son sagas literarias llevadas al cine, y, aunque puedan ser muy entretenidas, el mensaje que repito una y otra vez es que son ficción, no modelos de relaciones de pareja saludables, exitosas y funcionales. Y me gustaría aclarar que no tengo nada en contra de las autoras, E. L. James y Stephenie Meyer, respectivamente, sino contra la idea de tomar como ejemplo de amor lo que en sus obras se cuenta.

La protagonizada por el señor Christian Grey nos narra la historia de un millonario que fue víctima de maltrato y abusos en su infancia, lo que le lleva a desarrollar conductas de acoso y control inadmisibles en cualquier relación de pareja sana y funcional. Pero en las novelas son consentidas y *blanqueadas*, pues aparecen envueltas de enamoramiento y lucha interna por culpa de sus demonios particulares. Por su parte, la protagonista, Anastasia Steele, con su infinito, resistente e incondicional amor, consigue que él cambie. De hecho, la palabra inglesa *steel* significa acero. ¿Casualidad? Para lograrlo *solo* necesitó tres novelas, durante las cuales hizo la vista gorda a todas las veces en las que él utiliza sus recursos económicos y de poder para intimidarla, controlarla y anularla.

¡Fíjate si *valió la pena* que hasta se casan y tienen hijos! Ironizo por no llorar. Si el mensaje fuera entendido como ficticio, del mismo modo que sabemos que los seres humanos no podemos volar como lo hace Superman, estupendo. Lo terrible es que los jóvenes y los no tan jóvenes pueden llegar a creer que eso es amor y acabar justificando comportamientos peligrosos, inmorales o ilegales.

Bueno, justificar y perdonar. Porque también nos han contado que si amas, perdonas. Y todos sabemos que perdonar es lo que hace la buena gente, y si hay amor, más todavía, ¿no? Cuando preguntamos qué es lo que jamás perdonaríamos las respuestas suelen ser siempre las mismas: la infidelidad y la violencia. Sin embargo, una cosa es lo que decimos y otra lo que hacemos.

Cierto es que cada historia es un mundo, pero me parece que hay bastante distancia entre el engaño y la agresión. Aunque traicionar a una persona puede ser entendido como una forma de dañarla, no son equiparables. Sin embargo, en nombre del amor podemos llegar a aceptar la superación de límites que en otro tipo de relaciones no admitiríamos.

Por ejemplo, la invasión de la intimidad. Y no es que las personas no podamos cometer errores y tener comportamientos poco funcionales o inadecuados porque tengamos un mal día o una vida difícil. De lo que se trata es de que tengamos muy claro, mucho antes de atravesarlas, que las líneas rojas existen y que, en caso de que se rebasen, perdonarlas no glorifica ni el amor ni la relación.

Volviendo a la novela, que espero no destriparte en exceso, no solo es poco creíble en la parte afectiva, tampoco lo es en cuanto a la superación de las huellas que dejan el maltrato y la violencia tempranas. Por supuesto que las víctimas necesitan y merecen personas que las quieran, pero no es el amor (aunque sea importantísimo y necesario) lo que resuelve sus problemas psicológicos si los llevan a mantener relaciones disfuncionales en su vida adulta, sino el trabajo psicoterapéutico.

Aprovechando que el Pisuerga pasa por Valladolid, apunto también que como novela erótica que pretende reflejar las dinámicas que se dan en el BDSM[27] deja bastante que desear. Quienes lo practican y disfrutan explican que la sumisión no consiste en vivir triste y sufriendo como Anastasia. También señalan que siempre ha de practicarse de forma consensuada, con contrato y acuerdos bien diseñados en los que queden muy claros los límites y los deseos de cada participante. Además, una sesión de BDSM nunca debe iniciarse con el objetivo de desahogarse o descargar la frustración, como sucede en una de las últimas escenas de la primera película. Vamos, que casi todo mal.

Ahora les toca el turno a los vampiros *gusiluz*, porque brillan con la luz del sol. Me estoy refiriendo al clan de los Cullen, parte del elenco protagonista de *Crepúsculo* junto con Bella Swan, nombre que podría traducirse como *bello cisne*. ¿Otra casualidad? Lo dudo.

No te voy a negar que es una saga entretenida, pero de ahí a que aceptemos algunos de los diálogos y dinámicas que se establecen entre los protagonistas como muestras de amor hay más de un paso. A lo largo de la trilogía se nos muestra a un vampiro torturado por su naturaleza destructora incontrolable y a una humana dispuesta a sacrificar su propia vida por amor. Se presentan ante nosotros casi todos los mitos del amor romántico: la idea del sacrificio, el malote que cambia por amor, las bondades de la sobreprotección cuando te sigo y te vigilo por si las moscas, el amor a primera vista, etc. Sobre este último, ya te aviso de que lo que hay a primera vista es atracción, pero para saber si es amor necesitamos algo más de tiempo y mucha interacción.

De hecho, hay un fragmento de la primera película en el que Edward y Bella mantienen un diálogo que me gustaría compartir contigo.

> Edward: Estoy diseñado para matar.
> Bella: No me importa.
> Edward: He matado a personas antes.
> Bella: No importa.
> Edward: También he querido matarte.
> Bella: Confío en ti.
> Edward: No lo hagas.

Pero vamos a ver, Bella, ¡que hasta las luces de los casinos de Las Vegas son menos cegadoras que estas señales! ¡Que hasta el muchacho te está diciendo que mejor dejes correr el aire! Pero... no puedes. No puedes porque has aprendido que el amor todo lo puede, que el amor vale la pena y, como guinda del pastel, también has interiorizado que se puede morir por amor. De hecho, en algún momento de tu papel dices que morir en lugar de alguien a quien se ama te parece una buena forma de acabar.

Puede que pienses que exagero, que la mayor parte de las personas nos damos cuenta de que esto son fantasías, películas, ficción, y que todos las entendemos como tal; sin embargo, la práctica profesional me indica que Romeo y

Julieta no son los únicos personajes que nos quedan por superar. Si tienes adolescentes cerca, te animo a que los escuches cuando hablan de amor, de sexo, y verás que, como no educamos en casa y fuera de casa lo suficiente, la música, las novelas y el cine son sus principales fuentes de aprendizaje. Y estas no hacen más que perpetuar que los chicos deben proteger a las chicas y que las chicas debemos ceder ante sus peticiones para demostrar nuestro afecto por ellos.

El abanico de ejemplos es tan amplio como gris. Desde los más *light*, en los que tu pareja puede pedirte que le demuestres fidelidad y confianza dejándole ver tus conversaciones privadas o facilitándole las contraseñas de acceso a tus *apps*, pasando por la presión para mantener relaciones sexuales, hasta los más *hardcore*, como aquellos en los que hay violencia y maltrato, físico y/o verbal. Como dice Marina Marroquí, «la diferencia entre morir de amor y que te maten por amor no es ninguna, estás muerta».

El mito de la media naranja

A estas alturas creo que todos tenemos claro que no somos medias naranjas, sino frutas enteras, y que podemos hacer macedonia con quien nos dé la real gana. Sin embargo, no son pocos los vestigios de esa creencia que todavía sobrevuelan nuestras relaciones, así como los periodos *entre* relaciones. Por ejemplo, que los polos opuestos se atraen, que si la persona es la *adecuada* no será necesario que le explique cómo me siento y lo que necesito o que si no encuentro a esa persona, pese a que yo estaré completa, la que no lo estará será mi felicidad.

Aunque normalmente echo la culpa de casi todo a Freud, en esta ocasión deberíamos pasarle las facturas de la psicoterapia a Platón. En su obra *El banquete* recreó un debate protagonizado por siete sabios[28] en torno al eros, el amor. Cuando ya estaban todos cómodamente recostados y el vino recorría sus filosóficos cuerpos, comenzaron las exposiciones. La que a nosotros nos interesa es la de Aristófanes, quien en su discurso explica cómo al principio la raza humana era casi perfecta:

> En primer lugar, tres eran los sexos de las personas, no dos, como ahora, masculino y femenino, sino que había, además, un tercero que participaba de estos dos, cuyo nombre sobrevive todavía, aunque él mismo ha desaparecido. El andrógino, en efecto, era entonces una cosa sola en cuanto a forma y nombre, que participaba de uno y de otro, de lo masculino y de lo femenino, pero que ahora no es sino un nombre que yace en la ignominia.

Según Aristófanes, en el principio las personas (completas) estábamos formadas por dos partes masculinas, dos partes femeninas o, como era el caso del andrógino, dos partes distintas: una masculina y otra femenina. Además explicaba que «la forma de cada persona era redonda en totalidad, con la espalda y los costados en forma de círculo. Tenía cuatro manos, mismo número de pies que de manos y dos rostros perfectamente iguales sobre un cuello circular. Y sobre estos dos rostros, situados en direcciones opuestas, una sola cabeza, y además cuatro orejas, dos órganos sexuales, y todo lo demás como uno puede imaginarse a tenor de lo dicho».[29] He de confesar que me cuesta un poco imaginarme lo que Aristófanes nos propone, pero voy a hacer un acto de fe y creerlo.

Siendo tan extraordinarios como prepotentes, los humanos idearon una conspiración contra los dioses. Cuando Zeus, el jefazo del Olimpo, se enteró, decidió castigar semejante atrevimiento. Exterminarnos no le pareció buena idea, porque a los dioses les molaban los sacrificios y honores que de nosotros recibían religiosamente, pero como no podía dejar esta insolencia impune hizo que, literalmente, nos partiera un rayo. Separándonos en dos mitades logró que siguiéramos siendo útiles para sus propósitos, pero no tan fuertes como para volver a intentar rebelarnos contra ellos.

Así fue como, según este mito, las personas pasamos de ser únicos y completos a convertirnos en mitades que pasarían el resto de su vida buscando a su otra mitad. Los hombres que fueron divididos buscaban su otra mitad masculina. Las mujeres que fueron separadas buscaban su otra mitad femenina. Y los andróginos, que también fueron escindidos, buscaban a su otra mitad, que podía ser masculina o femenina. Desde luego, este hombre tenía clarísimo cómo explicar la homosexualidad y la heterosexualidad.

De este modo comenzó a fraguarse el mito de la media naranja. Para Aristófanes, esta separación traumática era el motivo por el cual el eros resulta algo tan poderoso y movilizador para los seres humanos. Además, así se explicaba por qué tenemos esa sensación de encajar y completarnos cuando nos enamoramos. Cuando esto sucede, parece que todo fluye sin esfuerzo, que todo junto a esa persona es maravilloso, que encajamos tan bien que, a veces, caemos en la tentación de fundirnos haciendo que el *yo* desaparezca en favor del *nosotros*, como te conté en el primer capítulo.

Diluirnos en el nosotros, renunciar a nuestras necesidades, prescindir de nuestros deseos, silenciar nuestras opiniones, puede ser negativo tanto si tenemos una relación como si esta se acaba. Si formamos parte de una pareja en la que no existimos como individuos, podemos empezar a sentir tristeza, desmotivación o resentimiento, porque nada estará motivado por nosotros mismos. Y si la relación finaliza, haber sacrificado el yo por el *nosotros* nos dejará una sensación de vacío difícil de afrontar. En ambos casos, es importante definir, cuidar o recuperar nuestra individualidad. Lo que no es para nada incompatible con compartirnos en una relación de pareja.

Puede que pienses que esto es algo que tradicionalmente nos pasa a las mujeres, pero lo cierto es que no. También he conocido y tratado a muchos hombres que han renunciado a su individualidad en favor de la pareja, lo que a la larga trae más problemas que beneficios. Eso fue lo que le pasó a Tomás.

Cuando acudió a mi consulta estaba atravesando, según sus propias palabras, una de las peores épocas de su vida. Tenía cuarenta y nueve años, dos hijos y estaba en trámites de divorcio. Él y su pareja llevaban juntos más de veinticinco años, y aunque habían sido muy felices desde el principio, tenía la sensación de que en los últimos tiempos la pareja «andaba mal». A pesar de saber que su relación de pareja no era perfecta, estaba convencido de que, con ayuda profesional, podrían seguir juntos. Sin embargo, la madre de sus hijos no compartía esta idea. Hacía tiempo que ella no se sentía enamorada de él. Según le había dicho, le quería mucho, pero ya no lo amaba.

Esto, para Tomás, lejos de consolarlo, lo hundía todavía más. ¿Qué había hecho él para que ya no lo amara? ¡Si lo había dado todo por ella y sus hijos! En cuanto nació su primer hijo, dejó de unirse a las actividades que el club ciclista al que pertenecía organizaba porque *le quitaban mucho tiempo*. Cuando había que tomar una decisión relacionada con la casa, él aceptaba las opiniones de su pareja sin cuestionarlas para evitar discusiones. Hacían todo juntos y nunca dejaba a su mujer sola. Según él, todo esto tenía sentido porque se querían.

Es un buen momento para puntualizar por qué para

Tomás era tan importante evitar los conflictos. Según me contó, sus padres discutían mucho cuando él era niño y no quería que su matrimonio fuera así, por lo que tomó la firme decisión de remar siempre en la misma dirección que su mujer, sin darse cuenta de que, al hacerlo, la dirección que elegían nunca partía de él, de sus opiniones, deseos o necesidades.

Puede que pienses que adoptó una postura sumisa, pero no era eso lo que le movía, no asumió ni se resignó a ser dominado. Por lo que contaba, tampoco su exmujer quería dominarlo. Simplemente, Tomás pensó que la mejor forma de preservar el amor de la pareja y crear un hogar afectuoso para sus hijos era que no hubiera discusiones, que no hubiera un *yo* que discutiera con un *tú*. Y lo vivió como un sincero gesto de amor: renunciar a su *yo*, en favor del *nosotros*. Y ahora que el *nosotros* estaba en trámites de divorcio, no recordaba muy bien cómo era su *yo*.

Las primeras sesiones estuvieron protagonizadas por el dolor y la tristeza, pero también por el enfado y la impotencia. A medida que fue atravesando su proceso de duelo, empezó a recuperar aficiones y amistades que se habían quedado en pausa. Consiguió tener conversaciones con su ex que le permitieron reconciliarse con cómo habían hecho las cosas: con la mejor de las intenciones, aunque el resultado no hubiera sido el deseado.

No he vuelto a saber de él, pero confío en que siga vigente lo que su matrimonio, entre otras cosas, le enseñó: que no hace falta renunciar a uno mismo para querer honesta y sinceramente a otra persona.

¿Los polos opuestos se atraen? Sí, al principio podemos llegar a sentir atracción por lo novedoso. Pero, lo dicho, al *principio* y *atracción*. Después de un tiempo comprobando que uno es más de sofá, manta y película y el otro más de escalada y acampada, puede que lo que en los comienzos nos hacía sonreír ahora nos dé ganas de huir. Aunque no necesitamos clones para sentirnos a gusto en una relación, lo que está comprobado es que, a la hora de mantener una de larga duración, se funciona mejor cuando se tienen en común aspectos importantes como los valores o las ideas políticas, porque lo relevante no es solo atraerse, sino también comprenderse.

Asimismo, tendemos a pensar que cuando damos con *la* persona correcta, esta nos complementa[30] y enriquece tanto que damos por hecho que la relación debe llenarnos en todos los sentidos y aspectos de nuestra vida. Y, querida amiga, yo de verdad deseo y espero que no solo te llene, sino que también te rellene (insertar aquí GIF de guiño y sonrisa pícara), pero ¿en todos los aspectos? Eso es tan imposible como innecesario.

Por si fuera poco, tenemos el pensamiento mágico de que nos complementamos tanto y tan bien que casi no es necesario comunicarnos porque es *como si nos leyéramos la mente*. Y, claro, cuando eso no pasa, hecatombe: las oportunidades para la decepción y la frustración están servidas.

Si me dieran un euro cada vez que en consulta he escuchado un «lo que espero es que le salga de dentro» o un «¿de verdad tengo que decírselo?, ¿es que no lo sabe ya?», ahora mismo estaría escribiendo estas líneas desde un coqueto *palazzo* veneciano con vistas al Gran Canal.

No es que los seres humanos seamos idiotas (al menos no por esto), lo que nos pasa es que estos sentimientos son tan poderosos, tan *mágicos* y tan intensos que creemos que el vínculo tiene superpoderes como, por ejemplo, el de la telepatía. Porque sí, en alguna ocasión nos habremos leído la mente y, en otras, conocernos muy bien o tener gustos parecidos a los de nuestra pareja nos permite anticiparnos y hasta sorprenderla.

Por ejemplo, no tenía pruebas pero tampoco dudas de

que las galletas de Lacasitos que compré en una pastelería que hay cerca de mi trabajo le iban a chiflar a mi churri porque a golosos no nos gana nadie. Conocer sus gustos me permitió *leerle la mente*, pero si un día él me dijera que le gustaría que, al volver del trabajo, le llevase de nuevo alguna de esas galletas, no le quitaría ni un ápice de amor al hecho de cumplir su petición.

Pensar lo contrario es parte del problema: cuestionamos el afecto del otro o la salud del vínculo porque muchas veces tenemos que ser explícitos con nuestros deseos, gustos y necesidades para que sean atendidos. Nos disgusta porque pensamos que al principio todo esto era *diferente*. Y lo era porque en los comienzos única y exclusivamente nos dedicamos a seducir y descubrir al otro. Todo es nuevo y emocionante, y nos sorprendemos lúbrica y felizmente cada vez que nos sabemos afines en algo.

Sin embargo, a medida que la relación avanza, entran a formar parte del juego otras variables y, lógicamente, algunos cambios pueden traer más de una complicación. Las *tres ces* (cine, cena y cama) dejan paso a todo un abecedario: el de la convivencia, las familias, el trabajo, las preocupaciones, los temas económicos, etc. Y las neuronas que antes se encargaban de recordar «compra galletas de Lacasitos» ahora susurran «compra gel y champú porque se han acabado y con el del lavavajillas ya has comprobado que el pelo no te queda igual». ¿Significa que ya no pienso en mi pareja? No, quiere decir que no solo pienso en ella. ¿Significa que ya no la quiero? No, quiere decir que otras obligaciones me están restando las oportunidades de demostrarle con un detalle que le quiero.

Probablemente, gran parte del problema se solucionaría si no diéramos la solidez de los vínculos por hecho, si no los consideráramos inmunes al paso del tiempo, si entendiéramos que es importante prestarles atención, mimo y cuidados; pero también es útil, como te detallaré en el último capítulo, ser *bienintencionados* a la hora de interpretar lo que hace y lo que no hace nuestro *partenaire*.

> Estíbaliz: Sabe que me encantan las plantas. ¿Sabes cuándo ha sido la última vez que me ha regalado una? En nuestro primer aniversario. ¡En 2001!
>
> Rubén: «Sabe que me encanta el sexo. ¿Sabes cuándo lo hicimos por última vez? Cuando concebimos a nuestro tercer hijo. El mes que viene cumple 4 años».

Este tipo de reproches es frecuente entre las parejas que se sientan en mi sofá del despacho. ¡Cuántas cosas para *trabajar* en terapia en cincuenta palabras!

Cuando nos enamoramos de una persona, también lo hacemos de las expectativas que tenemos sobre ella y sobre nuestra relación, y los mitos del amor romántico son en gran parte responsables. Nos decepcionamos cuando quien amamos no nos lee la mente, pero, curiosamente, también lo hacemos cuando lo pedimos y nos lo conceden.

> Estíbaliz: No te lo vas a creer, Laura, la semana pasada este me regaló un geranio de color rosa.
>
> Una servidora: ¡Mira qué bien! ¿Te gustó?
>
> Estíbaliz: ¡Hombre, me hubiera gustado más si no se lo hubiera tenido que pedir!
>
> Rubén: ¿Ves, Laura? Si no lo hago, mal. Y si lo hago, también.

Puede que esta conversación te resulte un cliché, pero cuando el río suena, agua lleva, y te puedo asegurar que escucho muchas de este estilo. Independiente del género y de la orientación, solemos esperar que quien nos ama nos conozca tanto que no sea necesario pedir, que quien nos quiere desee sorprendernos sin necesidad de recordarle qué cosas nos hacen ilusión... Y esperando, podemos llegar a desesperarnos.

«Pero, Laura, ¿no debería salir de mi pareja darme sorpresas y tener detalles?» Pues lo cierto es que no, no *debe*. Tal vez te gustaría que así fuera no solo por la influencia del mito, sino porque quizás te cuesta un poco eso de pedir. Como te comentaba unas líneas antes, nuestro día a día está lleno de tantos *tener que* que a veces lo importante queda relegado por lo urgente. Además no todas las personas expresamos el amor de la misma forma: puede que algo que para ti es una muestra importantísima de afecto, para la otra persona no lo sea o no lo aprecie del mismo modo.

No pierdas de vista que pedir y ser escuchado también es un acto de amor. Si le comentas a tu pareja que hace mucho que no salís a cenar y ese fin semana te sorprende con una reserva en uno de tus restaurantes favoritos, ¡no le quites valor! Su gesto significa que te ha escuchado y que ha querido complacerte. Tú esperas que *salga de él*, que *le nazca*, pero es que cuando alguien nos quiere y le hacemos una petición, si puede cumplirla, ese simple hecho ya es motivo suficiente para que *le nazca* porque acaba de averiguar o recordar que eso te hace feliz.

«Ya, Laura, pero con el sexo ¿qué pasa? Muchísimas veces le he comentado a mi pareja que quiero mantener relaciones con él, que las echo de menos, y... nada de nada. ¿No dicen que los hombres solo piensan en eso? El mío debe de ser el único que no.»

De esto se quejaba, hace no mucho, Ángela. Acudió a consulta por primera vez porque se sentía profundamente triste y sola. A pesar de llevar más de treinta años casada con su marido, Óscar, tener dos hijas ya mayores y una nieta, no se sentía satisfecha con la vida. Echaba muchísimo de menos la *intimidad* de pareja, pero no por el sexo en sí (que también), sino porque añoraba sentirse querida, deseada.

Entre lágrimas me contaba que había intentado de todo, desde insinuarse hasta exigírselo, pasando por ignorarlo, comprarse lencería sexy, espiarlo para comprobar si había otras mujeres en su vida... y nada de nada. Él siempre se defendía diciendo que él no necesitaba el sexo, pero que la quería con toda su alma. Les propuse acudir juntos a una de las sesiones, pero Óscar rechazó la invitación. Aunque barajo algunas hipótesis, desde una posible asexualidad hasta problemas de rendimiento sexual por la presión del mito del macho ibérico, lo cierto es que Ángela tiene que valorar si puede no sentirse sola ni rechazada en una relación en la que su pareja no desea mantener relaciones sexuales.

¿Por qué te cuento esto? ¡Ah, sí! Andaba yo defendiendo lo positivo del pedir y del dar sin que esto suponga restar ni un ápice de romanticismo al asunto, pero también quería matizar que no conceder algunas peticiones no tiene que ver, necesariamente, con el amor que sentimos por la otra persona, sino que puede que nos veamos obligados a negarnos por otros motivos, como en el caso de Óscar (aunque los desconozcamos).

Cuando en el segundo capítulo te he contado cómo funciona el deseo sexual, has podido comprobar que la ausencia de relaciones sexuales en una pareja puede no tener que ver con el amor que se profesan. Por eso debemos ser cuidadosos al deducir que nuestra pareja no nos quiere cuando nos dice que no a algo que le hemos pedido, sea sexo u otra cosa. Por supuesto, una negativa puede ser un indicador de desamor, pero también puede obedecer a otras razones, y es muy útil para la relación que estemos dispuestos a contemplarlas y, en caso necesario, a hablar de ellas.

¿Crees que podría *exprimir* más el mito de la media naranja? Lo sé, el chiste es muy malo y no tengo futuro como humorista. Sin embargo, la respuesta es *sí*. Nos queda desmontar la terrible idea de que si no encuentras con quién hacer macedonia nunca podrás ser feliz. Si no encuentras a quién querer, serás una *solterona*. Y sí, en este caso hay diferencia de género: nosotras somos las solteronas y vosotros los solteros de oro.

Vivimos bajo el influjo de regímenes que, exigiéndonos una serie de requisitos para encajar, no hacen más que generar frustración y sentimientos de inadecuación. Uno de ellos dice que para ser feliz no necesitas un camión, como en el caso de Loquillo, sino una pareja. A esta imposición social he visto denominarla *parejocracia* y la primera vez que lo leí fue en la publicación feminista *Pikara Magazine*.[31]

En ella la definen como «régimen de pareja impuesto por el que, si eres mujer y no tienes una media naranja, eres poco menos que un despojo social, nadie te ha querido, eres triste y no tienes un proyecto vital. En general, se trata de una estructura invisible que considera que la pareja es el estado natural del ser humano y que adopta múltiples manifestaciones psicológicas, sociales, económicas...».

Mi experiencia profesional me indica que, aunque quizás en menor medida, los solteros también sufren esta discriminación. Aunque se trata de una apreciación personal basada exclusivamente en las vivencias de mis pacientes, tengo la sensación de que para ellos no es lo mismo estar soltero por haberse divorciado que estar soltero a partir de cierta edad y no haber tenido una relación de pareja estable y/o tradicional con anterioridad. En este último caso, se les mira con cierta suspicacia, se sospecha que deben de ser muy *especialitos*, y no te digo nada si, además, viven con su madre.

Esta estigmatización también es fruto de la idea de que solo en pareja se está bien, feliz, completo o *complementado*. Aunque toda la culpa no es solo de este mito, pues las condiciones económicas y sociales de nuestro entorno influyen negativamente en la experiencia de la soltería, sea circunstancial, elegida, temporal o de larga duración.

Además de la dificultad que entraña emanciparse si no se está emparejado, también se sufren la presión y el juicio social al realizar en solitario actividades tan sencillas como ir al cine o comer en un restaurante. Muchas personas aún se sorprenden si se hacen sin sentir vergüenza ninguna. Y otras tantas no llevan a cabo esas actividades precisamente por eso, porque al imaginarse yendo al teatro o pidiendo mesa para uno creen que serán juzgados negativamente.

Ahora mismo estoy pensando en Camila, una chica de veintiocho años que, por razones profesionales primero y amorosas después, cambió los patios cordobeses por la Gran Vía madrileña. Cuando me consultó estaba muy angustiada porque su relación de pareja no funcionaba y, aunque estaba convencida de que no le hacía ningún bien seguir en ella, no era capaz de dejarla. En una de las sesiones estuvimos explorando qué ideas le impedían dejar una relación en la que no se sentía importante ni valorada. Entre lágrimas decía que, aunque sonara horrible, prefería seguir con él que estar sola. Era una chica lista y muy madura por algunas experiencias que había tenido que soportar en su infancia. Era valiente y decidida en todo lo relacionado con su profesión, pero cuando se trataba de ser querida, a la primera a la que le costaba valorarse era a ella misma.

Estuvimos trabajando en esos terribles escenarios que ella imaginaba en el supuesto caso de que rompiera su relación. No le preocupaba salir con sus amigas y pasárselo bien. Tampoco le preocupaba la idea de no encontrar a nadie más a quien querer y no dudaba de que, en el futuro,

Estar soltero no es lo mismo que estar solo.

más personas podrían sentirse atraídas por ella y quererla. Tampoco le preocupaba vivir sola, tenía un sueldo que le permitía sostenerse de forma independiente. Lo que la angustiaba era el periodo *entre relaciones*: «Si no quedo con mis amigas, no podré ir al cine o a cenar. Y en el supermercado donde solemos hacer la compra verán que ya no compro *sus* cosas, como la espuma de afeitar. Se darán cuenta de que estoy sola». Cuando le pregunté qué era lo que le daba tanto miedo de esa última frase me respondió: «Van a pensar que nadie me quiere».

¡Bum! Ahí estaba. Puede que, aunque no tengas pareja, confíes en que puedes tenerla más adelante, pero ¿qué pasa mientras eres *single*? Que el mundo va a pensar que no eres *ama-ble*, es decir, que hay algo en ti que hace que nadie te elija y, por lo tanto, vales menos o, al menos, deberías sentir cierto pudor o vergüenza por estar solo. Y así es para muchas personas. Personas valiosas, inteligentes, independientes para muchas cosas excepto para no tener pareja porque los demás pueden pensar mal de ellas.

Tenerla (o no), como todo, tiene sus ventajas y sus desventajas, sin que eso diga nada malo de quien tome una decisión u otra o de quien esté adaptándose a sus nuevas circunstancias porque está atravesando una ruptura.

Viviremos en una sociedad mucho más saludable cuando entendamos que tener pareja es una opción más, no la única, y que tenerla no te da más valor o que no tenerla no te quita estatus. Y como *bonus track*, un matiz: estar soltero no es lo mismo que estar solo.

Los celos como prueba de amor

Como te contaba en el anterior capítulo, aunque vivimos en unos tiempos en los que los celos son denostados y nos falta tiempo para tachar de *tóxica* a la persona que los padece, lo cierto es que no son ni más ni menos que otra emoción humana. Y como pasa con todas las emociones, el problema no es sentirlos, sino cómo los recorremos y qué hacemos (o dejamos de hacer) cuando los experimentamos.

En cuanto a los celos se refiere, una de las cosas que hacemos mal es usarlos como unidad de medida del amor. Y la otra es pensar que dar celos es una buena estrategia para despertar el deseo de nuestra pareja por nosotros, o, al menos, para llamar su atención.

Considerar los celos como unidad de medida nos lleva a sacralizar el sufrimiento que implican para la relación y a romantizar conductas totalmente inadecuadas como el control de la vida de la pareja o invadir su intimidad.

Frases como «te controlo porque te quiero», «si quiero saber dónde y con quién estás es porque me preocupo por ti», «si hablas con esa persona me estás faltando al respeto» o «nos hemos dado las contraseñas de las *apps* y los correos y el pin del móvil» deberían ponernos en alerta. Sin embargo, para algunas personas, estas expresiones y otras similares resultan maravillosas si son susurradas en el más íntimo y cálido de los contextos y filtradas por el fatídico mito que reza que «el amor y los celos son gemelos».

Aunque estas palabras puedan sonar bonitas, no lo son. Hablan de desconfianza, de limitar la libertad, de supervisar nuestras decisiones y compañías, de invadir nuestra intimidad, y también sugieren que no somos *suficiente* para la otra persona, ya que debemos estar atentos a que no busque *fuera* lo que puede que no le demos *dentro*. Demasiado sufrimiento. Por eso, como te comentaba páginas atrás, en terapia se trabaja para que lo que hacemos y pensamos motivados por los celos no los alimente, teniendo muy presente que nadie *es* celoso, sino que se *tienen* celos; que no existe un gen de los celos ni tampoco de la inseguridad, sino historias, experiencias, creencias, aprendizajes que nos colocan en esa situación.

Ignorarlos puede no ser una buena estrategia, pero *blanquearlos* convirtiéndolos en una muestra de cuánto amas a esa persona, tampoco. Y no te voy a dar más la chapa con todo esto porque ya lo hice cuando hablamos de las emociones.

Creo que no te lo he contado todavía, pero mi única fuente de información no es la consulta. Aunque pocas, también paso algunas horas fuera de ella. En una ocasión, estando en el gimnasio, escuché una conversación porque me había dejado los auriculares en casa. Dos jovescentes (así es como llamo, con cariño, a los adolescentes tardíos), mientras monopolizaban las máquinas de *leg curl* y *leg extensión*, comentaban lo encantada que estaba una de ellas con las conductas celosas de su novia.

Resulta que la protagonista, llamémosla Estela, sentía cierta satisfacción con la preocupación que mostraba su actual novia, llamémosla Lidia, ante el hecho de que ella fuera bisexual. Al parecer, Estela había roto recientemente con Endika, un compañero de la universidad. Y Lidia, que también lo conocía, sabía que él quería volver con ella y que habían quedado como amigos. Por lo que Estela comentaba a su compañera de gimnasio, tenía bastante claro que no pensaba volver con él. Lo que me sorprendió es que lejos de empatizar y compadecer a Lidia, estaba muy contenta por los celos que esta manifestaba, dado que eso significaba que estaba muy enganchada. Y hasta aquí me enteré. Luego subieron a la clase de *spinning* y he de confesarte que la curiosidad, en ese caso, no me pudo.

Sí, lo sé, quizás Lidia no está sufriendo por los rincones y he sido yo la que, inspirándome en mis propias experiencias profesionales y personales, haya exagerado un poco, pero me sirve como un ejemplo más de cómo se viven con celebración y alegría unos sentimientos que son fruto de la incertidumbre, una de las emociones más desagradables que experimentamos los humanos. De hecho, me atrevería a decir que el ingrediente común en todas las experiencias de celos es la incertidumbre, así como las dificultades que tenemos para adaptarnos a ella. Habrá ocasiones en las que los celos nacerán de la inseguridad personal, algunas lo harán de experiencias pasadas y otras del comportamiento ambivalente de la pareja respecto del compromiso o de la fidelidad pactada, pero en todas ellas siempre está la incertidumbre.

Según la RAE, la incertidumbre es la falta de certeza que ocasiona duda o indecisión sobre las cosas. Y, en gran parte, eso son los celos, ¿no? La falta de seguridad de que nuestra pareja solo está interesada en nosotros, nuestro vínculo no está en peligro, no hay nadie más interesado en ella que haga peligrar nuestra unión, etc. Y es que los seres humanos no solo sufrimos cuando las cosas van mal, sino cuando pensamos que *podrían* ir mal. ¡Qué capacidad tenemos para la (auto)tortura!

En ese momento, ponemos en marcha la estrategia que nos ha permitido llegar hasta nuestros días como especie: ante un posible peligro o amenaza, buscamos una solución para sobrevivir. Esto nos sirvió para huir de un depredador y para no volver a comer esa planta que resultó ser venenosa y acabó con la vida de media tribu, pero en el caso de los celos, buscar respuestas que acallen nuestra incertidumbre, aunque a corto plazo puede parecer útil, a la larga no funciona.

Para adaptarnos a la incertidumbre las personas empleamos diferentes estrategias. Por ejemplo, centramos nuestra atención en otro foco o desarrollamos creencias que nos dan una *falsa* sensación de seguridad. Y digo *falsa* no porque sea mentira, sino porque normalmente no tenemos modo de comprobarla.

Por ejemplo, tú o yo podríamos morir hoy, pero cuando pensamos en esa posibilidad, nos apoyamos en creencias o incluso estadísticas relativas a la edad o el estado general de nuestra salud para reducir ese temor y seguir viviendo como si eso no fuera a pasar. Cuando el temor a morir nos visita, por unos segundos, todos somos Arya Stark[32] cuando mantuvo este mítico diálogo con su maestro de esgrima:

> Syrio Forel: ¿Qué le decimos al dios de la muerte?
> Arya Stark: Hoy no.

En el caso de las relaciones de pareja y la incertidumbre sobre su fidelidad, lo que hacemos es confiar en que si está con nosotros es porque así lo *quiere*. Es decir, aunque también podemos basarnos en evidencias que así lo confirman, como sus muestras de afecto, gran parte de esta confianza es un acto de fe, quiero decir que es un *creer sin ver* porque no lo *vemos* todo el tiempo.

En definitiva, lo mejor que podemos hacer es convertir la incertidumbre en nuestra amiga porque está *empadronada* con nosotros y es uno de los precios que pagamos cuando nos vinculamos. Bueno, diría más: es el precio que pagamos por vivir.

Volviendo al tema de los mitos y los celos, no me quiero olvidar del que dice que podemos servirnos de ellos como acicate del deseo. En este sentido, quizás no sea tanto un mito como *jugar con fuego*, porque puede que, aunque solo quisieras calentar el ambiente, acabes provocando un incendio en el centro de la confianza de la pareja. O peor, que alguna de las dos partes acabe cumpliendo su profecía. Me explico. Efectivamente, puede haber casos en los que se reavive el interés, se reactive un deseo adormecido o incluso se fortalezca el compromiso de la pareja al percibir que estaba en peligro. Pero ese coqueteo o esa insinuación también pueden *confirmarle* al otro que su pareja ya no está interesada por él o por ella, sino por un tercero, haciendo que su imaginado o real desinterés se haga realidad o más intenso.

Te lo ilustro con el caso de Alicia y Sergio, que llevaban dos años de noviazgo más seis de convivencia. Ambos tenían treinta y ocho años, residían en una capital de provincia y gozaban de éxito profesional y de una saludable y nutrida vida social. Desde hacía un año, según comentaron, algo no funcionaba bien entre ellos.

Los dos ponían el punto de inflexión en unas vacaciones que compartieron junto con amigos en una casa rural. Se juntaron cuatro parejas, y todas se conocían entre sí menos una que fue invitada por otra. Tenían muy buenos recuerdos de aquellas vacaciones salvo por una cosita: el buen rollito que surgió entre Alicia y Álvaro, uno de los *nuevos*. Lejos de causar una discusión, las bromitas privadas entre Alicia y Sergio durante aquellos días les sirvieron para darle un toque de humor y unos arrumacos extra a su relación. A Alicia le hizo hasta ilusión darse cuenta de que a Sergio el asunto le *escocía* un poquito. Llevaban tanto tiempo juntos que ya no sabía si seguían por amor o por inercia. A veces le asaltaban este tipo de dudas, pero las desechaba rápidamente pensando que claro que se querían, pero que era normal que todo fuera más relajado porque llevaban muchos años juntos y, como había leído por ahí, el enamoramiento caducaba.

Volviendo a las vacaciones rurales, el *efecto celos* pasó pronto y el resto de la semana no volvió a salir el tema, aunque Alicia sintió que habían reconectado. Sin embargo, la vuelta a casa trajo también de regreso las mismas rutinas por parte de ambos. Según comentaron en una sesión, no fueron conscientes de ello hasta iniciar el proceso de terapia, pero se dieron cuenta de que en los últimos años cada vez compartían menos cosas. Sin embargo, como su relación era buena, no discutían, tenían muy buena convivencia y se sentían bastante satisfechos con sus respectivas vidas, no habían pensado que su relación de pareja tuviera ningún problema.

Pero la empresa en la que trabajaba Alicia, que pertenecía al sector del marketing y la publicidad, funcionaba muy bien y necesitaban refuerzos. Así que al año siguiente, en primavera, contrató a un nuevo empleado para ampliar la plantilla de su departamento, Manuel. Cuando Alicia se lo comentó a Sergio no tuvo más trascendencia, pero a medida que fue pasando el tiempo, Manu y ella desarrollaron una complicidad que muchas veces rozaba el coqueteo.

Alicia no estaba románticamente interesada en él, pero, como comentó en sesión, le parecía un chico «interesante, divertido y muy mono». Era costumbre de la plantilla comer juntos todos los jueves, y durante unas semanas la complicidad que había entre ellos fue la comidilla del departamento. Alicia se lo contaba a Sergio entre divertida, halagada y un poco traviesa, confiando en que pasaría lo mismo que con Álvaro, que serviría para reconectar. Sin embargo, esta vez no sucedió. Sergio mostraba el mismo interés que, y cito literalmente, «si le hubiera comentado los detalles de la campaña de pañales para adultos», y ella se sentía triste y frustrada ante el creciente desinterés de su pareja. Cuando en alguna ocasión se lo reprochó, él se defendía preguntándole si le estaba pidiendo una escenita de celos.

Al hablar con más calma de esto en las sesiones, Sergio dijo que entendió los coqueteos de Alicia como la prueba irrefutable de que ya no estaba interesada en él, pero que esa sensación no tenía que ver solo con su compañero, sino que ya la tenía de antes. Sin embargo, había optado por no comentar nada porque «todo nos iba bien».

En otra sesión dijo que el desinterés de Alicia había hecho que al final él también se desinteresara. Querría aclarar que el desgaste de su relación no fue ni tan sencillo ni tan simple: hubo situaciones familiares externas que influyeron en su distanciamiento, pero las dinámicas de usar los celos como acicate para despertar el interés de Sergio fueron la punta del iceberg, y me sirven para ilustrar que esa profecía puede cumplirse al revés y, lejos de provocar atracción, generar todavía más distanciamiento.

También me hubiera gustado decirte que la terapia terminó con un final feliz, pero lo cierto es que tuvo un feliz final. Todo lo feliz que un final consensuado y civilizado puede ser. Ambos llegaron a la conclusión de que se querían, pero no se amaban. Se dieron cuenta de que estaban bien juntos, pero no *revueltos*, y ambos echaban de menos *revolverse* con alguien, de modo que se dejaron marchar. No he vuelto a coincidir con Sergio, pero con Alicia sí, y según me contó la última vez, los dos habían vuelto a enamorarse y eran de esos ex que hablan bien del otro. Haberlos, haylos.

No te agobies si, ahora que hemos deconstruido todo lo mítico, las emociones que vives relacionadas con el amor te resultan menos intensas. Destruir estos mitos no te ha quitado la capacidad de amar, lo que ha hecho es poder amar saludablemente. Desde este momento podrás darle una vuelta a cómo te vinculas y por qué lo haces. Incluso vas a poder reflexionar sobre si alguien es el amor de tu vida o de tus días. Tampoco cuestionarás tu valía en función de si estás en una relación o no. Y después de estas páginas espero que sepas que el amor no son solo mariposas, sino vínculos que hay que cuidar y que florecen mucho mejor desde la calma que desde la angustia que sentimos ante la posibilidad de perder a la persona amada. Porque las mariposas son eso, incertidumbre y curiosidad. Eso sí, si ves que te duran más de dos años, consúltalo, porque igual es una úlcera.

3.2. ¿Cuántos caben en la cama?

¿De qué crees que hablo? ¿De cojines? Ríete, pero lo de los cojines sobre la cama es algo que se nos está yendo de las manos. Googlea «cama con cojines» y verás. Luego dicen que la gente cada vez *frunge* menos. ¡Normal, se pasan el día quitando y poniendo cojines! Siendo yo sexóloga y habiendo hablado ya de relaciones no monógamas, podría estar refiriéndome a seres humanos, ¿verdad? Para eso han inventado las estupendas camas *king size*, ¿o no? Lo malo es que solo caben en las habitaciones de algunos hoteles. Si las metemos en casa, tenemos que renunciar a tener armarios... o paredes. Sin embargo, aunque suene interesante y tentador, lo cierto es que tampoco estoy hablando de personas, sino de los infinitos mitos sobre sexualidad que nos llevamos a la cama cuando pretendemos hacer en ella algo que no sea dormir.

A la pregunta de cuántos caben te responderé que *demasiados*. Desde los típicos debates sobre si el tamaño importa hasta si es mejor el orgasmo vaginal o el clitoriano, pasando por si los preliminares son fundamentales o si las mujeres necesitamos menos sexo que los hombres. Estos y algún otro, sin haber sido invitados, se vienen con nosotros al mullido cuadrilátero como si fueran un miembro más de la pareja.

Empezando por el principio

Si has coincidido conmigo en alguna charla, taller, terapia o me has leído por ahí, es posible que hayas respondido ya a la pregunta que te voy a plantear a continuación. Si es así y tienes el ejercicio reciente, te dejo que te la saltes, si no, te animo a que cojas boli y papel y anotes todas las palabras que vengan a tu mente al pensar en *sexualidad*.

¿Ya? Estupendo. El objetivo del ejercicio es que tomes conciencia de con qué experiencias, conceptos y emociones relacionas la sexualidad, porque desde ellos, desde esas creencias, expectativas, prejuicios, sentimientos y demás ideas vives la tuya.

Seguramente muchas de las palabras que has anotado podrían ser catalogadas como positivas y otras, por desgracia, seguro que no tanto. Es posible, también, que al dejar vagar tus pensamientos hayas anotado conceptos que, a bote pronto, nunca hubieras relacionado con la sexualidad. Que no te sorprenda. Como verás en las próximas páginas, la sexualidad, lejos de ser algo que se vive solo en la cama, forma parte e influye en todas las áreas de nuestra vida porque es inherente al hecho de ser humanos.

Normalmente, lo primero que nos viene a la cabeza cuando pensamos en *sexualidad* es el *sexo* entendido como relaciones sexuales, por lo que suelo encontrarme muchos *coito*, *polvo*, *kiki* y similares. El siguiente *vagón* de este tren de pensamientos suele estar protagonizado por la *genitalia*, así que también somos muchos los que al reflexionar sobre la sexualidad pensamos en *vulva*, *pechos*, *pene*, *clítoris* y todos los sinónimos menos académicos y más populares que te puedas imaginar.

El siguiente grupo de palabras suele guardar relación con el género, la orientación sexual y el sexo entendido desde su perspectiva más biológica. De esta forma, me he topado con etiquetas generales, como *identidad sexual*, o más concretas, como *heterosexualidad*, *homosexualidad*, *transexualidad*, etc.

También es muy frecuente que las personas relacionemos la sexualidad con la esfera de la pareja. De hecho, aquí estamos, hablando de ella en un libro sobre relaciones amorosas, ¿no? Así que hay quien anota en su lista términos tan interesantes como *comunicación* y *compartir*, o tan tradicionalmente asociados a ella como *matrimonio* o *reproducción*.

Por supuesto, y por desgracia, no podían faltar todas aquellas más negativas como *culpa*, *vergüenza*, *pecado*, *perversión*, *vicio*, *miedo*, *frustración*, *dolor*, *presión* o *fingir*. La responsabilidad la tiene nuestra nula o mala educación sexual, y tanto hombres como mujeres somos víctimas de esa ausencia. Y lo somos independientemente de nuestra edad, porque, aunque pensamos que las personas más jóvenes gozan de una mayor y mejor educación sexual (y es cierto), en muchos aspectos sigue siendo insuficiente ya que están expuestas a un mayor catálogo de estímulos sexuales que, sin la formación adecuada, causarán el mismo daño que la ignorancia. Tengo en mente, y quizás coincidas conmigo, a todos los niños y niñas que con menos de diez años ya tienen un móvil con acceso a internet. Y todos sabemos lo fácil que es encontrar porno cuando estás buscando... lo que sea que estés buscando.

La herencia judeocristiana, que incluso los más ateos padecemos, puede hacernos sentir culpa o vergüenza ante algunos de nuestros más lúbricos deseos y placeres, pues nos ha transmitido, de una u otra manera, que son inadecuados o perversos. Gracias a la lucha incansable del feminismo y del colectivo LGBTIQ+, muchas de estas creencias van cayendo (aunque no extinguiéndose completamente).

Por ejemplo, todos sabemos que las orientaciones sexuales distintas de la heterosexualidad no son ni pecado ni enfermedad o que disfrutar de nuestro cuerpo no es malo. Sin embargo, todavía somos capaces de sentirnos viciosos si nos masturbamos con cierta frecuencia, si lo hacemos viendo porno o si empleamos juguetería para dicho fin. ¡Y mucho más si, además, tenemos pareja! Luego me encargaré de desmontar esa idea.

Por si fuera poco, además de sentirnos mal por hacer,

también han conseguido que nos sintamos mal por *no* hacer. Y es que ya lo decía mi profesora de Literatura del cole, Isabela: «El ser humano evoluciona como un péndulo, moviéndose de un extremo al otro». Ella empleaba esta metáfora para explicarnos el paso del Renacimiento al Barroco, yo la tomo prestada para ilustrar que hemos pasado del «¡Uy! ¿Por qué haces eso?» al «¡Uy! ¿Cómo es que no lo haces?».

Otro combo *interesante* que trabajamos en consulta es el de las expectativas. Intentamos cumplir con unos estereotipos tan artificiales que, al no cumplirse, dejan a su paso miedo, dolor, frustración y fingimiento. Esto tiene tanto que ver con los roles de género como con la ficción pornográfica, porque, nos guste o no, aunque no educan, sí *enseñan*.

Mientras vosotros habéis vivido bajo el yugo del mito del macho ibérico (ahora os llaman *empotradores*), nosotras hemos pasado de ser *objetos deseados* a *sujetos deseados*, pero lo de ser *sujetos deseante*s no se nos está dando tan bien. Todavía hay quien cree que la libido debe estar románticamente justificada.

Así que, efectivamente, es posible que haya frustración masculina si penetrando la eyaculación no *tarda*, al menos, cuarenta y cinco minutos en llegar (¡con menos tiempo de fricción el ser humano produjo fuego!) y culpa femenina si una mujer se lubrica como un grifo averiado porque el monitor de pilates te pone cachonda. Sin embargo, lo cierto es que no hay un tiempo preestablecido para orgasmar, y puedes estar felizmente emparejada y que la simpatía y la musculatura del profe te excite. No es malo, ni *eres* mala. Eres humana.

No me gustaría cerrar este asunto dejándote con este mal cuerpo, así que te voy a compartir otras respuestas, mucho más interesantes, divertidas y apropiadas para la vivencia de nuestra sexualidad: erotismo, sensualidad, complicidad, caricias, orgasmo, deseo, placer, autoestima, bienestar, salud y derechos.

Maravillosas, ¿no? Si alguna de ellas te gusta especialmente, te dejo que la incorpores a tu lista. Aprovecha ahora, mientras encuentro la definición que la Organización Mundial de la Salud elaboró en 2006 sobre el concepto de sexualidad. La comparto siempre que tengo ocasión porque me parece muy completa y liberadora, dado que naturaliza un montón de emociones y comportamientos que suelen ser tachados de raros, inadecuados o patológicos.[33]

> Es un aspecto central del ser humano, presente a lo largo de su vida. Abarca al sexo, las identidades y los papeles de género, el erotismo, el placer, la intimidad, la reproducción y la orientación sexual. Se vivencia y se expresa a través de pensamientos, fantasías, deseos, creencias, actitudes, valores, conductas, prácticas, papeles y relaciones interpersonales. La sexualidad puede incluir todas estas dimensiones, no obstante, no todas ellas se vivencian o se expresan siempre. La sexualidad está influida por la interacción de factores biológicos, psicológicos, sociales, económicos, políticos, culturales, éticos, legales, históricos, religiosos y espirituales. (OMS, 2006)[34]

Ahora que tú también la conoces, no puedo perder la ocasión de comentarla, porque con cada frase traslada ideas importantísimas para que podamos vivir nuestra sexualidad plena y libremente.

Por ejemplo, en la primera frase le da a la sexualidad el lugar y el tiempo que le corresponden en nuestras vidas. Nos dice que es un «aspecto central» y todo lo que es central es importante, ¿no? Salvo los centros de mesa, que no entiendo por qué se siguen colocando y siempre molestan.

Si es central significa que no es algo banal, ni secundario, ni prescindible.

También puntualizan que está presente a lo largo de la vida, es decir, desde el primer minuto hasta el último. Tendemos a reducir la sexualidad a las relaciones sexuales (y hasta hace no mucho a la reproducción), y por eso pensamos que solo se tiene durante el periodo fértil de nuestra vida, es decir, desde la adolescencia hasta las *pausias*, la menopausia y la *pitopausia*.

La definición continúa enumerando todas las esferas humanas que abarca. Como te decía, tendemos a reducir la sexualidad al sexo y este a la penetración. Por eso cuando hablamos de educación sexual algunas personas se llevan las manos a la cabeza, porque creen, dado este reduccionismo, que se va a hablar a los niños de todas las posturas que recoge el *Kamasutra*. Y no. La educación sexual no va de *follología*, sino que busca dar toda la información y herramientas necesarias, adaptadas en función de la edad y el desarrollo madurativo de los receptores, para que podamos respetar y disfrutar de la diversidad sexual humana y nunca más aparezcan en ejercicios como el que te he propuesto antes emociones negativas que la menoscaben.

En la tercera frase explica que la sexualidad la vivimos y la expresamos a través de todo lo que, como seres humanos, somos capaces de hacer. Una vez más, como ves, no se reduce a la cama y a la compañía, aunque también estén presentes.

Además, aclara que las dimensiones comentadas en la frase anterior no tienen por qué vivirse o manifestarse siempre, lo que nos hace darnos cuenta de que las personas que no practican sexo no dejan de ser sexuales, sexuados y tener sexualidad, como puede ser el caso de quienes hacen voto de castidad o los niños.

Por último, enumera todos los factores que influyen

tanto en la construcción como en la vivencia y expresión de nuestra sexualidad. Aunque nos gusta creernos absolutamente libres a la hora de decidir cómo queremos vivir cada aspecto de nuestra vida, lo cierto es que las coordenadas espacio-temporales y las herencias culturales y legales, así como nuestra propia biografía, influyen en cómo vamos viviendo nuestra sexualidad. Y digo *ir viviendo* porque no es estática, va cambiando a lo largo de nuestra vida influida por todos esos factores.

Otra maravillosa conclusión que extraemos de esta definición es que no existe un único modo de vivirla; por eso quiero que te quedes con la idea de que hay tantas sexualidades como personas, y la nuestra, siempre que sea respetuosa y tolerante, será respetable y (debería ser) respetada.

Tener la convicción de que solo unas pocas formas de vivir la sexualidad, de mantener relaciones y expresar nuestros afectos son correctas puede hacernos creer que la de nuestra pareja o la propia no son *normales*, cuando solo son, sencillamente, diferentes. Y del mismo modo que nos vamos acomodando, por ejemplo, para coordinar nuestros gustos culinarios, podemos (y debemos) hacer lo mismo para disfrutarnos en los asuntos eróticos.

Si estás lívido no habrá libido, y otros jaleos del deseo

Antes de continuar, me veo obligada a hacer un pequeño paréntesis sobre cómo se escribe y pronuncia el término que solemos emplear para hablar de deseo sexual. Se escribe *libido*, con b y sin tilde porque se trata de una palabra llana.

Muchas veces, queriendo hablar de las ganas de disfrutar del sexo, escucho y leo *lívido*, pero esta palabra significa otra cosa —además bastante incompatible con la capacidad para sentir deseo sexual—. Según la RAE, hace refe-

Hay tantas sexualidades como personas, y la nuestra, siempre que sea respetuosa y tolerante, será respetable y (debería ser) respetada.

rencia a estar «amoratado» o «intensamente pálido», condiciones que suele experimentar nuestro cuerpo cuando tenemos mucho frío, estamos enfermos, nos hemos dado un golpe o llevamos la correa del reloj demasiado prieta. Vamos, nada que tenga que ver con las ganas de alcanzar el clímax. ¡Ah! Y *líbido*, sencillamente, no existe. Cierro paréntesis.

Aunque del deseo traté en el segundo capítulo, aún debo contarte cuáles son los mitos que a veces hacen tan difícil alimentarlo.

Normalmente solicita una sesión individual el que menos libido tiene y suele emplear expresiones como «ya no tengo ganas» o «no me viene». Al pensar en este tipo de casos solía preguntarme: ¿de dónde espera que vengan esas ganas? Sin embargo, me di cuenta de que era mucho más útil preguntarnos por qué creemos que *tienen que venir*. Y es porque tenemos la creencia de que la sexualidad y el sexo son principal, o incluso exclusivamente, instintivos, y por eso esperamos que funcionen como lo hacen el resto de los instintos.

Según la RAE, *instinto* es el «conjunto de pautas de reacción que, en los animales, contribuyen a la conservación de la vida del individuo y de la especie». Y, de hecho, pone como ejemplo el instinto reproductor. Pero esto no es una prueba de que las relaciones sexuales sean instintivas, y menos en el caso de los seres humanos, que la mayor parte de las veces las mantenemos con todas las intenciones excepto la de reproducirnos. De haber sido así las empresas de profilácticos hace años que estarían en quiebra y la píldora anticonceptiva no hubiera sido una de las culpables de la revolución sexual de los años setenta.

Volviendo al asunto del instinto, podríamos decir que instintivas son todas esas cosillas que los seres humanos y otros animales hacemos con el objetivo de seguir *vivitos y co-*

leando. Por eso la naturaleza, que es sabia, se ha encargado de que todo aquello que tengamos que hacer para no *morirnos* tenga una señal de alarma, no vaya a ser que estemos despistados y *game over*. Por ejemplo, cuando es necesario que comamos, bebamos o nos vayamos a dormir, sentimos hambre, sed y sueño. Esto nos recuerda que debemos ponernos las pilas por y para la integridad de nuestro organismo porque, de lo contrario, nos morimos.

Como resultado de este esquema de pensamiento y de la creencia de que toda conducta sexual es instintiva, esperamos que el deseo (como señal de aviso) aparezca como lo hacen la sed, el hambre o el sueño, pero, ¡oh, sorpresa!, no sucede. ¿Por qué? Por dos sencillos motivos: el primero, porque detrás de todas las conductas sexuales no hay una intención reproductiva, por lo que no funciona como un instinto en ese sentido. Y el segundo, porque no mantener relaciones sexuales no pone en peligro tu integridad física. Como suelo bromear, es cierto que puedes tener una vida menos interesante, divertida y placentera, pero lo que es morir, no te mueres.

La libido o el deseo sexual, como prefieras llamarlo, se sustenta, por supuesto, en bases biológicas, y, como te comenté al hablar del origen del deseo sexual, es el resultado de la evolución de la atracción sexual más primitiva, pero el de nuestros tiempos, que filogenéticamente dista mucho de aquel deseo primigenio, está influido por otra infinidad de factores. Así que no es necesario, ni recomendable, que te quedes esperando a que aparezca. De hecho, si vas a hacerlo mejor espera sentado, porque puede que tarde *demasiado*.

Otro de los mitos más extendidos que padece nuestro deseo es el de que lo podemos comprar en farmacias. En especial nosotras, que somos las que, según cuentan, menos libido tenemos. Y si no quieres tomar medicamentos,

¡no pasa nada!, siempre puedes ir a un herbolario a por un afrodisiaco que active tu lujuria.

Sin embargo, la libido no se puede comprar, ni en farmacias ni en herboristerías. En las primeras, porque la falta de deseo no es una enfermedad. Como ya has visto, es el resultado de la interacción de diversos factores individuales, relacionales y sociales. De modo que al no ser un trastorno ni una patología no es *curable* con ningún medicamento. Y en las segundas tampoco te van a poder ayudar porque no existe base científica para afirmar que tomar ginseng, maca o espárragos con leche (ni ningún otro afrodisiaco del que hayas oído hablar) mejore el rendimiento sexual o aumente el deseo. Y aunque puedas pensar que lo de los espárragos con leche me lo he inventado, lo he visto con mis ojitos en una web que ofrecía remedios caseros contra la (mal denominada) eyaculación precoz.

«Ya, Laura, pero la Viagra...» Lo de la pastillita azul es otra historia. ¿Sabías que su eréctil poder fue descubierto por casualidad? El citrato de sildenafilo, que es su principio activo, estaba siendo evaluado como medicamento para el tratamiento de las anginas de pecho. Querían comprobar cuán eficaz era relajando los vasos sanguíneos, pero los voluntarios que participaban en el estudio empezaron a comentar que sus erecciones eran más vigorosas. Efecto secundario del que, por supuesto, no se quejaban. Aquí, los que tomaban las decisiones vieron que habían dado con un filón para el tratamiento de la disfunción eréctil.

Funciona por su efecto vasodilatador, que permite que los cuerpos cavernosos del pene se inunden de sangre cuando el propietario del falo está sexualmente excitado. Y estas dos últimas palabras son muy importantes. La Viagra y demás medicamentos del estilo no aumentan el deseo sexual, sino que facilitan la respuesta de excitación sexual a nivel genital. Es decir, estos medicamentos no hacen que tengas más ganas, sino que cuando las tienes, y solo si padeces algún problema cardiovascular que afecte a tus erecciones, la pastillita azul permite que estas sean más vigorosas.

Puede que conozcas o te hayan comentado el caso de un hombre que no tenía ganas de mantener relaciones con su pareja; y habrás oído que tras tomar Viagra todo volvió a su cauce. Y no te lo discuto porque he torturado a más de uno, pero de esa historia solo te han contado la introducción y el desenlace, saltándose el nudo. Cuando hay problemas de índole sexual, como dificultades erectivas, lo comprensible es que los encuentros no sean del todo satisfactorios y que por eso el deseo disminuya. Si esas dificultades erectivas tenían que ver con problemas cardiovasculares, la Viagra habrá ayudado a resolver el problema y se habrá recuperado el deseo. Si, por el contrario, esos problemas de erección tienen que ver con, por ejemplo, una mala relación de pareja, con el temor a un embarazo o a que te hayas enamorado de otra persona y ya no desees a tu *partenaire*, este medicamento no podrá hacer nada por ti porque no tendrás ganas, con lo cual la pastillita azul no podrá ayudarte a excitarte.

Esto último es lo que le pasaba a Víctor, de treinta y ocho años. Tenía dificultades erectivas aderezadas con falta de deseo desde hacía dos y llamó a mi puerta derivado por su médico de atención primaria. En cuanto a la parte médica se refería, ya habían hecho las revisiones y los análisis pertinentes y todo era normal. Ni rastro de problemas cardiovasculares ni genitourinarios que explicasen las dificultades erectivas que padecía.

Desde hacía un par de años, cuando tuvo el primer *gatillazo de verdad*, las cosas habían ido de mal en peor. Él no recordaba cuándo fue, pero su pareja, que acudió a varias sesiones, sí. Según Sara, el primer gatillazo «del que no pudo recuperarse» fue la noche que estaban celebrando su décimo aniversario. Después de la cena, en la que se dieron un homenaje a base de marisco, quisieron celebrarlo también *en carne*. Todo iba bastante bien hasta que, llegados al coito, este fue *interruptus* por una pérdida de erección. ¿El motivo? Lo desconocemos. ¿El cansancio? ¿El consumo de alcohol? ¿Haber cenado mucho? ¿Que, por estadística, ya tocaba al menos uno en la década que llevaban casados? No lo sabemos y no nos importa, porque lo verdaderamente importante es que la reacción de ambos fue lo que hizo que algo anecdótico se convirtiera en un problema de ansiedad anticipatoria y derivase en una falta de deseo sexual por parte de él. Te resumiré la reacción en una palabra: drama.

En estos dos años, y agobiadísimo por cómo les estaba afectando la situación, Víctor tomó Viagra en dos ocasiones. La primera sin que Sara supiera nada del asunto. Tomarla le dio muchísima seguridad y todo salió como él deseaba, con erección duradera y vigorosa incluida. Como eran una pareja con una buena comunicación (aunque a veces poco resolutiva, como cuando intentaban hablar de las dificultades erectivas), Víctor acabó contándole que aquel día había tomado la famosa pastillita, que le había facilitado su amigo Salva. Lejos de alegrarse, Sara se molestó porque interpretó que las cosas habían ido tan bien, no porque a su marido ella le resultara atractiva (que era el drama que los consumía), sino gracias al medicamento. Como mi paciente tenía espíritu científico, quiso comprobarlo y, otro día, sin que ella lo supiera, volvió a mantener relaciones con su mujer habiendo tomado Viagra. ¿Cuál crees que fue el resultado? En contra de lo que él esperaba, en esa ocasión volvió a tener dificultades erectivas. Víctor no entendía por qué, si la otra vez sí, en esta ocasión el citrato de sildenafilo no había funcionado.

Lo cierto es que esta vez no había funcionado porque tampoco lo había hecho la anterior. Lo que había logrado que su erección fuese satisfactoria para él la primera vez que la tomó no fue el medicamento, sino la *tranquilidad* que le dio haberlo tomado. Eso le permitió centrarse en disfrutar del encuentro, en todo aquello que le resultaba erótico y excitante, en lugar de preocuparse por su erección, como llevaba haciendo los dos últimos años.

La segunda vez que lo tomó no pudo concentrarse en pasárselo bien porque estaba más preocupado por comprobar su teoría que por que Sara no se diera cuenta de nada y por *vigilarse* que por disfrutar, por lo que su erección se quedó a media asta.

En resumen, los medicamentos para la disfunción eréctil son eficaces cuando el origen de la dificultad es cardiovascular. Si el motivo es psicológico o relacional habrá que abordarlo para que los problemas erectivos se resuelvan.

La apodada como *Viagra femenina* tampoco sirve para aumentar la libido. Puede que no hayas oído hablar de ella porque solo ha sido aprobada en Estados Unidos y necesitaron solicitarlo hasta en tres ocasiones a la FDA.[35] Su principio activo es la flibanserina, que no influye en el sistema cardiovascular como la *versión* masculina, sino en el sistema nervioso, porque se trata de un antidepresivo. No sé cómo funcionará como medicamento contra la depresión, pero como potenciador del deseo sexual femenino deja mucho que desear. Los resultados del estudio indicaron que las mujeres que lo tomaban a diario tenían entre 0,5 y 1 encuentro sexual satisfactorio más al mes en comparación con los que experimentaban las mujeres a quienes se les suministraba el placebo.

A ver, tomar un antidepresivo para tener entre medio y un encuentro sexual más al mes no me parece que esté justificado, ¿no? Más aún cuando ya sabemos que la falta de deseo no es una enfermedad y que es consecuencia de la interacción de muchos factores. Efectivamente, si padeces un cuadro depresivo, la libido será una de las primeras damnificadas, aunque dudo que sea la más importante. En ese caso, tomar un antidepresivo (junto con la psicoterapia) puede que te devuelva las ganas de *frungir*, pero no será por el medicamento, sino por haber superado la depresión.

Por su parte, los afrodisiacos, aunque sí tienen efectos en el organismo, no mejoran el rendimiento sexual ni estimulan la libido. Por ejemplo, el ginseng aumenta el flujo sanguíneo, las ostras contienen mucho zinc, que es necesario para la producción del esperma, y el cacao estimula la liberación de serotonina, pero de ahí a que su ingesta nos convierta en atletas eróticos o nos devuelva la pasión de los comienzos de una historia de amor... pues no.

Que haya personas que dicen que a ellas sí les funciona es culpa del conocido como efecto placebo y de los sesgos de confirmación y causalidad. El primero «es un efecto por el cual un producto o una acción inocuos, suministrados o recomendados como si fueran un medicamento efectivo, producen un resultado beneficioso. [...] Las personas que dicen haber notado el efecto lo hacen porque así lo esperan. A esto en Psicología se le llama sesgo de confirmación. Solemos fijarnos en la información que confirma nuestras hipótesis o nuestras expectativas. Y también existe el sesgo de causalidad, según el cual tendemos a establecer relaciones de causa-efecto en cosas que, simplemente, suceden a la vez. Como, por ejemplo, haber tomado ostras y pasar una noche apasionada. Seguramente aunque no las hubieras tomado, como dicen los estudios, la pasión hubiera sido la misma».[36]

Ahora que te he ayudado a ahorrar un montón de dinero en suplementos y medicamentos, veamos si te puedo ahorrar algún que otro dolor de cabeza respondiendo a la cuestión de cuánto deseo es demasiado o demasiado poco. Porque sí, los seres humanos nos hemos pasado los siglos fiscalizando el deseo, cuestionando *qué* deseamos o *cuánto* deseamos, fuera lo que fuese lo que deseáramos. Y consecuencia de ello son algunos de los mitos que más está costando erradicar, como la frigidez femenina y la disponibilidad sexual perenne del macho ibérico.

Por suerte *frigidez* es una palabra que está cayendo en desuso, pero no tanto la idea que traslada: que a las mujeres nos cuesta sentir deseo o excitación y/o que somos lentas para alcanzar el orgasmo porque como todo el mundo sabe «las mujeres no necesitamos el sexo tanto como los hombres». Aunque el número de casos de hombres con falta de deseo, por desgracia, cada vez es mayor, una libido baja casi siempre suele asociarse con nosotras. Tanto es así que incluso las campañas dirigidas a mejorar algunos aspectos de nuestra vida sexual perpetúan esta creencia. Por ejemplo, una conocida marca de profilácticos que también comercializa lubricantes desarrolló un dúo: uno con efecto calor y el otro con efecto frescor. Efectivamente, el efecto frescor es para vosotros, que vais todo el día más salidos que el pico de una plancha y parece que no es deseable que alcancéis el nirvana demasiado rápido. Y el efecto calor es para nosotras, que, según dicen, tenemos una libido que bien podría actuar de extra en la película *Frozen*.

¿Estás de acuerdo? Si la respuesta es que sí y, además, me lo dices porque lo has vivido, te respondería que habiendo tantas formas de vivir la sexualidad como personas no me atrevería a negar tu percepción. Sin embargo, te invitaría a reflexionar sobre qué elementos de la persona y/o de la relación podrían estar haciendo que esa realidad fuera como la experimentas. Porque lo cierto es que hombres y mujeres tenemos exactamente la misma capacidad para desear, excitarnos y sentir placer. Otra cosa es que, por factores individuales, socioculturales, educacionales e incluso fisiológicos no nos gusten, exciten y *placereen* las mismas cosas. Pero tampoco debería sorprendernos, ¿no? Porque tampoco nos gustan las mismas cosas a *todas* las mujeres (ni a *todos* los hombres).

Un problema añadido es que muchas mujeres desconocen lo que les gusta como consecuencia de una educación sexual restrictiva. Ese hecho dificulta su proceso de autoconocimiento, entorpeciendo su aprendizaje acerca de qué las excita y qué no, reduciendo mucho la posibilidad de poder compartirlo con sus parejas. En consecuencia, es probable que estén muy poco motivadas para las relaciones sexuales, porque no saben siquiera si se lo pasarán bien en la fiesta, o, peor, pueden estar convencidas de que la música que van a pinchar no les gusta, pero no saben (o no se atreven a pedir) la que sí.

Y como el ser humano es de extremos, en el otro punto del continuo tenemos la ninfomanía. Y es que, en el mundo de los mitos, la sexualidad femenina parece no tener término medio: o somos témpanos de hielo o ánimas insaciables. Según la RAE, *ninfómana* es «la mujer que padece ninfomanía», y *ninfomanía* es la «apetencia sexual insaciable en la mujer». ¿Quiere esto decir que los hombres siempre os quedáis saciados? ¡Para nada! El concepto que recoge la apetencia sexual insaciable en el hombre es *satiriasis*. Desde luego, suena mucho mejor ninfomanía, que tiene que ver con las ninfas y no con los sátiros, pero no les compro ninguno de los dos.

Lo que ya se crucificó en nombre de las creencias religiosas en la actualidad se patologiza desde la medicina. Por este motivo, los más relevantes manuales diagnósticos, el *Manual diagnóstico y estadístico de los trastornos mentales* (*DSM*) y la *Clasificación estadística internacional de enferme-*

dades y problemas relacionados con la salud (*CIE*), han intentado incluir la *hipersexualidad* como trastorno; sin embargo, se tropezaron con grandes problemas metodológicos a la hora de definir *cuánto* es mucho.[37] Tanto es así que el manual elaborado por la Asociación Americana de Psiquiatría, el *DSM*, no llegó a incluirlo. Por su parte, la Organización Mundial de la Salud sí incluyó en el CIE-10 lo que denominaron «Impulso sexual excesivo».

Probablemente hayas percibido que no son manuales que aprecie especialmente y es que, como te he comentado, lo de poner etiquetas me gusta lo justo. Creo que es contraproducente porque suele llevar a las personas a un estado de inmovilismo respecto de su malestar, dado que entienden que tienen una enfermedad o trastorno de difícil solución o, peor aún, que *son* así.

Volviendo al deseo y la excitación *excesivos*, ¿cómo podemos decir cuánto es demasiado o demasiado poco? Lo cierto es que no podemos. No podemos decir si masturbarse o mantener relaciones a diario es demasiado o si hacerlo una vez al mes es demasiado poco porque, una vez más, depende. Depende de cada persona y de cada relación. Bromeando suelo decir que si cumples con tus obligaciones y necesidades biológicas y sociales básicas para sobrevivir, todo lo demás bien puede ser *frungir*.

Por supuesto, cómo vivamos el deseo (y su ausencia) puede ser un problema, pero lo será en función de tus circunstancias. Por ejemplo, un deseo sexual juguetón solo será un problema si tienes unas creencias que te sugieren que no es adecuado satisfacer ese deseo. También puede serlo si en ese deseo, además de la masturbación, está el anhelo de mantener relaciones con tu pareja, pero esta no desea igual o del mismo modo que tú. Esa asimetría puede traer dificultades a la relación. Pero tu deseo, por sí mismo, no es ni mucho ni poco, ni malo ni bueno, sencillamente *es*. De hecho, si tu pareja tuviera un deseo más simétrico al tuyo no habría problema ninguno, ¿verdad? Es decir, lo que hace que sea más o menos *adecuado* son tus circunstancias.

Antes de dar por finalizado este apartado, un último apunte sobre el deseo y los polvos de reconciliación. Imagino que estaremos de acuerdo en que una discusión puede ser una oportunidad para aclarar o llegar a acuerdos sobre puntos en los que podemos diferir con nuestra pareja. Si esa discusión, aunque sea algo acalorada, da pie a cierto nivel de entendimiento, esto es, que se llega a acuerdos o se acepta la disparidad de opiniones y se puede convivir con ella, es totalmente posible que el deseo sexual aflore.

En este caso, el encuentro sexual serviría como broche de oro tras la resolución de un conflicto y, además, permitiría recuperar la cercanía o la sensación de intimidad que muchas veces se ve dañada en los conflictos. Este, estadísticamente hablando, suele ser el punto ideal para nosotras. Por supuesto, esto no quiere decir que todas las mujeres funcionen así y que ningún hombre lo viva de este modo, pero lo que normalmente nos encontramos en consulta es que nosotras no solemos desear sexualmente a nuestra pareja después de una bronca. Para nosotras, la cama no funciona como una mesa de negociaciones, sino más bien como el banquete de celebraciones.

Sin embargo, muchas personas se manejan mejor en la expresión corporal (más que verbal) de sus afectos; por este motivo, pueden buscar la reconexión con su pareja mediante la caricia, el abrazo, el beso o un encuentro sexual después de una discusión. Este modo de funcionar me lo suelo encontrar más en hombres que en mujeres, con lo que en parejas heterosexuales podríamos decir que puede darse la tormenta perfecta para no solo no resolver el conflicto, sino, además, aumentarlo. Esto suele tener que ver con cómo gestiona el acercamiento y las muestras de afecto cada miembro de la pareja. No es raro trabajar con parejas heterosexuales en las que ellas no quieren tener relaciones sexuales porque están enfadadas, dolidas o decepcionadas y ellos no quieren mostrarse afectuosos o cercanos porque se sienten rechazados y culpabilizados, lo que provoca que se enroquen en esas posturas, perpetuando una dinámica circular que no saben cómo romper.

He escrito «se sienten rechazados» (y no «se sienten sexualmente frustrados») porque su malestar no tiene tanto que ver con la falta de placer sexual como con sentirse rechazados por las personas que quieren. Sin embargo, como tenemos la creencia de que los hombres solo quieren *refrotarse*, pensamos que cuando se enfadan ante nuestra negativa se debe a que se han quedado sin *jugar*, pero lo que en realidad les duele es que el otro *participante* no suela querer jugar con ellos.

He trabajado con muchas parejas atascadas en esta dinámica, pero recuerdo el caso particular de Emma y Hugo. Inicialmente contactaron conmigo por un problema de su hijo mayor, pero una vez que se revolvió, sabedores de que además de psicóloga era terapeuta de pareja, decidieron confiar en mí para intentar poner remedio al distanciamiento que reinaba entre ellos desde hacía unos años. Eran padres de tres hijos, los dos últimos mellizos. Llevaban juntos desde los dieciséis años y cuando solicitaron terapia rondaban los cincuenta. Es decir, habían vivido y compartido muchísimas experiencias. Muchas las habían superado con éxito, como un cáncer de mama de Emma o el *bullying* padecido por su hijo mayor. Como dice el refrán, «lo que no mata engorda», y eso nos podría hacer pensar que todas estas dificultades no habían hecho más que fortalecer su relación y hacerles sentirse más unidos. Sin embargo, ambos coincidían en que hacía mucho tiempo que eran como «dos compañeros de piso». Emma hacía años que notaba a Hugo amargado y distante, y este hacía años que sentía que su mujer seguía con él por sus hijos. Emma pensaba que su enfado se debía a que ella no quería mantener relaciones sexuales. Hugo, que ella no quería mantener relaciones porque ya no lo amaba.

En todas las terapias de pareja suele haber alguna sesión individual con cada miembro, pero en este caso fueron necesarias varias, dado que ninguno de los dos deseaba que llegara el momento de abordar lo que sentían en presencia del otro. Tantos años de *compañerismo*, de caminar en paralelo, pero sin darse la mano, habían ido minando la confianza y la intimidad.

Uno de los motivos tenía que ver con que no sabían resolver sus conflictos. Antes de continuar, aprovecho para recordar que *resolver* no significa, necesariamente, ceder, convencer o coincidir en algo. Pactar, hacerles hueco a las diferencias en las relaciones también vale. Cuando Hugo creía que no iban a llegar a ningún acuerdo, se iba, literalmente, de la habitación, dejando a Emma con la palabra en la boca. Al principio, ella iba detrás, pero al comprobar que eso solo aumentaba el enfrentamiento, llegó el día en el que dejó de hacerlo. Cuando los ánimos se templaban, la comunicación volvía a fluir, pero solo la necesaria para la logística del hogar. Casi todo lo que había supuesto conflicto, si se podía, no se volvía a abordar.

Así llevaban varios años. No se hablaba de que no se tocaban, de que ya no hacían nada juntos a solas, de que no celebraban nada que no tuviera que ver con sus hijos, etc. Aunque dormían juntos, ni se rozaban. Aunque hablaban, solo lo hacían sobre lo concerniente al hogar y los hijos. Algunas noches, y en ocasiones especiales, Hugo buscaba el contacto físico, las caricias, el sexo. Emma lo rechazaba:

«¿Cómo puede buscarme si hemos discutido? ¿Cómo puede querer sexo si hace días que no me dirige la palabra? ¿Es que solo me quiere para esto?». Hugo no lo entendía y se molestaba: «¿Cómo vamos a hacer las paces si ni me deja tocarla? ¿Cómo vamos a arreglar los problemas si me rechaza? ¿Ya no me quiere?».

A medida que encontraban las palabras para expresar lo que sentían y cómo percibían al otro, fueron perdiendo el temor a lo que pudiera pasar en las sesiones conjuntas. Lejos de lo que esperaban, ninguna acabó como el rosario de la aurora. Cuando conocieron las interpretaciones que el otro daba sobre la conducta propia se sorprendieron de lo equivocados que estaban. Por fin pudieron comunicarse para no tener que seguir interpretándose.

En definitiva, puede que el sexo de reconciliación funcione bien para algunas personas, aunque me atrevería a decir que a quienes realmente les funciona es a los personajes de las películas románticas.

Por si acaso, ten presente dos cosas. Una, que las mujeres no solemos entender la cama como un punto de encuentro neutral para las negociaciones. Y la otra, que cuando los hombres desean mantener relaciones, aunque no se haya dado por zanjado un problema, probablemente buscan conservar o recuperar la integridad del vínculo a través de la intimidad sexual. Teniendo esto en cuenta, quizás la próxima vez no os toméis tan mal ninguna de las dos estrategias de afrontamiento.

Preliminares, tamaños y otras cosas del meter

Los preliminares ¿te suenan? Seguro que sí. Son ya varias las décadas en las que nos insisten en lo importantísimos que son. Incluso me he tropezado con algún artículo de prensa en el que se explica que no somos, ni mucho menos, los primeros en practicarlos. Hace menos de una década se encontraron en Colorado (Estados Unidos) varios *rasponazos* en unas rocas que tienen más de 100 millones de años, lo que, según los paleontólogos responsables de la excavación, sugiere que los dinosaurios ya tenían conductas de apareamiento similares a las de las aves modernas.[38] ¿O acaso creías que el cortejo era algo nuevo?

Pero ¿qué son exactamente los preliminares? Cuando pregunto acerca de este asunto a familiares y pacientes, encuentro respuestas de todo tipo. Hay quienes entienden como preliminares una invitación a cenar, y para otros es todo lo que va desde el primer beso hasta el sexo oral. Existe una gran variedad de conductas que podríamos considerar preliminares. En lo que sí coinciden todos es en cuándo se pueden dar por finalizados: cuando empieza la penetración.

Y es que eso son, precisamente, los preliminares. Como un texto entre paréntesis, los teloneros de un concierto, los entremeses de un menú, el calentamiento antes del entreno, el prólogo de un libro, son todo lo que antecede al ¡coito!

Por supuesto que son importantes, ¿verdad? Pues lo cierto es que... no. Y con este no, no me refiero a todas esas conductas a las que podemos colgarles la etiqueta de preliminar, ya sean besos, caricias, felaciones, *cunnilingus*, masturbaciones mutuas, masturbaciones uno al lado del otro, juegos de roles, lo que sea... Todas pueden resultar apetecibles y están bien. El problema que tienen los preliminares, y lo que me lleva a criticarlos, no es el contenido, sino el *concepto*, es decir, lo que significan e implican.

Y lo que implican son dos engorrosas ideas erróneas. Una, la frigidez femenina, ya la hemos desmontado. Las mujeres no somos frígidas, puede que lo que nuestra pareja desee hacer no es lo que nos apetece, o no al menos en ese momento, pero eso no nos convierte en humanos con dificultades sexuales. Lo que pasa es que nos han contado que el sexo se reduce al coito, y claro, nuestro cuerpo necesita estar en unas determinadas condiciones de excitación y lubricación para que el coito sea placentero. Sin embargo, alcanzar esas condiciones no tiene por qué ser lento ni tedioso. Si ahora mismo me presentas a Henry Cavill caracterizado para su papel en *The Witcher*,[39] ya te digo que tardo entre cero y nada en estar libidinosa y excitada.

La otra idea negativa es el coitocentrismo. Es decir, la creencia de que el fin último de toda relación sexual es la penetración. Por eso se les empezó a dar tanto valor a los preliminares, porque a las mujeres hay que besarnos, abrazarnos, acariciarnos, lamernos, es decir, *prepararnos* para introducirnos el pene.

Desde luego el coito es esencial para una cosa: la reproducción. Todavía no conocemos ningún ser humano que se haya quedado embarazado a lametones o de pensamiento. Si uno de los objetivos del encuentro sexual es la fecundación, efectivamente, la penetración es absolutamente necesaria. Si, por el contrario, lo único que quieres es, como cantan los Hombre G, pasártelo bien, esta puede ser una de las prácticas que te produzcan placer, pero no la única.

Por eso me disgusta llamar *preliminar*, por ejemplo, al *cunnilingus*, porque es restarle importancia, es convertirlo en una actividad de segundo nivel, porque el sexo *de verdad*, el sexo *completo*, es el que tiene lugar cuando hay penetración. Y no lo digo yo, lo dijo Bill Clinton para defenderse de las acusaciones de infidelidad que vertieron sobre él cuando se le relacionó con Monica Lewinsky. Alegó que no hubo relaciones sexuales tal y como él las entendía.[40] Es decir, para él, una felación no es sexo, solo lo es la penetración.

No me entiendas mal, no desprecio la penetración, ya sea anal o vaginal, pero sí me gustaría que no la concibiéramos como la reina de las prácticas sexuales porque, por ejemplo, no es con la que más facilidad alcanzamos el orgasmo las personas que tenemos clítoris. Tampoco nos sirve de mucho a la hora de tomar conciencia de haber empezado a mantener relaciones sexuales porque, como el coito es la única que cuenta, solemos considerarnos *vírgenes* hasta que nos estrenamos. Siguiendo esta misma lógica, aunque hayas practicado cientos de felaciones o *cunnilingus*, si no ha habido coito, ¿seguirías siendo virgen?

Acabo de acordarme de Lorena. Padecía vaginismo primario, es decir, contracciones involuntarias del suelo pélvico que le habían impedido ser penetrada hasta la fecha. A pesar de no haber podido practicar el coito, estaba felizmente emparejada desde hacía años con Néstor y gozaban de una vida sexual satisfactoria. El problema lo tuvieron cuando, con treinta y dos años, no querían dejar pasar más tiempo para ser padres.

Así que, con la colaboración y complicidad de su pareja, nos pusimos manos a la obra. Lorena, que era una paciente muy aplicada, fue avanzando en el proceso muy rápidamente y cuando, al cabo de unos meses, volvimos a vernos para una última sesión de revisión, me confesó que estaba bastante decepcionada con la penetración. Me dijo que ella esperaba experimentar más placer. A pesar de que le sugerí que no idealizara el coito, ella tenía la secreta esperanza de que aún le quedaba una última experiencia por vivir que la llevaría a rozar el nirvana. Esto es lo que nos hace el coitocentrismo, generar unas expectativas tales acerca de la penetración que cuando la experimentamos, pero no disfrutamos de las mieles prometidas, podemos decepcionarnos o llegar a pensar que algo malo pasa, a nosotros o a nuestra pareja.

Por supuesto, el coitocentrismo no es perjudicial solo para la vida sexual de las mujeres, también os hace un flaco favor a los hombres, ya que la responsabilidad de la ejecución y satisfacción de las relaciones sexuales de todos los participantes recaería ya no en vosotros, sino en vuestro falo. ¿Cómo no vamos a tener las consultas llenas de problemas de erección, eyaculación y deseo si todo recae sobre el mismo *miembro* de la pareja?

Y ya que estamos con el tema del meter, no me quiero despedir sin abordar el famoso mito que hace referencia a si el tamaño importa o no. Mira, no te voy a tener en vilo: el del clítoris, sí, el del pene, no. Puede que no fuera esta la respuesta que esperabas, pero todos los centímetros que durante décadas se le han exigido innecesariamente al pene son los que se le han restado injustamente al clítoris.

Es posible que ya te hayas topado con algún dibujo del clítoris. Tienen tendencia a colorearlo en diferentes tonos de rosa y bien podría pasar por un pokemon. Cuando pregunto a los asistentes a una charla o a alguno de mis pacientes por los centímetros que creen que mide un clítoris, algunos me miran con cierta extrañeza y otros me sonríen con cierta picardía. Es entonces cuando sé que estos segundos conocen realmente el aspecto de tan magnífico órgano.

No te quiero aburrir dándote detalles de la intermitente visibilidad que el clítoris ha padecido en los manuales de anatomía. Por eso únicamente te diré que, aunque probablemente se sabía de su existencia con anterioridad, no había constancia escrita hasta 1559, año en el que el profesor de cirugía de la Universidad de Padua, Mateo Colombo, publicó su obra *De re anatomica*. Lamentablemente para nuestro orgásmico órgano, fue el mentor de Colombo, Andrea Vesalius, quien *ganó la partida* en esa época, y este no consideró relevante incluirlo, puesto que no interviene directamente en el proceso reproductor. De hecho, la única función que se le conoce hasta la fecha es la de facilitar el orgasmo.

Desde aquel momento, y en los siguientes siglos, el clítoris fue apareciendo y desapareciendo del mapa en varias ocasiones hasta que, por fin, en 2006, la uróloga australiana Helen O'Connell publicó los resultados de los estudios que llevaba realizando desde 1998. Sus investigaciones se centraron en entender cómo funcionaba el clítoris y qué relación guardaba con sus órganos vecinos. Gracias a ella sabemos que tiene un tamaño medio de unos diez centímetros y que está compuesto de tejido eréctil, exactamente igual que su hermano mellizo, el pene. Por eso ambos se llenan de sangre y aumentan de tamaño cuando se excitan. Y para que veas que no te engaño, te lo presento.

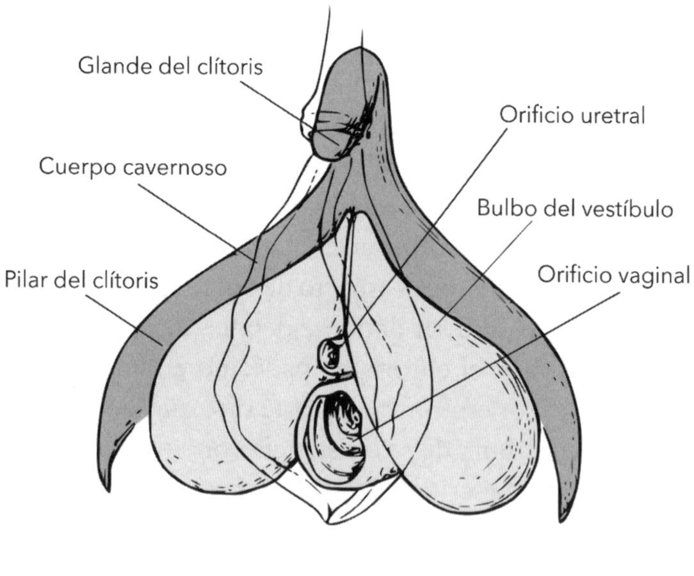

En esta imagen puedes observar, orientándote por las líneas discontinuas que indican los pliegues de los labios de la vulva, cómo lo que comúnmente se conoce como clítoris es, en realidad, el glande del clítoris. La puntita del iceberg, vamos. Y de la misma forma que le pasa a su homólogo, el glande es la zona más sensible a la estimulación.

Respecto al tamaño del pene, las razones por las que su envergadura no es relevante son varias. Si pensamos en el placer que siente quien lo tiene, la punta (el glande) es la zona más sensible, por lo que todos los centímetros que lo acompañan no guardan relación directa con el placer percibido, del mismo modo que tampoco guardan relación con el placer ofrecido porque, teniendo en cuenta que la vagina puede tener una media de entre diez y doce centímetros de profundidad, no se requiere los veintitantos que sueñan algunos.

Respecto de su grosor, tampoco es necesario buscar los estándares de las morcillas burgalesas, ya que los músculos que rodean la vagina, como el pubocoxígeo y los demás que conforman el conocido como suelo pélvico, son capaces de contraerse o relajarse para adaptarse al tamaño y forma de lo que sea que esté entrando o saliendo por el canal vaginal. Si lo que buscamos es el orgasmo ya sabemos que la zona más proclive a generarlo está *fuera*, por lo que no es necesario alcanzar grandes cotas de profundidad en la penetración. Por último, el canal vaginal solo es sensible en su primer tercio, de modo que, como suelo bromear, todo lo demás es pasillo.

Por otro lado, si estamos pensando en penetrar analmente, la realidad es que ni el ano ni el recto gozan de la misma elasticidad y capacidad de lubricación que la vagina, por lo que unas magnitudes sobredimensionadas tampoco son necesarias ni, probablemente, bienvenidas. No olvides el uso de lubricantes a la hora de llevarlo a la práctica.

Y todavía te voy a dar una razón más por la cual el tamaño del pene no es importante: porque la penetración no es la única ni la más relevante de todas las cosas que puedes hacer para pasártelo bien.

Orgas-timos

Si tenemos mitos y timos desde *el principio* de la ecuación amatoria, cómo no los íbamos a tener también en *el final*. Sobre el orgasmo se ha dicho de todo: que si las mujeres somos demasiado lentas para alcanzarlo, que si los hombres pueden ser demasiado rápidos, que si existen diferentes tipos de orgasmo, etc.

Incluso el ilustre Gregorio Marañón, a quien se le atribuye la frase «No hay mujer frígida, sino hombre inexperto», estaba equivocado. Probablemente su intención era romper una lanza en favor de la sexualidad femenina y desmontar el mito de la frigidez, pero se equivocó de *herramienta*. Las mujeres no necesitamos hombres expertos que nos *den* orgasmos, ni tampoco mujeres. Los hombres tampoco necesitan de otras personas para ese menester porque los orgasmos no se dan. Como espero que concluyas tras leer las próximas líneas, los orgasmos se tienen, y si te apetece, los compartes, pero cada uno es responsable de su propio placer.

Cuando hablo de responsabilidad me refiero a que es cometido de cada uno de nosotros descubrir qué nos da placer. Qué, cómo, dónde, cuándo y cuánto algo nos gusta o no. El autoconocimiento es un ingrediente esencial en la receta del placer en general y del orgasmo en particular. Y es que a orgasmar se aprende, un hecho que no es muy conocido y, quizás, sea poco intuitivo, dado que tenemos la idea de que la sexualidad nos viene dada. Algunas personas hemos tenido la fortuna de descubrirlo, sin querer, en la más tierna infancia. Otras en la adolescencia, cuando los picos hormonales y los cambios corporales nos llevan a experimentar sensaciones hasta la fecha desconocidas. Otras aprenden cuando son adultas, y a veces necesitan de ayuda profesional (teórica) para hacerlo.

Aunque pueda dar pudor, nada de esto es algo negativo. No todos los comportamientos que consideramos *naturales* se dan o se aprenden por arte de magia. Hay quienes necesitan monitores deportivos o nutricionistas que los eduquen en esos temas y no nos llevamos las manos a la cabeza, ¿no?

Como te decía, a tener orgasmos se aprende y, muchas veces, lo hacemos en muy malas escuelas. Principalmente dos: las películas románticas y el porno. ¿Qué tienen en común? Que ambas son ficción y no podemos apoyarnos en ellas como reflejo de la realidad. ¿En qué se diferencian? Obviamente en el presupuesto destinado a vestuario.

Bromas aparte, la realidad es que no tenemos ocasiones de aprender visualmente cómo puede ser un encuentro sexual con orgasmo incluido. Por eso, ante este *vacío educativo*, cualquier otra referencia que nos entre por los ojos nos sirve. ¿Que en una película romántica, sin apenas quitarse la ropa y con dos empujones, alcanzan el orgasmo simultáneo? ¡Vale! ¿Que en una porno se pasan diecisiete minutos haciendo una felación y treinta y tres penetrando y acaban cubriendo de semen a la protagonista como si de leche hidratante se tratara? ¡Venga!

Claro, luego vas tú, hombre o mujer, con estas expectativas y tu humana realidad a un encuentro erótico y te das cuenta de que algo no cuadra. Y da igual que seas quien pretende durar más de media hora penetrando o quien pretende orgasmar siendo penetrada tantísimo tiempo. El resultado es el mismo: todos frustrados.

Amelia fue una paciente que se encontraba en esa situación. En su caso se sumaban más factores que dificultaban el proceso, y es que, como no conseguía el laureado orgasmo vaginal, al principio pensó que el problema era del pene en cuestión. Así que, como si de una cenicienta sexual se tratara, fue probando con diferentes chicos. Y nada, por más que lo intentaba, el orgasmo vaginal no tenía lugar. De hecho, cuando me pidió cita ya venía diagnosticada de casa. «Laura, una amiga paciente tuya me ha recomendado que venga. Pero ya sé lo que me pasa, soy anorgásmica.» Nos costó algunas sesiones que se quitara la etiqueta de encima. O al menos, que la afinara un poco más. No era anorgásmica. De hecho, tenía orgasmos con relativa facilidad cuando se masturbaba, cuando era masturbada y cuando recibía sexo oral. También había rozado el orgasmo cuando, siendo penetrada en la *postura del perrito*,[41] su pareja había estimulado el glande del clítoris al mismo tiempo. Sin embargo, no estaba muy satisfecha con esto porque, a su parecer, era *hacer trampa*.

Mi hacendosa paciente estaba convencida de que tenía un problema con el orgasmo vaginal. Que algo no funcionaba bien dentro de su vagina y que por eso no lo experimentaba. Después de algunas pinceladas sexo-educativas, Amelia pudo entender que a su vagina no le pasaba nada, que simplemente se estaba rascando donde no le picaba y que por eso no experimentaba el placer que sentía cuando sí lo hacía. «Entonces, ¿no existen dos tipos de orgasmo, Laura?» No, lo cierto es que orgasmo no hay más que uno. Otra cosa es que quieras ponerle un apellido en función de la zona que estimules o de la postura que adoptes o, incluso, de las circunstancias en las que te encuentres. De ser así, podríamos hablar de orgasmos pezonales, si los tienes al acariciar los pezones hasta el clímax, o de orgasmos oníricos si los tienes mientras duermes. Siguiendo esta lógica, no habría dos tipos de orgasmo, habría decenas.

Por obra y gracia de la evolución tenemos dos maravillosos órganos que facilitan esta maravillosa experiencia sin mucho esfuerzo: el clítoris y el pene, y más concretamente, sus glandes. De modo que, para qué vas a querer comer la sopa con tenedor ¡si ya tienes una cuchara!

Si la última publicación femenina de moda dice que hay ocho tipos de orgasmo (sí, lo he leído), al cabo de unos meses los sexólogos tendremos más pacientes frustradas porque *solo* experimentan tres. O peor, podemos tener a sus parejas también sentados en consulta porque no consiguen dar a sus *partenaires* esos ocho orgasmos prometidos.

Así que no, no te preocupes. La experiencia orgásmica es una y existen diferentes formas de alcanzarla, aunque no todas las personas somos capaces de experimentarlas todas y no pasa nada. Es algo así como las cosquillas, casi todos tenemos, pero no tenemos que coincidir en la zona ni en la intensidad de la estimulación para sentirlas.

La primera persona que habló de los dos tipos de orgasmos fue Freud, quien, como Marañón, era hijo de su época, y llegó a la desacertada conclusión de que los orgasmos que se experimentaban a través de la estimulación directa del clítoris eran propios de un desarrollo psicosexual inmaduro, mientras que los obtenidos con la penetración eran los adecuados y saludables. Imagino que, en su época, que una mujer se procurase sus propios orgasmos sin necesidad de que mediara ningún pene sería considerado entre anormal e inadecuado. Por suerte, estamos en otros tiempos.

Si todos hubieran hecho lo que hizo la sexóloga Shere Hite, otro gallo nos hubiera cantado, o al menos, lo hubiera hecho antes. Quizás te suene el título de uno de los libros que publicó: *El informe Hite*. Su necesaria aportación a la sexualidad y a la sexología empezó a gestarse en los años setenta. Consideró que la sexualidad femenina resultaba misteriosa e insondable porque eran otros los que hablaban sobre ella. Por eso decidió preguntar directamente a las mujeres. Durante cuatro años hizo llegar a las mujeres de Estados Unidos, a través de organizaciones feministas y anuncios en revistas y periódicos, los cuestionarios en los que se basó para recopilar los datos de su primer informe.

Eran un total de 231 preguntas muy concretas sobre sus relaciones afectivas y sexuales, la masturbación y el orgasmo. De todos los cuestionarios enviados, recibió las respuestas de 3.019 mujeres de entre catorce y setenta y ocho años. Tras un exhaustivo análisis de los datos, en 1976 los publicó en *El informe Hite. Estudio de la sexualidad femenina*.

%	TIPO	DESCRIPCIÓN
73 %	I	Estimulación de la zona clitórico-vulvar con la mano, descansando el cuerpo boca arriba.
		IA 47 % Estimulación de la zona clitórica.
		17 % Estimulación de la zona clitórica con variaciones:
		• IA directa: estimulación directa del mismo clítoris.
		• IA_1-IA_5: estimulación clitórica acompañada a veces de penetración en la vagina.
		IB 8,8 % Estimulación de la zona clitórico-vulvar.
5,5 %	II	Estimulación de la zona clitórico-vulvar con la mano, hallándose el cuerpo tendido boca abajo.
		Idénticas subdivisiones que en I.
4 %	III	Presionando y penetrando la zona clitórico-vulvar contra un objeto blando.
		A veces incluye también penetración vaginal: III_1-III_5.
3 %	IV	Apretando los muslos rítmicamente.
		A veces también incluye penetración vaginal: IV_1-IV_5.
2 %	V	Masaje con agua en la zona clitórico-vulvar.
		A veces implica también penetración vaginal: V_1-V_5.
1,5 %	VI	Penetración vaginal.
11 %		Mujeres que se masturban en más de una de las formas arriba citadas:
		4,4 % IA 1,2 % III
		0,3 % IB 0,9 % IV
		1,5 % II 2,1 % V
		0,4 % VI

Los resultados que obtuvo no dejaron indiferente a nadie. Uno de los datos más llamativos fue que el 70 por ciento de las encuestadas no alcanzaba el orgasmo durante la penetración vaginal. Cosa que, ni a ti ni a mí, a estas alturas, no nos resulta sorprendente, ¿no? Sin embargo, y aunque estuvieran en plena revolución sexual, el placer femenino seguía supeditado a la ejecución masculina. Claro que, analizando las respuestas que obtuvo en todo lo relacionado con la masturbación, quedaba bastante claro cuál era el motivo: el 78,5 por ciento de las mujeres encuestadas estimulaba su clítoris directa o indirectamente para alcanzar el orgasmo. Únicamente el 1,5 por ciento lo lograba con la penetración vaginal como técnica exclusiva.

Además, según sus datos, resultó que tampoco éramos tan lentas. De media, las mujeres de la investigación orgasmaban a los 4 minutos de haber iniciado la estimulación. Efectos secundarios de rascarte donde sí te pica.

Te puedes hacer una idea de cómo estas revelaciones chocaron directamente con las creencias establecidas sobre una sexualidad patriarcal y centrada en las relaciones heterosexuales, es decir, en el coitocentrismo. A todo hijo de vecino le supone un reto aceptar que podemos estar equivocados y, si se tercia, disparamos al mensajero. Con Hite no fue diferente. Haciendo un juego de palabras en inglés, llamaron a sus informes *Hate Report*, que significa *Los informes del odio*. La acusaron de odiar a los hombres y de tener prejuicios contra el coito.

A pesar de todas las dificultades experimentadas, lo cierto es que el informe tuvo una gran repercusión (se calcula que se vendieron cincuenta millones de copias), y Hite, quien (¡oh, sorpresa!) no odiaba a los hombres, quiso investigar también cómo vivían ellos su sexualidad.

En esta ocasión, quizás por la fama alcanzada o porque quienes respondieron eran hombres, recibió 7.239 cuestionarios cumplimentados por hombres de entre trece y noventa y siete años. Esto dio lugar a otro libro: *El informe Hite. Estudio de la sexualidad masculina*, publicado en 1981.

Las conclusiones más relevantes a las que llegó son que

la mayor parte de los hombres disfrutaban más con la masturbación que con el coito y que eran más proclives a percibir y transmitir sus sentimientos durante la penetración. ¿Ves? Viven el encuentro sexual como un contexto de intimidad y seguridad para mostrar sus emociones, por eso no tienen las mismas dificultades que nosotras para mantener relaciones sexuales después de un enfado o como medio para la reconciliación.

También descubrió que el 55 por ciento de los encuestados había llorado en más de una ocasión por su vida amorosa y al 43 por ciento le gustaba estar casado, mientras que el 80 por ciento de los hombres que llevaban más de veinticinco años casados confesaron haber tenido relaciones extramaritales. Contra todo pronóstico, solo el 29 por ciento de la población masculina prefería la posición del misionero, y el 36 por ciento hubiera estado dispuesto a reemplazar el coito con «otras actividades» durante algunos encuentros sexuales.

Gracias a todos los testimonios que reunió pudo comprobar que ellos también eran víctimas de los estereotipos de una sociedad falocéntrica que daba una excesiva importancia a la erección y al rendimiento masculinos.

A pesar de todas las críticas, continuó con su labor investigadora y divulgativa. Le debemos mucho, por su curiosidad, iniciativa y valentía. Para mí siempre será la historiadora que hizo historia en el estudio de la sexualidad humana.

Ahora que tienes más información, puede que hayas llegado a la misma conclusión que yo: las mujeres no somos *lentas* ni vosotros *rápidos*. Es curioso que lo que para unas es negativo sea loable para los otros y viceversa. Nunca he escuchado a nadie quejarse de que su pareja femenina alcanzara el orgasmo *demasiado pronto*. En cambio, algunas personas catalogan como decepcionante el hecho de que un hombre eyacule *demasiado rápido*. ¿Sabes a qué se debe? A que, en las relaciones heterosexuales (y subrayo lo de *heterosexuales* porque este tipo de consulta no es frecuente en las parejas gais), hemos condicionado el orgasmo femenino a la penetración, y si no hay erección, no hay penetración. Con lo cual, el propietario del falo debe hacer todo lo posible para que este se mantenga enhiesto hasta que su pareja femenina haya alcanzado, al menos, un orgasmo. Sin embargo, que nosotras alcancemos el clímax no tiene ninguna consecuencia negativa, porque la erección del clítoris, que puede reducirse notablemente tras orgasmar si no seguimos sexualmente excitadas, no es responsable de nada.

Por eso muchos profesionales del gremio sostenemos que la eyaculación precoz no existe. No te lo esperabas, ¿eh? Como no te pido ningún acto de fe, te lo argumento. Empecemos por el significado de la palabra *precoz*. Esta hace referencia a que algo sucede antes de lo esperado o antes de lo habitual. Como suelen venir diagnosticados de casa, les pregunto por qué consideran que su eyaculación es precoz y me dan dos tipos de respuestas. Una hace referencia a los minutos que *aguantan* y la otra habla de la satisfacción de sus parejas.

Las respuestas acerca del minutaje son de lo más diversas. Recuerdo un paciente que llegó a comentarme que veinte minutos le parecían pocos. Claro que, según el porno que estaba acostumbrado a consumir, eso era lo mínimo que el guion establecía para las escenas de penetración. Otros me hablan de dos, cinco o diez minutos.

El segundo tipo de respuestas tiene que ver, como he dicho, con el placer experimentado por la pareja antes de que ellos hayan eyaculado. Es decir, les parece precoz si ellos se corren y, en consecuencia, pierden su erección antes de que su pareja haya alcanzado el orgasmo. En ambos casos les pregunto cuánto tiempo creen que es necesario para que la mujer alcance el orgasmo. Lógicamente, no hay respuesta.

El problema en sí, de hecho, es la propia pregunta. No tiene mucho sentido condicionar el orgasmo femenino a la erección masculina. Es más, la eyaculación precoz es un diagnóstico relativamente nuevo en la historia de la medicina. De hecho, en los años cincuenta se consideraba *superhombres* a todos aquellos capaces de orgasmar en menos de treinta segundos. Esto era así principalmente por dos motivos, uno evolutivo y otro cultural.

Evolutivamente, los mamíferos solemos quedarnos bastante desvalidos cuando estamos *frungiendo*, por lo que puede ser una gran ocasión para que nuestros depredadores naturales aprovechen y se alimenten de nosotros. Como es una pena morir *dándolo todo*, pero desde un punto de vista adaptativo es mucho peor morir *sin haberlo dado*, la mayor parte de los animales tienen una pronta eyaculación. De este modo garantizan perpetuar sus genes sin necesidad de poner su vida en peligro durante *mucho* tiempo. Por suerte, los seres humanos hemos desarrollado la capacidad de construir paredes y mantener relaciones sexuales más o menos tranquilos, sin correr el mismo peligro que dos conejitos que se aman en mitad de la pradera; sin embargo, nuestra fisiología no ha evolucionado tanto ni tan rápido como nuestras soluciones habitacionales, por lo que el reflejo eyaculatorio sigue siendo *humanamente* ágil.

El otro motivo, el cultural, tuvo lugar en la revolución sexual de los setenta, cuando la sexualidad femenina empezó a cobrar cierto protagonismo. A pesar de haber ido conquistando el derecho de la mujer a disfrutar del sexo y orgasmar, parece que nos lo tenían que dar *a coitazos*, y es que se asumió que los orgasmos femeninos debían ser satisfechos durante la penetración. De la suma de estos tres hechos (coitocentrismo, multiorgasmia femenina y responsabilidad masculina) nace la eyaculación precoz.

Por supuesto, esto no significa que no pueda haber personas que vivan con insatisfacción sus eyaculaciones, pero desde aquí me gustaría explicar que no es una cuestión de tiempo, sino de autoconocimiento y de control del reflejo eyaculatorio. Por eso preferimos hablar de eyaculación involuntaria más que precoz. La dificultad reside en identificar el punto de *no retorno*, aquel en el que la eyaculación es inminente.

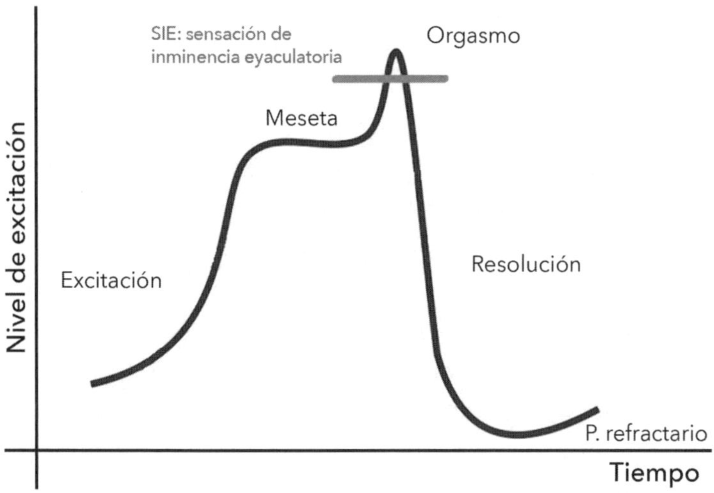

Esta gráfica representa, *grosso modo* y de una forma muy simple y esquemática, la respuesta de excitación masculina. En el intervalo que va desde que la excitación comienza hasta que alcanza su punto álgido, que es el orgasmo, hay otro punto importante: el de *no retorno*, denominado SIE (sensación de inminencia eyaculatoria). Una vez alcanzado ese momento, aunque cese toda estimulación, eyaculáis sin poder evitarlo.

El problema con el que se tropiezan quienes eyaculan

antes de lo que les gustaría es que les cuesta identificar ese punto y posponer el reflejo eyaculatorio. Esto puede tener diferentes causas, como estar más centrados en el placer de la pareja y sus reacciones que en las propias o haber adquirido un patrón de masturbación rápido en el que el objetivo principal es eyacular lo antes posible.

Por suerte, todo esto se puede trabajar, porque a tener orgasmos se aprende. Sin embargo, ya seas hombre o mujer, tengas pene o no, sí me gustaría animarte a descentralizar la penetración en tu vida sexual. Es una práctica muy placentera, por supuesto, pero no es la única, ni tan siquiera la mejor, o al menos no para todo el mundo. En cualquier caso, intenta recordar que la cuestión no es durar, sino disfrutar.

De hecho, si nosotras no fuéramos lentas ellos no serían rápidos o viceversa, ¿verdad? Espero haber argumentado con claridad que las mujeres no somos lentas, sino que nos rascamos (o indicamos que nos rasquen) donde no nos pica. Por eso no quedamos satisfechas ni llegamos al orgasmo. Y peor aún: en el intento de que termine esa escena en la que él se esfuerza hasta la extenuación y tú no alcanzas la deseada *orgasmación*, finges. Fingimos, y eso solo lo empeora porque perpetúa la idea de que él debe durar más para que tú puedas alcanzar el clímax durante la penetración.

Si pudiéramos observar sin el filtro del coitocentrismo, veríamos con más facilidad lo que Hite nos mostró: la búsqueda del orgasmo por parte de las personas que somos poseedoras de un clítoris no suele pasar por la penetración, sino por la estimulación del glande del mismo. En definitiva, explórate, averigua qué te gusta y compártelo con tus parejas. Recuerda que los orgasmos son tuyos y que nadie te los da, sino que los compartes.

Recuerda que los orgasmos son tuyos y que nadie te los da, sino que los compartes.

No hay edad para amar ni para orgasmar

Cuando te presenté la definición que la OMS había elaborado para la sexualidad humana, hice mucho hincapié en que considera que es un aspecto central del ser humano que está presente a lo largo de toda su vida, y también en que abarca muchos más aspectos que las relaciones sexuales. Sin embargo, en las próximas líneas, sí que me voy a centrar en ellas y en la edad.

Vamos a desmontar que, a partir de cierta edad, ya sea de la relación o de los integrantes, la intimidad sexual no solo pasa a un segundo plano, sino que incluso es *normal* que desaparezca. Esto sucede porque, aunque cada vez nos revelamos más, solo se ha apreciado y defendido una de las funciones de las relaciones sexuales: la reproductiva. Y, efectivamente, a partir de cierta edad, sobre todo en las mujeres, la fertilidad va decayendo hasta desaparecer. Pero el sexo tiene más funciones: la lúdica y la relacional. Es decir, el sexo sirve para pasárnoslo bien y para alimentar vínculos con otras personas, y, que yo sepa, esto no es propio o impropio de ninguna edad adulta.

«Ya, Laura, pero es que mi cuerpo no responde igual. Ya no estoy para esos trotes.» Te lo compro, pero solo a medias. El cuerpo no es inmune al paso del tiempo. En vosotros, por ejemplo, la erección puede ser menos vigorosa. Como los músculos erectores van perdiendo tensión, la erección ya no os golpeará la frente como cuando teníais veinte años. También es posible que sea menos duradera o que el orgasmo tarde más en llegar. Esto puede tener que ver con el sistema cardiovascular, responsable de llenar de sangre los cuerpos cavernosos del pene, y con la sensibilidad del sistema nervioso, que puede necesitar más estimulación a la hora de alcanzar el clímax.

En nosotras, el climaterio hace que los recursos que

nuestro cuerpo dedicaba a conservar el sistema reproductor ya no sean los mismos. Por eso vamos perdiendo elasticidad en los tejidos vaginales y ya no lubricamos igual. Esto puede provocar molestias en la penetración y dificultar el orgasmo, porque la incomodidad producida por la sequedad nos aleja del placer y excitación necesarios para alcanzarlo.

De acuerdo, todo esto lo acepto. El cuerpo cambia. Seguramente, a partir de cierta edad, ya no calzarás unos tacones de vértigo y, sin embargo, sigues caminando, ¿no?

Pues con las relaciones sexuales pasa lo mismo. Se trata de adaptarnos a nuestras circunstancias, no de rendirnos y renunciar. Como suelo bromear, estás menopáusica, no muerta. Y últimamente, cada vez más, también tengo que decir, estás *andropáusico*, no muerto.

Por suerte, este asunto cada vez es menos tabú, y adultos de todas las edades desean disfrutar de su sexualidad, ya sea a solas o en compañía, y consultan a médicos y sexólogos para conocer qué opciones tienen. Por ejemplo, si las dificultades erectivas tienen que ver con el sistema cardiovascular, medicamentos como la Viagra pueden ser una opción, y los problemas de lubricación son fácilmente resueltos con el uso de lubricantes e hidratantes vulvares y vaginales.

Para lo que no tenemos remedios farmacológicos es para ese tipo de creencias que asocia el ir soplando velas con una especie de asexualidad autoimpuesta. Y en esto, cómo no, también tenemos estereotipos de género, que, lo que se dice *ayudar*, no ayudan mucho. Por ejemplo, existen modelos de referencia de hombres mayores que pueden resultar atractivos, eróticos y sexuales. Están los galanes de Hollywood de toda la vida. Vosotros, que sois como el vino, mejoráis con el paso del tiempo. Sin embargo, para nosotras, esos mismos referentes positivos escasean. Tampoco es que una mujer madura sexualmente activa vaya a ser aplaudida por la sociedad, ¿verdad? Esto nos aleja de querer vivir nuestra sexualidad más allá de la menopausia. Parece que no tenemos muchas opciones porque o nos convertimos en adorables ancianitas asexuadas o en una *cougar*,[42] una mujer que sigue queriendo vivir plenamente su sexualidad pero pagando un precio: seguir aparentando ser joven. Por lo visto no somos capaces de concebir que el placer sexual no está condicionado por la juventud. Como dice la psicóloga Anna Freixas, «vivimos importantes contradicciones, porque, si nos fijamos bien, los nuevos planteamientos teóricos acerca de la sexualidad que sostienen la erótica a lo largo de toda la vida para lograr un "envejecimiento positivo" refuerzan los estereotipos del envejecer como algo negativo».[43]

Esta visión de la madurez y el sexo también afecta a las parejas que alcanzan juntas esta etapa. Aunque quizás disfruten de varias de las circunstancias que les permitirían compartir y gozar de esta faceta de su vida, renuncian a ella casi sin darse cuenta de ello porque ya tienen una edad y «es lo normal».

Era el caso de Neus y Simón. Llevaban toda una vida juntos y tenían cinco hijos en común. Ella tenía sesenta y seis años y él sesenta y tres. Acudieron a consulta por sugerencia de él, visitador médico de profesión, quien por su trabajo *sabía* que no tenían que resignarse a esa situación de pérdida del deseo y de las relaciones sexuales tuvieran la edad que tuvieran. Neus no tenía la misma opinión. En la primera consulta ella explicó que, aunque no se había negado a venir, no creía que pudiera ayudarla porque lo que le pasaba era *lo normal*. Además, le disgustaba que su marido pensara que sin el sexo no podían ser felices. Simón interpretaba, en la falta de deseo de ella, que Neus se estaba volcando mucho más en su rol de abuela que en el de pareja porque ya estaba aburrida de él. Neus, por su parte, se dolía de que, después de tantos años, Simón solo se fijara en eso, que era lo único que *les faltaba*, ya que tenían una buena relación, salud y estabilidad económica, además de unos hijos *bien situados*.

En las conversaciones que mantuvimos en las sesiones, descubrí que Neus era la pequeña de cuatro hermanas con las que se llevaba bastantes años de diferencia y que dos de ellas ya le habían explicado hacía muchos años que una vez que dejabas de tener la regla se te iban *las ganas*. En vez de «dicho y hecho», podríamos decir que «profetizado y cumplido». Aunque Simón había reclamado compartir intimidad sexual con más o menos insistencia, ahora que se acercaba su jubilación no podía soportar la idea de «desperdiciar todos los buenos años que todavía podíamos disfrutar».

Ahondando no solo en lo que Neus *creía*, sino en lo que Neus *sentía*, comentó que en los últimos años la penetración le resultaba no solo menos placentera, sino incluso molesta, pero que no le había dado mayor importancia ni se había preocupado por ello porque «es lo que nos pasa a todas antes o después, ¿no?». Ante esta expectativa, no es de extrañar que ella aprendiera y se adaptara a las circunstancias pensando que nada se podía hacer; y aunque Simón le hablaba de que se podían «hacer otras cosas», ella tenía la sensación de que era forzar algo que era *natural* perder.

Cuando se conocieron, ambos eran *vírgenes*, y todo lo que habían disfrutado lo habían aprendido compartiendo su curiosidad. De hecho, la idea que Neus tenía de que la primera vez era terrible no se había cumplido, o, al menos, no tal y como ella imaginaba. Apoyándonos en esta experiencia, se animó a comprobar si, efectivamente, el climaterio te robaba el placer tal y como le habían contado. A pesar del escepticismo inicial, Simón y ella perdieron una *segunda* virginidad y conocieron y disfrutaron de todo lo que hay más allá del coitocentrismo.

Como ves, la edad no es una disfunción ni un problema sexual porque del mismo modo que no hay edad para el amor, tampoco la hay para desear y ser deseado, ni para orgasmar (o ser orgasmado).

Juguetería y masturbación: enemigos o aliados de la pareja

No me voy a hacer de rogar: aliados. Siempre. Estemos emparejados o no. Las malas lenguas han dicho muchísimas cosas malas del autoerotismo. Desde los mitos más antiguos, que nos hablan de que es pecado, vicio o algo patológico, hasta los más recientes, que nos sugieren que es un indicador de que algo no marcha bien en tu alcoba y por eso tienes que acabar *consolándote*. Lo tenemos tan interiorizado que algunas personas pueden llegar a sentirse traicionadas por su pareja si descubren que esta se masturba. De hecho, pueden tener un padecimiento doble: el sentimiento de engaño, falta o traición y la creencia de que ellas son la causa por ser insuficientes o incapaces de satisfacer a su pareja.

Los motivos para sentirse así pueden ser variados, pero todos comparten un mismo origen: la creencia de que, si estamos en pareja, debemos ser todo para el otro, incluida la satisfacción sexual. Y en consulta he visto diferentes vivencias girando en torno a esta idea. Desde una chica muy joven que pensaba que su novio no debía masturbarse si ya estaban saliendo juntos, porque para eso *ya estaba ella*, hasta el caso de una mujer, Raquel, que sentía una gran culpabilidad por no poder mantener relaciones sexuales como antaño debido a los efectos secundarios que el tratamiento contra el cáncer que padecía le estaba provocando. Sin embargo, al mismo tiempo, no podía evitar su malestar al sentirse, de algún modo, excluida del placer que antes compartían.

Aquel fue un caso muy delicado porque, aunque en situaciones así tendemos a quitarle importancia a la intimidad sexual, lo cierto es que, al hacerlo, reducimos el número de oportunidades para *conectar*. Parte del error es creer que, al no poder realizar las mismas prácticas que antes, la solución es eliminar esa parte de la relación.

Raquel y Mario no acudieron, inicialmente, juntos a terapia. Lo hizo él porque no sabía cómo afrontar el diagnóstico de la que había sido su pareja los últimos cinco años. Además de estar angustiado por ver a la persona que amaba sufriendo, se sentía impotente y tenía mucho miedo de perderla. Los médicos no habían sido muy optimistas con el diagnóstico y, comprensiblemente, el ánimo de ambos estaba por los suelos.

Ante tales circunstancias, la esfera sexual no fue ni mucho menos la más importante; sin embargo, ambos compartían un sentimiento: la culpa. Por este motivo, Raquel también participó en el tratamiento. Un día en el que ella llegó a casa antes de lo previsto, escuchó a su pareja masturbándose y se lo reprochó. Aunque ella estaba enfadada y él avergonzado por haber sido *pillado* como un adolescente, la emoción predominante era la culpa. En el caso de él por *disfrutar* sin ella cuando se masturbaba y en el de ella por no poder darle placer a él. Lo que había que modificar era la falsa dicotomía en la que ambos se situaban. Dentro de esas terribles circunstancias, Mario tuvo que trabajar en la idea de que podía disfrutar sin ella y, a la vez, encontrar la forma de disfrutar juntos. Por otro lado, Raquel asumió que no era la responsable de que su pareja disfrutara, y que ni la enfermedad ni el tratamiento le habían *robado* el placer solo a él, sino que ella también había salido damnificada en este sentido. Su placer sexual, ya fuera a solas o compartido, también era una víctima de sus circunstancias. Cuando entendieron esto, dejaron de estar *uno frente al otro* para poder situarse *uno al lado del otro* respecto de su vida sexual.

Como casi todas las parejas de más de cincuenta años, tenían una sexualidad bastante *coital*, pero cuando la salud de Raquel lo permitía, experimentaron otras prácticas sexuales más compatibles con su estado: la masturbación y el uso de juguetería erótica resultó, finalmente, un recurso muy interesante. Aunque fue difícil deshacerse de la creencia de que ese era un sexo de segunda, con el tiempo aprendieron a disfrutarlo. Y lo mismo pasó con la idea de que la masturbación es incompatible con el placer compartido.

Antes de continuar, sí me gustaría matizar que cuando hay problemas de índole sexual en una pareja, el hecho de que uno o ambos se masturben no suele ser lo que los resuelve, pero, normalmente, tampoco los aumenta. Por supuesto, alguien que se siente insatisfecho en su vida sexual compartida puede masturbarse, además, por este motivo, pero lo cierto es que alguien que sí se sienta satisfecho también puede hacerlo, porque practicar el amor propio no es perjudicial.

La sexualidad individual y la compartida pueden ser prácticas complementarias, pero en ningún caso excluyentes. Como les suelo decir a mis pacientes, que hayas desayunado a solas no implica que no puedas cenar en compañía. «No es necesario elegir. Son esencialmente diferentes e igualmente satisfactorias, aunque deleiten diferentes aspectos. Cuando te masturbas, el centro y único protagonista de la historia eres tú. [...] Sirve para conocerte, para aprenderte, para explorarte y para sentir simple, puro y llano placer.»[44] Cuando nos compartimos es otra cosa. También te conoces, aprendes y disfrutas, pero hay otros implicados que también tienen sus propios deseos, necesidades, ritmos y fantasías. No es peor ni mejor. Es diferente.

El autoerotismo tiene muchos beneficios. Además de

experimentar placer, sirve para relajarnos, favorecer el sueño y el descanso o aumentar el deseo sexual. Incluso la liberación de endorfinas que produce el orgasmo tiene un efecto vasodilatador y analgésico muy útil cuando tienes congestión nasal o dolores menstruales. ¡Como remedio natural lo cierto es que no tiene competencia! Aunque la respuesta que más me gusta cuando pregunto por los motivos para practicarlo es «porque sí».

No obstante, tampoco querría trasladar la idea de que es imperativo masturbarse. No deseo pasar de la prohibición a la imposición. Mi intención es comunicar las bondades de la masturbación y aclarar que, salvo contadas excepciones,[45] siempre es beneficiosa, independientemente de que haya o no problemas en la relación de pareja.

Por otro lado, hacerlo en pareja puede ser, no solo tremendamente excitante, sino muy instructivo. Se aprende mucho de los gustos de otro observando cómo se da placer a sí mismo. Aunque para esto tendremos que superar el pudor que, algunas veces, percibo en consulta cuando lo propongo. Es curioso cómo somos capaces de practicar sexo oral sin ruborizarnos, pero no podemos ni imaginar masturbarnos mientras nuestra pareja nos observa. ¿O sí?

Supongo que no hace falta que te diga que todas estas actividades autoeróticas pueden aderezarse con el uso de artículos eróticos. De hecho, aunque no tengo pruebas, tampoco albergo dudas de que es, en parte, gracias al bum de la juguetería erótica por lo que la masturbación va dejando de ser un pecado o un mal hábito para convertirse en un estupendo recurso para mejorar nuestra vida sexual, individual y compartida.

Y me apostaría la mano derecha a que al hablar de juguetes te ha venido a la mente el famoso succionador de clítoris, el Satisfyer; sin embargo, esto de utilizar la creatividad humana en beneficio del placer no es algo nuevo.

Parece ser que a lo largo de la historia de la humanidad tuvo más de un antecesor.

Existen infinidad de artilugios con forma genital datados, documentados y estudiados tanto por arqueólogos como por historiadores. El más antiguo del que se tiene constancia tiene 30.000 años. Se trata de un objeto de unos veinte centímetros de largo y tres de ancho. Está tallado y pulido en piedra y fue encontrado en la cueva Hohle Fels, en Alemania, durante una excavación realizada por investigadores de la Universidad de Tubinga. Creo que podríamos bautizarlo, perfectamente, como *paleodildo*.

Los expertos creen que cumplía funciones rituales y simbólicas en ceremonias relacionadas con la reproducción. He de confesarte que a mí me gusta pensar que no están tan *puliditos* única y exclusivamente por el paso del tiempo, aunque, de ser así, también espero que fueran cuidadosos con su higiene y conservación, ya que en aquella época todavía no gozaban de los beneficios de los antibióticos.

Bromas aparte, quisiera contarte que, desde entonces, el ser humano no ha dejado de emplear sus capacidades en el desarrollo de artículos parecidos en prácticamente todas las culturas y épocas. Uno de los hitos más notables fue el invento del primer vibrador eléctrico en 1880, atribuido al médico británico Joseph Mortimer Granville. Granville lo utilizaba para tratar dolores musculares, síntomas de ansiedad e histeria, pues una teoría hoy en desuso sugería que el útero era la causa de los malestares nerviosos de las mujeres. Los masajes pélvicos que finalizaban con orgasmos resultaron ser un tratamiento efectivo. Cero sorpresas. Sospecho que sin la invención de esa máquina, los médicos habrían sufrido agotamiento y, posiblemente, tendinitis crónica.

Imagino que por aquel entonces se debió de vivir un furor similar al que hemos experimentado con la llegada y proliferación de los *estimuladores* de clítoris. Y remarco lo de estimuladores, y no succionador ni consolador. Esta última denominación no es adecuada porque los juguetes son complementos, no sustitutos. No consuelan ni compensan la ausencia de nada ni de nadie. Mi propuesta es emplear palabras como *estimulador* o, si vibra, *vibrador*.

Sobre la palabra *succionador*, tampoco es que sea exacta del todo, porque succionar no succiona nada. Puedes estar tranquila que no te vas a poner entre las piernas el último modelo de aspiradora con filtros HEPA y reconocimiento automático de suelo. Lo que hacen los estimuladores es emitir pulsaciones de aire (u *ondas sónicas*) que excitan el glande del clítoris.

Son varias las cosas que tenemos que agradecerle al Satisfyer. Para empezar, el haber sacado la masturbación femenina del armario y que el aparato en sí no tenga forma fálica ni esté hecho para penetrarse. Además ha permitido que hablemos con naturalidad de esta práctica no solo entre nosotras, sino entre generaciones. Y por lo que me cuentan, son muchas las mujeres que han experimentado el primer orgasmo de sus vidas gracias al uso de juguetería erótica. También me consta que cada vez son más las parejas que los han incorporado en su repertorio sexual.

Sin embargo, no es oro todo lo que reluce. Las altas expectativas y las garantías de éxito en forma de intensísimos y rápidos orgasmos están perjudicando algunas experiencias y trayendo a consulta a más de un paciente. Por ejemplo, algunas mujeres me han *confesado* que los estimuladores de clítoris no les parecen ni tan maravillosos ni tan orgásmicos. Y digo *confesar* porque, del mismo modo que antes se sentía vergüenza por no alcanzar el clímax con la penetración, ahora se siente algo parecido por no hacerlo con el juguetito. A ver si vamos a cambiar unos mitos por otros..., que así no avanzamos, ¿eh?

Lo ideal es que veamos estos artilugios como lo que

son: complementos. Y pueden ser de tu agrado y gusto o no, y no pasa nada. Algunas de las ventajas que tienen, además de su diseño, es que son capaces de mantener una estimulación constante en intensidad y velocidad, lo que facilita que alcancemos el orgasmo.

¿Quiere esto decir que van a sustituir a nuestras parejas o que son mejores que ellas? Rotundamente no; y, sin embargo, existe este infundado temor en algunos cónyuges. Cierto es que algunas personas han llegado a la conclusión de que sus parejas pueden ser sexualmente incompetentes porque con el juguete consiguen experimentar cosas que con su pareja no, pero no es justo comparar a una persona con un aparato. Como te decía, un vibrador puede ser más eficiente porque no se cansa, no cambia de ritmo y lo manejas tú directamente, no tiene que entender y seguir tus indicaciones, pero ya está. Ningún juguete erótico te va a querer, desear, ni felicitarte por tu cumpleaños. Tampoco se va a alegrar por ti y tu placer; en cambio, tu pareja, sí.

Recuerdo que asimilar esta idea fue uno de los principales objetivos en el caso de Ander y Maite. La primera en acudir a consulta fue ella. ¿El motivo? Que no había experimentado un orgasmo en su vida, ni a solas ni en pareja. Tenía treinta y un años y llevaba siete emparejada con su novio Ander. Hacía un par de años que ella le había contado que fingía los orgasmos y que estaba desesperada porque no tenerlos la estaba obsesionando y, además, le estaba quitando las ganas de mantener relaciones con él. Al principio, Ander se enfadó por el engaño y por haber tardado tantos años en contárselo. Maite le explicó que las primeras veces que fingió fue porque le dio vergüenza no correrse y no quería que él pensara que tenía un problema, aunque, como pude comprobar durante las primeras sesiones, ambos estaban convencidos de que así era. Y, en esta situación, ella acudió a consulta.

Al principio, hicimos un trabajo enfocado en Maite, ya que ella no conseguía orgasmar ni a solas ni en pareja. Descartada cualquier posible causa orgánica, dedicamos varias sesiones a entender qué le pasaba y qué podía hacer para cambiar su situación.

En resumen, te contaré que Maite había crecido en el seno de una familia muy conservadora y en un contexto social en el que la educación sexual no era algo que se diera con facilidad. Aunque ella *sabía* que no había nada malo en masturbarse, lo cierto es que no se sentía cómoda con la idea. Le costaba mirar y acariciar sus genitales porque le daban «grima». Así que tuvimos que trabajar todas estas ideas, que suponían un muro entre ella y su placer. Cuando llegó el momento, para seguir avanzando, y dado que seguía sin sentirse cómoda con la estimulación manual, probamos a introducir juguetería erótica. Fue como abrirle las puertas a un nuevo mundo, y aunque llevó su tiempo que se dieran las condiciones adecuadas para que ella se *permitiera* disfrutar y excitarse hasta orgasmar, el caso es que lo consiguió. Ella no podía estar más contenta. ¡Por fin lo había conseguido! Sin embargo, y en contra de lo que Maite esperaba, Ander no sintió la misma alegría. Se enfadó porque un aparato había conseguido lo que él no había logrado en siete años. Se sintió incompetente y fuera de lugar. A partir de ese momento, las sesiones fueron conjuntas para que esos orgasmos fueran también en compañía y para que Ander se diera cuenta de que el juguete no era ninguna amenaza, solo un facilitador. Creo que, hoy día, Ander sigue sin ser un defensor de la juguetería erótica, pero me atrevería a decir que ya no considera al Satisfyer un competidor, sino un aliado de los orgasmos de su pareja, quien, por cierto, también aprendió a tenerlos con la estimulación de su mano y la de su pareja.

Demasiados mitos, ¿verdad? Lamento comunicarte que tantos no cabemos en la cama. Con tantos enemigos dentro, los primeros en salir suelen ser el placer y, en consecuencia, el deseo. Por eso, ahora que en estas páginas hemos desmontado tantos, dales una vuelta a todos los que tienes empadronados en la cama y échalos. De paso, revisa los cojines, que lo mismo también tienes demasiados.

¿Tres son multitud?

Más complejos de trabajar me parecen los casos en los que el tercero en cuestión no es un artilugio que lleva batería, sino una persona. Sin embargo, aunque complejas —porque son varias las personas y los afectos implicados—, las relaciones no convencionales también tienen su propia colección de mitos.

Uno de los más frecuentes es el que dice que las personas que mantienen relaciones abiertas, poliamorosas o no convencionales lo hacen porque no están satisfechas y buscan *fuera* lo que no tienen *dentro*. Sin embargo, según un estudio[46] en el que la psicóloga Melissa Mitchell, de la Universidad de Georgia, entrevistó a más de mil personas que mantenían una relación de pareja poliamorosa, tener otros compañeros afectivos no guardaba relación con la satisfacción respecto de la primera pareja, y lejos de disminuir la intimidad y la vinculación, estas habían aumentado con el tiempo. Según afirma en sus conclusiones, «en general, los hallazgos sugieren que las relaciones poliamorosas son relativamente independientes entre sí. Este estudio proporciona evidencia inicial de que el poliamor puede ser una forma alternativa viable y satisfactoria de llevar a cabo las relaciones íntimas».

Otro de los mitos sostiene que quienes se embarcan en

este tipo de relaciones tienen dificultades para comprometerse; sin embargo, vincularse con más de una persona implica precisamente lo contrario. De hecho, creer que los vínculos no convencionales tienen que ver exclusivamente con el sexo es un error que suele ir de la mano de otro: pensar que las relaciones no monógamas son la solución para aquellas parejas tradicionales en las que el deseo sexual es dispar y están experimentando una crisis de pareja por este motivo.

Sobre si «no monógamo» se nace o se hace, aunque no conozco ningún estudio, imagino que dependerá de cada caso y que, del mismo modo que hay personas que *nacen* monógamas y luego sienten otro tipo de necesidades, debe de haber personas que han mantenido relaciones no convencionales y, en un momento concreto de sus vidas, puedan volver a desear o necesitar una relación con un grado mayor de exclusividad. Si la rigidez es negativa para una, entiendo que es igual de perjudicial para la otra.

De hecho, uno de los motivos más frecuentes por el cual algunas personas no monógamas *reducen* su número o la profundidad de los vínculos es la dificultad para gestionar el tiempo que el cuidado de estas relaciones implica. Un no monógamo no practicante me lo explicó en una ocasión: no era lo mismo mantener dos o más relaciones afectivas cuando se tienen, por ejemplo, veintitrés años y pocas responsabilidades familiares que hacerlo cuando tienes cuarenta y cinco, por ejemplo, dos hijos y unos padres mayores a los que apoyar.

Este era el caso de Erika. Aunque vive en España desde pequeña, su madre es francesa y su padre noruego. El motivo de consulta no era su estilo relacional, sino la ansiedad que padecía. Desde pequeña había sido educada en valores relacionados con la tolerancia, el respeto y la libertad. Aunque nunca se habló de ello en su casa, sospecha que sus padres practicaron el amor libre, y creía que por ese motivo no le resultó difícil ni raro abrir la relación con el que, después, fue el padre de sus hijos. Se conocieron en la universidad y desde el principio fueron muy curiosos en todo lo relacionado con el sexo. En los años de doctorado de su marido mantuvieron una relación poliamorosa con otro hombre en la que estaban involucrados los tres. Pero cuando se quedó embarazada del primer hijo decidieron cerrar la relación por un tiempo. En los años siguientes volvieron a abrirla, pero no se vincularon afectivamente con nadie más. Ambos mantenían relaciones sexuales con otras personas, a veces estando juntos y otras veces por separado. Sin embargo, desde que le diagnosticaron a su madre una enfermedad degenerativa, todo se había complicado para ella.

Era hija única, tenía dos hijos, unos padres a los que cuidar y también trabajaba fuera de casa. ¡Le faltaba tiempo para todo! A veces, decía, añoraba la vida intensa y despreocupada de cuando eran veinteañeros, y ahora envidiaba la capacidad de su marido para poder seguir disfrutando, entre otras cosas, del sexo con otras chicas. Esto la enfadaba, pero no eran celos, sino envidia. Ella deseaba estar menos estresada para poder disfrutar también, no que su marido dejara de hacerlo. Nunca llegué a trabajar con el marido en sesión, pero no les hizo falta. Cuando ella consiguió poner palabras a lo que sentía y necesitaba, lo compartió con él. Fue entonces cuando decidieron, temporalmente, cerrar la relación para poder apoyarse logísticamente en todo lo que sus circunstancias personales y familiares les exigían. Ambos llegaron a la conclusión de que, aunque querían hacer muchas cosas y compartir su tiempo con muchas personas, familiares y amantes, el día solo tenía 24 horas.

Espero que no entiendas este caso como una moraleja negativa sobre las relaciones no convencionales. Mi intención es trasladar la idea de que, aunque no sean para todos los públicos, pueden ser tan comprometidas e íntimas como las monógamas.

3.3. Mitos de la pareja y su terapia

Si el amor y el sexo tienen sus propios mitos, los procesos terapéuticos en los que, a veces, las parejas se aventuran no iban a ser menos. He de confesar que cuando me matriculé con toda la ilusión en el máster de Terapia de Pareja y Familia que me permitió especializarme en esta área, descubrí que yo era la primera que tenía totalmente interiorizados muchos de los mitos de los que te he hablado y alguno más sobre lo que es una pareja y su terapia.

Para empezar te recordaré que no hay una única forma de ser una pareja feliz, exitosa, sana y funcional. De hecho, estas se van adaptando a sus circunstancias, y las dinámicas que en un momento dado pudieron serles de utilidad para quererse bien pueden tener que ser modificadas en algún momento sin que eso signifique que su relación esté en crisis.

Por ejemplo, nos han contado que las parejas felices duermen juntas (y a poder ser abrazadas) durante toda la noche, y si lo hacen en camas o habitaciones separadas, dicen las malas lenguas, es señal de que algo debe de andar mal. Esto, sencillamente, no es cierto. Hay parejas mal avenidas que duermen juntas (acuérdate de Emma y Hugo), ya sea por motivos de falta de espacio, por un deseo de guardar las apariencias o porque, al ser el último lugar compartido que les queda, se resisten a renunciar a él. Y hay parejas que no comparten lecho porque descansan mejor separadas, ya que, por ejemplo, tienen problemas de espalda o alguno de los dos ronca más que Chewbacca con sinusitis,[47] pero son capaces de demostrar afecto y desarrollar su intimidad en otros momentos y contextos. Es decir, no podemos afirmar de forma tan categórica cómo ha de verse una pareja desde fuera para que podamos concluir si son felices o no.

Las parejas felices ni discuten ni tienen conflictos

Este es uno de los mitos más extendidos: que los que comen perdices para siempre lo hacen todo juntos, piensan del mismo modo, comparten los mismos gustos, están siempre de acuerdo y, por ese motivo, no discuten ni tienen conflictos nunca.

Sin embargo, esto no es cierto. Las parejas que perduran tienen los mismos problemas y conflictos que las que no. Pero seguro que ya lo sabías porque antes te había contado que, según las investigaciones de Gottman, el 69 por ciento de los conflictos son problemas irresolubles,[48] y lo que estas parejas hacen es centrar sus energías e imaginación en desarrollar estrategias que faciliten convivir con el problema en vez de seguir enzarzándose en él. Por ejemplo, usando el sentido del humor.

Cuando Isra y Leire me pidieron cita llevaban juntos cinco años. Tenían treinta y ocho años, sin hijos y, por circunstancias de la vida, habían empezado a convivir a los tres meses de conocerse. Como al principio todo son alegrías, las pequeñas cosas que más adelante los molestarían no fueron un problema. Aunque Leire había estado casada, llevaba mucho tiempo viviendo sola y tenía sus propias manías. Isra, que venía de compartir piso con amigos, era mucho más laxo en cuanto al orden se refiere. Pero al principio nada de esto importó. Empezaron a convivir en un pequeño estudio y estaban tan enamorados que no les importaba vivir apretujados. Cuando el enamoramiento inicial fue cediendo, lo que al principio parecía un simpático desorden para Leire se fue convirtiendo en algo muy molesto, y lo que para Isra, en un principio, era una simpática neurosis, empezó a convertirse en una crítica frecuente, lo que los llevó a tener discusiones constantes y a acudir a terapia.

¿Cuántas parejas crees que discuten por este asunto? No manejo las estadísticas si es que las hay, pero me apostaría a que se pueden contar por millones. ¿Cuántas crees que dejan de hacerlo porque uno de ellos se vuelve hiperordenado o hiperdesordenado? Estoy casi segura de que ninguna. Las parejas que son felices a pesar de ser diferentes en este sentido lo hacen porque aprenden a convivir con esa disparidad.

Lo que traía a Leire e Isra por la calle de la amargura no era su asimetría en lo que cada uno entendía por ser ordenado, sino sus dinámicas a la hora de convenir quién debía cambiar. Leire le recordaba enfadada que ya no vivía con sus *amigotes* y que ella no era su madre, por lo que no iba a andar recogiendo su ropa. Isra le respondía que ella le conoció así y que al principio no pareció importarle, además de recomendarle que se relajara un poquito que igual así iba a ser más feliz. Es decir, se atacaban, y, en consecuencia, se defendían. Y cuando nos sentimos atacados por quienes queremos no solemos mostrarnos muy dispuestos a la negociación porque no hemos percibido ninguna petición o sugerencia, sino un reproche.

Las críticas, entendidas como reproches, son uno de los cuatro jinetes del apocalipsis que Gottman y su equipo habían detectado en su estudio:[49] cuatro tipos de conducta que predecían con un 81 por ciento de certeza la ruptura de la relación si no eran corregidas. A saber: la crítica, la actitud defensiva, el desprecio y el aislamiento.

En la relación de Leire e Isra los dos primeros eran demasiado frecuentes. Tanto que el mal cuerpo que les dejaba les impedía tener interacciones más positivas, amables y cariñosas, con lo que no conseguían compensar la balanza. Cuando empezamos las sesiones, propuestas por Leire, Isra venía un poco a regañadientes pensando que yo también iba a intentar convencerlo de que debía ser más ordenado.

Se quedó bastante sorprendido al comprobar que los terapeutas de pareja no estamos para dar o quitar la razón, sino para ayudar a que ellos se relacionen de una forma más útil y saludable para el vínculo. Así fue como empezamos a trabajar en su comunicación. Les hablé de los cuatro jinetes del apocalipsis y aprendieron a diferenciar las quejas, que son descripciones objetivas de una conducta que no nos gusta, de las críticas, que implican el juicio y *etiquetamiento* de la persona que se comporta de esa manera.

Es decir, aunque antes Leire decía «es que no se puede ser tan mayor y tan desordenado», aprendió a expresar que le costaba estar a gusto si la ropa no estaba dentro del armario y que por eso le pedía que la llevara al cesto de la ropa sucia como habían acordado. Y aunque antes Isra contestaba con un «¡Eres una exagerada!», ahora intentaba recibir la petición de Leire como tal y valoraba la posibilidad de concedérsela.

Sí, lo sé. Todo esto te suena muy artificial y poco espontáneo. Tienes razón, lo es. Siempre que aprendemos algo nuevo, al principio no nos sale de forma fluida. Eso requiere práctica. Y con la práctica esta pareja consiguió hacerse todo tipo de peticiones en lugar de reproches, incluso dándole toques de humor. Cuando la terapia ya estaba llegando a su fin, les pregunté cómo iba el asunto del orden de la ropa. Leire se rio diciendo que Isra seguía quitándose la ropa como si estuviera haciendo un *striptease*, es decir, dejándolo todo por el suelo. Isra, en vez de enfadarse, se unió a la broma y añadió que estaba mejorando porque ahora eso solo lo hacía en el baño. En definitiva, ni Leire fue más desordenada ni Isra más ordenado, pero los dos aprendieron a no usar ese tema para atacarse.

De modo que, ya sabes, las parejas felices sí discuten y tienen conflictos, como todas, pero las relaciones exitosas logran serlo porque, entre otras cosas, desarrollan medidas compensatorias al respecto. Por ejemplo, mantienen una ratio más alta de interacciones positivas que negativas. Según los resultados obtenidos por Gottman y su equipo, en las relaciones que funcionan la proporción entre lo positivo y lo negativo debería ser, como poco, de cinco a una. Es decir, por cada cosa negativa que se manifiesta (como una crítica, hostilidad o ira), es importante que haya cinco cosas positivas, como mostrar interés, hacer preguntas con el objetivo de entender mejor al otro, mostrarse amable, ser empático, etc. Sé que en ocasiones puede resultar difícil, pero muchas parejas demuestran que no solo es posible, sino efectivo.

Y, teniendo en cuenta esta proporción *áurea* de los conflictos en pareja, no debemos perder de vista que lo que nos indica es que una sola cosa negativa tiene muchísima más capacidad para dañar el vínculo y alejarnos que la que tienen las interacciones positivas para reparar y acercarnos. Así que intenta que estas sean, siempre, más abundantes.

Sinceridad ante todo

Tenemos muy interiorizado que hablar no solo es importante sino esencial y, como te contaré en el siguiente capítulo, lo es pero con matices. Por un lado, tengo la sensación de que confundimos comunicarnos bien con el hecho de mantener largas y profundas conversaciones y, por el otro, creo que retorcemos la sinceridad hasta convertirla en *sincericidio*.

Cuando los profesionales sugerimos que la pareja debería comunicarse *más* quizás estamos cometiendo un error. Soy partidaria de sugerir que lo hagamos *mejor*. Fue un matiz que tuve que trabajar con Nerea y Jon. Cuando Jon concertó una primera cita se sentía emocionalmente bastante desbordado. Estaba enamoradísimo de Nerea, una chica con la que llevaba un año y medio, pero, al mismo tiempo, se sentía agobiado e incomprendido. Tenía treinta y ocho años y hasta la fecha había tenido dos relaciones *serias*: una de cuatro años y otra de dos. La primera acabó en ruptura tras una infidelidad de su ex y la segunda porque ella quería tener hijos, pero él no. Cuando conoció a Nerea todo fue maravilloso: congeniaron enseguida, ya que los dos eran muy activos, tenían *hobbies* similares y el sexo era, según sus palabras, «alucinante», pero desde que habían empezado a vivir juntos seis meses atrás solo habían tenido discusiones.

En aquella primera sesión Jon se quejó amargamente de que daba igual lo que hiciera, porque ella nunca estaba satisfecha. Decía que la frase que más escuchaba últimamente por parte de Nerea era «No me tienes en cuenta». Y para que no me quedara ninguna duda, me ponía ejemplos como este: «Laura, ayer, cuando llegué a casa, como ella se estaba echando la siesta, me puse a correr un rato en la cinta. Cuando se levantó y me vio se enfadó porque me dijo que me había oído llegar y que lo primero que había hecho no era ir a saludarla, sino ponerme a hacer deporte. Pero estoy seguro de que si hubiera ido a darle un beso, se habría enfadado por despertarla. No sé cómo acertar». Cuando le pregunté por su reacción me contestó: «Solo le dije que se tranquilizara porque se estaba enfadando por una tontería».

Puede que tengas la tentación de cargar en Nerea toda la responsabilidad de esta dinámica, pero, precisamente por ser una *dinámica* de dos, la responsabilidad se reparte entre ambos, aunque los porcentajes no tienen que ser idénticos. Justamente por este motivo, le propuse que Nerea acudiera con él a la siguiente cita. Así fue como, además de llevar a cabo una sesión individual con ella para conocernos mejor, comenzamos a realizar sesiones de pareja enfocadas, en principio, en cómo se comunicaban cuando había que resolver un conflicto.

En las sesiones descubrí que ambos tenían lo que Gottman llamaría un estilo volátil de la comunicación,[50] es decir: eran tan intensos y apasionados para pelearse como para reconciliarse. Esto hacía que muchas veces perdieran el foco del problema y fueran abriendo, como diría Estela Reynolds,[51] «cajones de mierda» sin llegar a cerrar ninguno. Lo único que se cerraba en aquella casa eran las puertas cuando uno de los dos quería finalizar la conversación.

Tenían que encontrar la manera de comunicarse *mejor*, no *más*. De hecho, esta pareja se comunicaba muchísimo, es decir, hablaban y se gritaban muchas veces y durante mucho tiempo. Sin embargo, no era una comunicación útil porque no se escuchaban, ni tampoco se preguntaban intentando entender mejor al otro, solo se defendían.

Cuando Nerea acudió a la primera sesión conjunta expuso, desde su punto de vista, cómo fue la discusión de la cinta de correr. «¿Cómo no me iba a enfadar? Jon, ¿le contaste a Laura lo que pasó la noche anterior y por qué me estaba echando la siesta? Yo te lo cuento, que a este se le olvida lo que quiere. Me estaba echando la siesta porque la noche anterior llegó a las mil y monas de salir con sus amigos y llegó tan pasado a las tres de la mañana que me despertó y no pude volver a dormirme. Él, por supuesto que sí, hasta estuvo roncando. Pero lo peor no es eso, porque no tengo problema en que se divierta. El problema es que cuando salió de currar me dijo que iba a picar algo con los colegas y que vendría más tarde. Pero más tarde para mí no son las tres de la mañana. Así que, por supuesto, me enfadé. No se da cuenta de que ya no vive solo y que tiene que contar conmigo.»

¡Qué importante es trabajar con los dos miembros de la relación para entender las dinámicas y los contextos! En aquella sesión se aclaró que Nerea no estaba enfadada porque no le hubiera dado un beso aquella tarde. Lo estaba porque sentía que Jon no la tenía en cuenta para organizar su día a día. Pero Jon, que no está acostumbrado a este tipo de comunicación en favor de la *coordinación* porque en sus relaciones anteriores nunca había llegado a convivir, se desvivía por comunicarle su amor y reducir su malestar. Por eso, en las discusiones, él intentaba quitarle hierro al asunto e intentaba abrazarla y besarla mientras se peleaban, cosa que Nerea rechazaba. Intentando calmar los ánimos, sin querer, hacía que se encendieran más.

Nerea aprendió a darle espacio a Jon para conocer sus necesidades comunicativas y manejarse en ellas. Jon aprendió a darle espacio a Nerea para recorrer su enfado o frustración cuando fuera necesario. Los dos aprendieron a hacer peticiones en vez de reproches y también a no abrir cajones de mierda como medida defensiva.

Actualmente siguen teniendo discusiones, como cualquier pareja, pero también es cierto que Nerea no malinterpreta la falta de práctica de Jon como una muestra de desinterés por ella y Jon no intenta minimizar el malestar de Nerea, sino que le deja su espacio para, una vez recuperada la calma, poder hablar de lo que le ha molestado a cada uno y comunicarse lo que les habría gustado que sucediera.

El *sincericidio* es una palabra que me encanta, pero que no sé a quién atribuir. Ni siquiera recuerdo cuándo fue la primera vez que la escuché o la leí, pero me resulta muy útil cuando quiero explicar que un exceso de sinceridad puede ser perjudicial para la relación y/o para la persona a la que va dirigida. Relacionamos sinceridad con verdad, legitimidad, confianza y honestidad, pero no debemos perder de vista que, muchas veces, esa *verdad* es subjetiva, ya que lo que para ti es verdadero puede no serlo para el otro y ninguno de los dos está mintiendo. ¿No me crees? Fíjate en la siguiente ilustración.

Nos han enseñado que «decir la verdad y nada más que la verdad» es lo que hay que hacer siempre, y no solo en los juzgados, sino también en las relaciones amorosas. Por eso cuando animo a mis pacientes a reflexionar sobre la conveniencia de expresar todo lo que piensan, sienten o han hecho, suelo provocar algún que otro esguince cerebral. Esta afirmación provoca cierta irritación en aquellas personas que defienden las políticas de transparencia absoluta en pareja, porque consideran que no ser sinceros es parecido a mentir y que va en detrimento de la construcción de la confianza. Sin embargo, el ejercicio de la sinceridad no solo es un valor, sino que también es una responsabilidad, ya que, como dicen por ahí, la información es poder. Y, precisamente por este motivo, sopesar si una comunicación puede ser beneficiosa o perjudicial según cuál sea el contexto en el que se da y su objetivo es algo a tener en cuenta.

No existe (o al menos yo no la conozco) una fórmula matemática para saber cuánta sinceridad es provechosa, pero sí podemos reflexionar acerca de si lo que queremos comunicar es adecuado, necesario y útil respondiendo a una serie de preguntas.

- Si lo que voy a contar no aporta nada, a excepción de daño, ¿merece la pena compartirlo?
- ¿Está la persona a la que va dirigida la información preparada para recibirla?
- ¿Es el mejor momento para hablar de este asunto?
- Imagina cómo te sentirías tú al recibir esa información. ¿Querrías conocerla? ¿Cómo querrías recibirla?

¿Cuál es mi intención al comunicar esta información?

Esta última cuestión puede parecer obvia, es decir, ¿puede haber alguna finalidad más allá de comunicar algo cuando vas a comunicar ese algo? La respuesta es sí. Cuando sentimos urgencia o presión por contar algo, además de transmitir cierta información para que la otra persona también sea conocedora de la misma, podemos tener otros propósitos, como, por ejemplo, aliviar un sentimiento de culpa o, incluso, causar cierto malestar a la otra persona. Sí, los seres humanos, a veces, hacemos daño queriendo, ya que, aunque no somos hijos de Lucifer, tampoco somos seres de luz. Es muy humano, aunque sea poco funcional, atacar cuando nos sentimos atacados.

Otras veces, la intención es la contraria: intentar demostrar tanta transparencia y honestidad que creemos que decirlo todo a la cara es una cualidad. Sin embargo, el *sincericidio* tiene consecuencias muy poco deseables en general. Por ejemplo, una información sincericida puede bloquear la comunicación fluida entre las personas, aparte de alterar la convivencia. Y también generar conflictos todavía más complejos o intensos que los que intentabas evitar. Además de hacer daño a la otra persona, también es fácil lastimar su autoestima y dirigir la comunicación a un proceso más destructivo que constructivo.

Es posible que pienses que exagero, pero estas reflexiones son útiles tanto si lo que quieres contar es que tu cuñado te parece idiota como si se trata de algo mucho más relevante como una infidelidad. Y en el medio hay infinidad de situaciones e informaciones. Te voy a contar el caso de Vanesa, quien hace unos añitos consultó conmigo su falta de deseo. Tenía treinta y siete años, era economista, madre de dos niños y estaba casada con Rodrigo, que trabajaba en la misma empresa que ella, pero en otro departamento. De hecho, ahí se habían conocido ocho años antes.

El motivo de consulta era que no había orgasmado nunca y se había cansado de fingir. «Estoy demasiado cansada. Quiero a Rodri, a mis hijos, no tengo ninguna crisis en mi relación, pero acabo tan cansada todos los días que, aunque sea fin de semana, prefiero hacer otras cosas en las que sé que me lo voy a pasar mejor.»

Entre las muchas cosas que trabajamos en el proceso, una de ellas fue ayudarla a interiorizar que el sexo no debe tener, exclusivamente, el orgasmo como objetivo. No tardó en aceptarlo, pero el problema más relevante seguía ahí: se había cansado de fingir y su marido no sabía que ella no había tenido un orgasmo nunca, ni a solas ni en compañía. «Al principio no se lo dije porque como todas mis amigas presumían de masturbarse y de tener orgasmos, yo estaba convencida de que me pasaba algo raro y me daba vergüenza. Así que empecé a fingir y todavía no he encontrado un buen momento para dejar de hacerlo.»

Las revisiones ginecológicas indicaban que todo estaba bien; por eso, al final se decidió a buscar ayuda sexológica. Había que aprender a tener orgasmos. Empezamos a trabajar en el autoconocimiento, en las ideas interiorizadas que tenía sobre el autoerotismo (le daba repelús tocarse los genitales), etc., pero se planteó una duda importante. ¿Invitábamos a Rodrigo al proceso terapéutico? Normalmente los problemas sexuales se presentan en las relaciones sexuales compartidas, así que lo más frecuente es que la terapia sexual se lleve a cabo con ambos miembros de la pareja. Sin embargo, Vanesa no se encontraba cómoda con la idea. «¿Cómo le voy a explicar a Rodrigo que llevo todos estos años mintiéndole? ¡No va a volver a confiar en mí! ¿Y cómo se lo va a tomar él? Seguro que va a afectar a su autoestima, que, de por sí, no suele ser muy alta.» Vanesa sopesó los pros y contras de contar toda o parte de la información y llegó a la conclusión de que contar absolutamente todo sería sincericida. Se lo contara o no, ella iba a hacer su proceso terapéutico igualmente, y contarle que llevaba muchos años fingiendo orgasmos no iba a suponer un beneficio para ese proceso. Lo que sí hizo fue explicarle que había empezado a ir a terapia para trabajar en su deseo sexual, que, lógicamente, estaba *missing*.

No solo superó todos los frenos que le impedían disfrutar de sí misma y buscar su placer, sino que también consiguió hacerlo con Rodrigo. Recuerdo que cuando tuvo su primer orgasmo me envió un mensaje. Su alegría era contagiosa. Liberarse la había liberado. Actualmente, y hasta donde yo sé, Rodrigo sigue sin conocer absolutamente *todos* los detalles del proceso de su mujer.

Quizás en un universo paralelo Vanesa se lo cuenta todo a su marido y sale bien, quizás en otro hace lo mismo, pero acaban separados. En este en el que vivimos parece que la decisión que mi paciente tomó fue una buena solución. Puede que haya quien la cuestione éticamente, quizás haya quien en el lugar de Rodrigo hubiera preferido saberlo todo o quien, siendo Vanesa, no hubiera podido guardarse para sí todos los detalles. No pasa nada, del mismo modo que no hay una fórmula para encontrar los límites entre la sinceridad y el sincericidio, tampoco hay una única forma de abordar cada situación porque son muchas las variables que hay que tomar en cuenta.

A lo que sí te animo es a intentar anticiparte a las consecuencias de un posible sincericidio para que puedas decidir cuándo, cómo y cuánto contar de lo que crees que debes contar porque, como dijo Aristóteles o Shakespeare, no está del todo clara la autoría, «el hombre es dueño de su silencio y esclavo de sus palabras».

Terapeutas de pareja: ni jueces, ni magos, ni testigos

Muchos de mis colegas y yo misma nos vemos, normalmente, obligados a explicar qué hace y qué no hace un terapeuta de pareja. De hecho, me atrevería a decir que dedico más tiempo a exponer lo que no hacemos que lo que hacemos. Cierto es que si no estás familiarizado con el asunto no tienes por qué saberlo, así que es comprensible que parte de nuestro cometido como profesionales sea esclarecer qué se puede esperar del proceso.

Los mitos acerca de la terapia probablemente tengan que ver con las figuras que anteriormente se ocupaban de estos menesteres y con los deseos de los propios pacientes.

Cuando la terapia de pareja no era una disciplina, de estas tareas solían encargarse curas y confesores. Me consta que también se han visto abocados a intentar cumplir estas funciones quienes se dedican a la medicina y la enfermería o atienden barras en algún bar. Y si tienes mucha confianza, incluso puede que algún amigo común de la pareja.

Sin embargo, además de no contar con la formación adecuada, todas esas figuras ya tienen sus propias funciones, acordes con el rol que desempeñan. Por ejemplo, los orientadores espirituales buscan guiar a sus feligreses indicando cuáles son los límites y valores que deben observar según sus creencias religiosas, y los amigos no tienen la distancia emocional necesaria para poder ser lo más objetivos posible. No se trata de que esas personas no puedan hacer nada por ayudar. Pueden, pero lo hacen desde otro punto de vista, por eso no desempeñan las funciones del terapeuta de pareja (y viceversa).

Lo primero que conviene aclarar es que en terapia de pareja el *paciente* es la relación. ¿Te acuerdas del 1 + 1 = 3? Pues nuestro paciente es el tercero, el *sistema* que forman los miembros, y no las personas individuales. Aunque uno sea el *portador del síntoma* (por ejemplo, por padecer falta de deseo), incluso aunque quienes acudan a nosotros estén convencidos de saber de quién es *la culpa* de su situación, el objeto de trabajo es la relación y las dinámicas que en ellas se dan.

La terapia consiste en identificar todos esos elementos individuales y relacionales que al interactuar generan y/o mantienen los problemas que ponen en riesgo o estropean la relación para modificarlos dentro de lo posible. En otras ocasiones el objetivo es el acompañamiento en el proceso de descubrir si ambos desean continuar en la relación o no.

Lo que un profesional de la terapia nunca debe hacer es dar su opinión personal. No somos amigos, ni tampoco jueces. Nuestro trabajo consiste en conocer y entender cuáles son las áreas problemáticas de la relación e identificar qué variables crean y mantienen los conflictos. La terapia también es un contexto estupendo para poder expresarse y comunicarse de una forma que en casa suele ser más difícil de conseguir, ya que, cuando las parejas funcionamos mal, solemos quedarnos atascadas en casi todos los intentos de entendimiento.

Además, al tener distancia emocional, también somos capaces de ver los aspectos positivos que unen a una pareja, así como su estilo de comunicación. Esa misma distancia es la que nos permite ayudar a ver más realidades y otros puntos de vista. Alguien me dijo una vez que cuanto más cerca estás de la pared más te cuesta distinguir su color. Pues lo mismo pasa con las relaciones.

Así que no, los psicólogos no somos amigos de los pacientes, ni jueces en las terapias de pareja. Y, aunque no es frecuente, recuerdo que en una ocasión hacer esto explícito implicó que la terapia no tuviera más de dos sesiones. Se trataba de una pareja en la que ambos estaban divorciados de parejas anteriores y tenían hijos de esas relaciones. Se enamoraron cuando Carol tenía cuarenta y dos años y Javier cuarenta y nueve. Ella tenía un hijo de doce años y él un hijo de catorce y una hija de dieciocho. Ambos se habían divorciado hacía varios años, con lo que la noticia de que sus padres tuvieran pareja no ocasionó un gran drama en los hijos hasta que decidieron vivir juntos. Cuando Carol contactó conmigo ya llevaban tres años conviviendo y estaba muy agobiada porque no conseguía llevarse bien con la hija mayor de su pareja. Estaba convencida de que esto pasaba porque su pareja no les daba, a ninguna de las dos, el lugar que les correspondía. Además, estaba muy enfadada porque sentía que la hija solo se llevaba bien con ella cuando quería algo, y que Javier no se diera cuenta la enervaba. Esto les había generado muchas discusiones, hasta el punto de decidir dejar de convivir para ver si se calmaban las cosas.

Cuando Carol y Javier vinieron a la primera sesión la demanda de ella era muy clara y concreta: que yo le hiciera ver a él cómo le estaba quitando autoridad frente a su hija y cómo eso estaba causando problemas familiares y de pareja. De hecho, hubo un momento en el que ella hizo ademán de levantarse para dejarnos a Javier y a mí solos, dado que, a sus ojos, el problema era de él y yo tenía que ayudarle a darse cuenta de que tenía que darle a su pareja el lugar que merecía.

En ese momento le pedí a Carol que se quedara porque quería explicarles cómo funciona la terapia de pareja, *quién* es el paciente (la pareja) y qué podían esperar del proceso terapéutico. Les planteé abordar sus estrategias comunicativas ya que, al parecer, Carol tenía una gran capacidad de expresión, frente a la que Javier, al sentirse menos hábil, prefería quedarse callado, haciendo que el problema no solo no se resolviese, sino que se enquistase. También hablamos de la posibilidad de que la solución quizás no estuviera en *elegir* entre ella y la hija, sino en ver cómo ellos, como pareja, podían unirse frente a las dificultades que su particular situación familiar les planteaba. Situarse más *uno al lado del otro*, en vez de *enfrente*.

No descarto que yo no fuera capaz de explicarme correctamente porque vinieron a otra cita, pero no volvieron más. Creo que a Carol no le convenció que yo no ejerciera de jueza y sospecho que a Javier tampoco le emocionó mucho el asunto de revisar cómo se relacionaba con su hija. Eso me entristeció porque, por lo poco que pude conocerlos, me pareció que se querían mucho, y la situación en la que se encontraban podía llegar a tensar tanto el vínculo que este podía romperse.

Lo siento si te he decepcionado: los psicólogos no somos amigos, ni jueces, ni... perfectos.

Y tampoco somos magos. Y esto lo digo porque, a veces, se espera que después de la terapia nos volvamos a enamorar de la pareja como al principio o que esta vuelva a enamorarse de nosotros cuando ya nos ha comentado que quiere dejar la relación. Los psicólogos no tenemos ese poder y, aunque lo tuviéramos, tampoco estoy segura de que fuera adecuado usarlo. ¿Quieres estar con alguien que no siente lo mismo que tú?

Otras veces, el problema no es que las parejas funcionen mal, sino que ya no funcionan, y ahí es donde debemos plantearnos si tiene sentido continuar o si nuestra relación ha entrado en *cuidados paliativos*. Por eso, otra cosa que advertimos en las primeras sesiones es que las terapias de pareja pueden tener un *final feliz* o un *feliz final*. Pero eso tú ya lo sabes porque te he comentado que el hecho de que una relación acabe no significa que haya fracasado, sino que lo que en su momento nos unió ya no lo hace, quizás porque el vínculo se ha desgastado o porque nuestras necesidades, deseos y proyectos han cambiado y ya no tienen cabida en esa maravillosa aventura que durante un tiempo compartimos y bautizamos como *pareja*.

Tengo la sensación de que, en general, los seres humanos somos bastante hedonistas y por eso buscamos el placer y el bienestar y tendemos a evitar meternos en barrizales que impliquen ponerlos en cuestión o reconocer que ya no existen. Y creo que esa es la razón, entre otros motivos, de que los mitos suelan arraigar con tanta fuerza.

Por suerte el antídoto para tanto mito existe: es y siempre será la educación sexual. Y no añado *afectiva* porque la sexualidad siempre lo es. Si desde pequeños tuviéramos una educación sexual reglada (en los centros educativos) e informal (en los hogares y redes familiares), sería mucho más difícil creernos que solo hay una persona en todo el mundo de la que nos vamos a enamorar o que si sufres mucho en tu relación es porque el amor vale la pena.

La educación sexual no solo es información sobre profilaxis y anticoncepción, también es aprender sobre diversidad, comunicación de los afectos, tolerancia y respeto, y sobre consentimiento y libertad. Y como para aprender nunca es tarde, espero y deseo haber aportado, con este capítulo, mi pequeño granito de arena en este sentido.

4

PERFECTAMENTE IMPERFECTA: UNA PAREJA EXITOSA

Si ya es complejo definir qué es una pareja, no te quiero ni contar lo difícil que es concretar qué convierte una relación en exitosa, ya que hay un montón de factores que se pueden tener en cuenta a la hora de determinar si está funcionando bien o no. Algunas personas te hablarán de la frecuencia y satisfacción de sus relaciones sexuales, otras de la cantidad o calidad de los planes que realizan juntos y otras de cómo se les da lo de sobrevivir al día a día. Esto no es de extrañar porque, como sabes, mientras que todas las parejas desdichadas suelen repetir patrones, las parejas felices lo son cada una a su manera.

Precisamente por esto, todo lo que vaya a contarte en las próximas páginas tómalo como una serie de pautas generales que cada persona y cada pareja adapta a su realidad de una forma totalmente subjetiva y personalizada.

Sin embargo, creo que podemos señalar algunos aspectos de la relación como *imprescindibles* para que esta nos parezca (a ratos) feliz, dichosa, funcional, sana, plena... en definitiva, exitosa. Son muchos los expertos que se han dedicado a reflexionar e investigar sobre el asunto, pero las conclusiones a las que llegan Landarroitajauregi, Pérez Opi y Beyebach me parecen las más amplias e interesantes. Según estos admirados colegas, son tres los principales factores que hacen acto de presencia cuando una pareja se define como exitosa.

El primero hace referencia a la duración, es decir, al tiempo que los miembros de la pareja han estado juntos. Pero, ojo, esto no significa que haber estado muchos años con una persona implique, necesariamente, haber estado a gusto. Por eso creo que la duración solo puede ser apreciada positivamente si va de la mano del segundo factor, que tiene que ver con la satisfacción. Es decir, con cómo cada uno de los miembros puntúa las diferentes áreas de la relación que considera importantes y lo feliz y satisfecho que se siente en cada una de ellas.

De hecho, tanto una ruptura como la continuidad de una relación pueden ser positivas o negativas en función de las condiciones en las que se estén llevando a cabo tanto una como la otra, pero tendemos a considerar las rupturas como el fracaso de las relaciones. O peor, de los integrantes. Y no descarto que los profesionales estemos contribuyendo a ello al hablar de parejas *exitosas*, pero, en este caso, el antónimo de *éxito* no es *fracaso*. Que una relación termine no quiere decir que haya fracasado. Incluso, me atrevería a decir que no es que la pareja rompa porque funcione mal, en cuyo caso podría intentar funcionar mejor, sino que se disuelve porque, sencillamente, ya no funciona. Somos muchos los psicólogos y sexólogos que abogamos por el hecho de conceptualizar la ruptura como una fase más del proceso evolutivo de las parejas para que no se considere un fracaso el hecho de haberla recorrido, a pesar de que sea una etapa que quizás no todas vayan a recorrer.

El último de los factores habla del crecimiento individual dentro de la relación. Es decir, cómo cada miembro siente que puede seguir desarrollándose como persona dentro de la relación o incluso a *pesar* de las elecciones, renuncias y adaptaciones que hacemos al estar en ella.

Yo añadiría un cuarto elemento: la confianza. Desde mi humilde punto de vista, sirve de pegamento para todos los demás. Un concepto complejo de definir y, en ocasiones, también difícil de alimentar.

Seguramente a ti se te ocurrirán muchos más indicadores de que estás donde y con quien quieres estar. Cuando he preguntado, he obtenido muchas respuestas. Un amigo inmerso en una mudanza me dijo que lo único que necesitaban era disponer de espacio libre para las cajas. Otra chica me dijo que mientras no le robara las croquetas, todo iría bien. Asunto que, con toda probabilidad, compartiría mi churri, quien, como Joey de la serie *Friends*, nunca comparte la comida de su plato. Hay quien me ha hablado de que la felicidad siempre dependerá de que haya chocolate en la despensa o de lo indispensable que es que tengamos cuartos de baño independientes. Doy fe.

Bromas (o no) aparte, a lo largo de los años he atesorado respuestas diversas y para nada excluyentes, como, por ejemplo, sentirse querido, valorado y deseado; cumplir proyectos compartidos como construir un hogar en el que criar a los hijos; sentir que son pocos los conflictos que se tienen o que, cuando los hay, se afrontan adecuadamente; ser capaces de adaptarse el uno al otro; que exista una relación basada en el respeto, la libertad, la conexión, la diversión y la empatía o una en la que también haya buena comunicación. Como ves, para gustos, los colores, y aunque luego te contaré más cositas sobre qué podemos hacer las parejas para disfrutar de una relación plena, empecemos por el tema de la comunicación.

4.1. ¿Es hablar la única solución?

Mi respuesta breve y muy resumida es que no: hablar no es la única solución. Sin embargo, lo que sí es esencial en toda relación de pareja, ¿qué digo?, ¡en toda relación humana!, es la comunicación. ¿Por qué? Porque puede que el amor sea ciego, pero, desde luego, no es sordo. Lamento haberte creado falsas esperanzas si eres de esas personas que tiemblan al escuchar la frase «tenemos que hablar».

Esto sucede porque tenemos ideas muy estereotipadas acerca de lo que es una conversación importante o trascendente entre los miembros de una pareja. Esas escenas están tan arraigadas que, incluso sin querer, colaboramos a que se desarrollen de tal manera que acabamos logrando que nuestros mayores temores se cumplan. Si te pido que imagines a una pareja manteniendo una conversación *importante* y *complicada*, ¿qué escenarios aparecen en tu mente? ¿Dos personas sentadas en el sofá del salón? ¿Quizás una de ellas habla sin parar y la otra tiene cara de hastío? ¿O puede que estén de pie hablándose el uno al otro de forma airada y con muchos aspavientos? ¿Alguien se ha marchado sin mediar palabra? ¿Ha habido portazo? ¿Están los dos en silencio, pero mirándose fijamente?

Si somos fieles a los tiempos que nos ha tocado vivir, en ese imaginario bien podríamos incluir un ordenador, un móvil o una tableta, que secuestra de tal modo la atención de uno de los interlocutores que hasta le puede servir de escudo protector frente a lo que cree que se avecina: una gran discusión. Sin embargo, en muchas ocasiones, no levantar la vista de los avances tecnológicos para dirigirla al encuentro de nuestra pareja puede ser, precisamente, el desencadenante de otro desencuentro.

¿Por qué a algunas personas les da tanto miedo hablar? ¿Y por qué otras son tan aficionadas a este verbal deporte? En la respuesta a estas preguntas intervienen muchas variables: desde el género y la edad, pasando por los aprendizajes que sobre comunicación hemos hecho en nuestras familias de origen, hasta llegar a las nuevas tecnologías y cómo estas están dificultando, aún más, la comunicación humana. Pero ¿de qué hablamos cuando hablamos de comunicación?

Más allá del «emisor, receptor y mensaje»

Como seguro que habrás oído decir mil veces, el ser humano es un animal social y lo es porque para cubrir todas sus necesidades físicas y emocionales necesita relacionarse con sus congéneres. Sin embargo, a diferencia de lo que sucede en los relatos de ficción y en series como *Black Mirror*,[52] no poseemos (afortunadamente) la habilidad de la telepatía, lo que nos obliga a comunicarnos de manera un poquito más convencional. Y lo hacemos a través de dos vías que se complementan: la palabra (comunicación verbal) y *todo lo demás* (comunicación no verbal).

¿Te acuerdas de las clases de Lengua del cole en las que nos enseñaban con un dibujo en qué consistía la comunicación? Según nos explicaron, el emisor crea un mensaje que envía al receptor a través de un canal concreto en un contexto determinado. Luego, el proceso se invierte cuando el receptor responde y se convierte en emisor. Fácil, ¿no?

Sin embargo, estarás de acuerdo conmigo en que, en la práctica, la comunicación es muchísimo más compleja. Para empezar, los seres humanos no hablamos todos el mismo idioma, lo cual es una gran barrera a la hora de comunicarnos con cualquiera de manera eficaz. Otras veces el problema está en el canal empleado. Por ejemplo, discutir con tu pareja por WhatsApp está mal. Sale mal. No funciona. Termina en desastre. ¿Lo pillas? Insisto porque estoy por sugerir a las autoridades que se prohíba legalmente. No te puedes imaginar la de problemas que trae la sobreinterpretación que las personas hacemos de la comunicación a través de la mensajería instantánea. Tantos que luego le dedico todo un apartado.

Otro aspecto bastante determinante y que puede dificultar en gran medida la comprensión es el contexto. Por ejemplo, cuando intentamos comunicarnos a gritos en un bar lleno de gente un sábado por la noche, en una discoteca con música muy alta o delante de los hijos o de unos familiares con un sentido del oído muy desarrollado y bastante cotillas.

Si ya de por sí la comunicación puede ser complicada con las variaciones que permiten los elementos básicos, te sorprenderá saber que existe otro factor que también interviene en la interpretación de los mensajes. Aunque lo más académico y profesional es denominarlos *sesgos cognitivos*, yo suelo llamarlos *filtros*, como los de Instagram, porque son capaces de modificar el significado, la intención y la forma del mensaje.

Filtros son todas esas traducciones e interpretaciones inconscientes y automáticas que las personas hacemos de los mensajes verbales y no verbales que recibimos. Por ejemplo, si un conocido pasa a nuestro lado y nos saluda pero no se detiene a hablar como en otras ocasiones, podemos interpretar que va con prisa o que se ha enfadado con nosotros porque ayer, al regar las plantas, se nos cayó sin querer un poco de agua en su terraza. El caso es que a partir de un sencillo acto comunicativo somos capaces de elaborar diferentes significados, y solemos dar nuestra respuesta al mensaje desde esa interpretación, que puede coincidir con la intención del otro o... no.

El ejemplo que te he puesto puede tener cierta elaboración consciente, como pensar que se ha enfadado porque hemos intentado impedir que se nos mueran los geranios. Sin embargo, gran parte de nuestra comunicación es automática e inconsciente, y del mismo modo que la emitimos y la recibimos sin pensar mucho, también lo hacemos dando por hecho que los demás comparten nuestro modo de ver el mundo.

Las personas tomamos decisiones constantemente porque vivimos rodeadas de estímulos que nos obligan a ello. Nuestra mente y nuestra vida están llenas de múltiples situaciones y opciones, y simplemente no podemos dedicar todo nuestro tiempo y energía a analizar cada una de ellas en profundidad. No eres consciente de ello, pero en todo momento estás tomando decisiones en función de la información que recibes de tu entorno. Decides cómo sentarte, cuándo levantarte, qué recorrido hacer al caminar, qué dirección tomar, qué decir, qué responder, etc. Pero ninguno de nosotros tenemos conciencia de estar haciéndolo porque tomamos decisiones de forma automática; y aunque intentamos que sea de forma eficaz, no siempre lo logramos.

No es que seamos vagos para pensar, es que no nos da para todo, y por eso la evolución nos ha provisto de esta estrategia, de estos esquemas mentales y pre-juicios (entendiéndose como *juicios previos*): para que podamos responder a situaciones de manera eficiente y segura. Por ejemplo, sabemos que tocar la llama de una vela puede quemarnos, por lo que no nos dedicamos a comprobarlo cada vez. Y de esa idea hacemos otras interpretaciones y deducciones, como, por ejemplo, no tocar la placa de la vitrocerámica o una plancha que acabamos de usar.

Como imaginarás, algunos sesgos son heredados, pues son los descendientes genéticos de comportamientos exitosos de nuestra especie, mientras que otros de estos filtros se aprenden a raíz de nuestra experiencia. En ambos casos, su papel es minimizar el error y los daños potenciales, ya que, energéticamente hablando, el cerebro consume mucha energía, además de que también es importante que los errores no pongan en riesgo nuestra supervivencia. Esto explica por qué nos asustamos ante sonidos fuertes, experimentamos vértigo en lugares altos (incluso cuando hay unas sólidas barandillas) y echaremos a correr sin dudarlo si nos topamos en la calle con un tigre que se haya escapado del zoo.

Esto mismo nos pasa también cuando nos comunicamos. Somos capaces de responder rápidamente a muchas preguntas sin darles demasiadas vueltas. Por ejemplo, intenta responder a la siguiente cuestión: ¿cuántos animales de cada especie metió Moisés en el arca? No hay respuesta correcta porque el arca nunca existió, pero de lo que quizás no te has dado cuenta es de que te he preguntado por Moisés cuando en realidad la hazaña se atribuye a Noé.

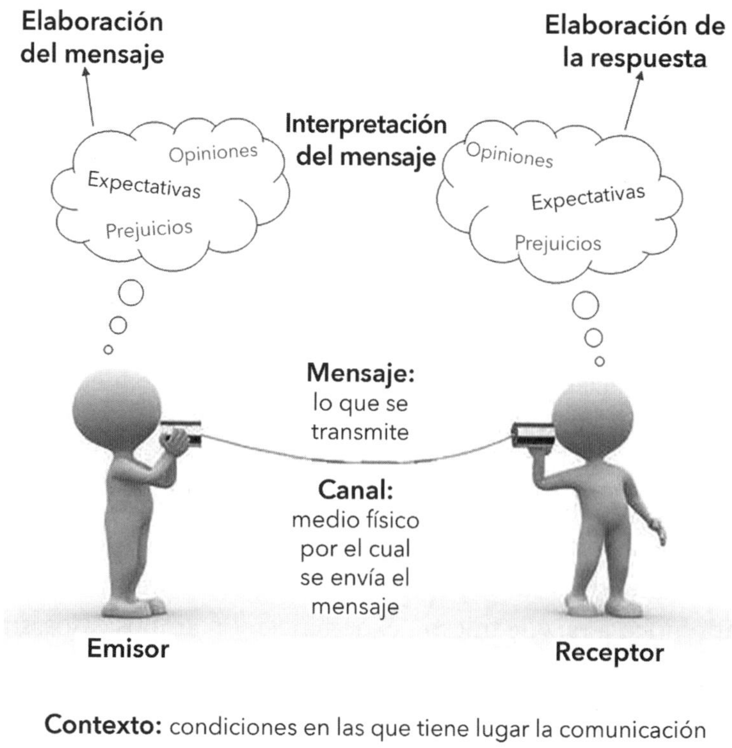

Tal y como explica la psicóloga experimental Helena Matute,[53] si cometemos errores tan simples en preguntas aparentemente sencillas y poco arriesgadas, imagina cuántos cometeremos en medio de una discusión cuando estamos secuestrados por emociones tan intensas como el enfado. Por eso es tan importante no creernos en posesión de la verdad.

Son muchas las clasificaciones y tipos de sesgos y distorsiones cognitivas que atesoran los libros relacionados con este asunto, pero como no te quiero aburrir, he hecho una breve selección de los que más suelen fastidiar la comunicación en pareja. A medida que los vayas descubriendo es probable que pienses que eso no solo pasa en las relaciones afectivas y tendrás razón. Esta especie de *monólogos interiores* los tenemos incluso cuando no hay nadie enfrente, son interpretaciones erróneas que hacemos de la realidad y que nos acompañan allá donde vayamos.

Dos de ellos te los presenté en el capítulo anterior cuando te contaba que los afrodisiacos no existen: el sesgo de confirmación y el sesgo de causalidad. Por si no te acuerdas, te los refresco. El sesgo de confirmación es la tendencia natural del ser humano a buscar, interpretar y recordar aquella información que corrobora nuestras creencias o hipótesis previas. Como imaginarás, esta parcialidad puede ser perjudicial si nuestra creencia inicial es errónea. Por ejemplo, si pensamos que los hombres son infieles por naturaleza (*spoiler*: no), tenderemos a seleccionar la información que confirme o apoye la idea de que nuestra pareja nos puede estar engañando. O si tenemos la idea de que las mujeres lloran durante las peleas para hacer chantaje emocional (*spoiler*: tampoco), podemos invalidar la expresión emocional de nuestra pareja.

El sesgo de causalidad es la inclinación que los seres humanos mostramos a la hora de relacionar como causa y efecto dos eventos que, simplemente, aparecen o suceden a la vez o uno detrás de otro en un periodo concreto de tiempo. Esto es lo que sucede, por ejemplo, con la homeopatía. Existe un producto homeopático que dice curar la gripe. Sin embargo, estos artículos no llevan principios activos, por lo que no pueden cumplir con ninguna función terapéutica. Lo que ocurre cuando algunas personas afirman que les ha funcionado es que relacionan haber tomado ese producto y la desaparición de los síntomas al término de una semana. Podemos vincularlos, pero la gripe también hubiera pasado sin tomarlo. Y no, no es que el ser humano sea tonto, es que toleramos fatal la incertidumbre y establecer relaciones de causa y efecto, aunque no sean reales, nos da una falsa sensación de control y seguridad que nos alivia bastante.

Otro sesgo habitual es la exageración, también conocida como sobregeneralización. Se caracteriza por amplificar la importancia o el impacto de una situación o comportamiento, haciendo que parezca peor de lo que es en realidad. Palabras como *siempre*, *nunca*, *nadie* o *todos* suelen ser habituales cuando esta distorsión hace su aparición estelar, y, normalmente, hay un núcleo de verdad en la exageración, pero solemos hacer una montaña de un grano de arena. En parejas se da con relativa frecuencia. No me atrevo a decir que en todas porque estaría feo sobregeneralizar cuando estoy criticando la exageración, ¿no?, pero no es extraño que en las discusiones de pareja se exagere en algún momento. Ejemplos de ello serían frases como: «Nunca bajas la basura», «Siempre soy yo quien va a las reuniones escolares», «Nadie sabe si estamos juntos porque todo lo hacemos por separado», «Todos creen que debería divorciarme», «Nunca nos avisas para ir de excursión»... y así un largo etcétera.

Como te decía, por lo general esta distorsión esconde

cierto grado de verdad, pero al aumentarla de este modo la otra persona va a sentirse tan injustamente tratada que reaccionará, no centrándose en la idea que le quieren transmitir, sino en intentar desmontar semejante falacia. Voy a proponerte un minidiálogo de este estilo:

> —¡Qué harto estoy, David! ¡Nunca bajas la basura! —le grita Nando mientras la recoge él aprovechando que sale a trabajar.
>
> —¿Cómo que nunca bajo la basura? ¡Ayer mismo! Que bien podrías haberla bajado tú, pero se te olvidó. Y todos los domingos cuando salgo a correr bajo el papel y el cartón —le responde airado David.
>
> —¿A correr? ¿Los domingos? Dime cuándo ha sido el último domingo que has salido a hacer deporte, si te pasas el día en el ordenador... —le desafía Nando.
>
> —Eso es porque he estado lesionado, pero antes la bajaba todos los domingos —se defiende David.
>
> —Pero ¡si no has ido a correr desde que nos mudamos a esta casa y ya llevamos aquí dos años! —le responde Nando justo antes de cerrar la puerta y dejarlo con la palabra en la boca.

La visión de túnel o filtraje es otra de las distorsiones que más entorpecen la comunicación en pareja. Este sesgo implica tener presente exclusivamente, o con más fuerza, los aspectos negativos de nuestro *partenaire* o de la relación, mientras que se ignoran o minimizan los aspectos positivos.

Si seguimos tomando como ejemplo a David y Nando, podemos imaginar la siguiente escena. Nando vuelve de trabajar y se dirige a la habitación para darse una ducha y ponerse algo más cómodo. De camino, saluda con un minigruñido a David, quien ya ha vuelto del trabajo y está en el salón viendo un documental sobre reciclaje. Este le responde con un leve movimiento de cabeza. Se nota en el ambiente que los dos están afectados por la discusión de esa mañana. Al entrar en la habitación, Nando se da cuenta de que David se ha dejado, a los pies de la cómoda, los zapatos y los calcetines usados sin recoger y piensa: «¡Nada, como me encargo de la basura me tendré que encargar de esto yo también!», sin reparar en que sobre la cama está planchada la ropa que había en el cesto y sin percibir el olor de la cena que ya está preparada en la cocina.

Aunque hay tantas escenas de este tipo que podríamos escribir una enciclopedia, no quería dar por finalizado este asunto sin hablar de la intención asumida o la interpretación del pensamiento ajeno. Consiste en hacer juicios sobre los pensamientos y motivaciones de la pareja sin tener información directa ni pruebas que argumenten nuestras deducciones. Es decir, se produce cuando das una interpretación, normalmente negativa, a algo que tu pareja ha hecho o dejado de hacer.

Sigamos con Nando y David y su contribución al proceso de tratamiento y eliminación de residuos. Imaginemos que David, en un intento de atender las peticiones de su pareja, ha dejado la bolsa de basura junto a la puerta para que no se le olvide cuando, dentro de un rato, baje a comprar el pan. Nando, que ya está preparado para salir a una revisión médica, se acerca al salón para despedirse, pero con el rabillo del ojo ve la bolsa de basura y piensa: «¡Pero tendrá morro! No solo no baja la basura, sino que encima tiene los redaños de dejármela ahí para que yo la baje ahora. ¡Va listo!». Esto ha sucedido en segundos, y para cuando Nando llega al salón, el beso de más de seis segundos que quería darle se convierte en un ligero contacto de unas décimas. David, que se fija menos en estos detalles, no le da importancia y le desea que la revisión vaya bien.

Esa misma tarde, cuando los dos vuelvan a encontrarse en casa, David habrá tirado la basura y probablemente se sienta contento por ello. Incluso puede que tenga la secreta esperanza de que Nando se haya dado cuenta y se lo haga saber. Sin embargo, este se ha ido pensando que la bolsa en la puerta era una indirecta para él y no un recordatorio, por lo que dudo mucho que los dos interpreten lo sucedido del mismo modo. Ojalá encuentren la manera de comunicarse más exitosamente. A ti te la cuento en breve.

Por el momento me conformo con que tengas presente que todos cometemos este tipo de errores y que, a pesar de ser conscientes de ellos e intentar esquivarlos, influyen directamente en la comunicación. No recuerdo cuál era la fuente, pero una vez leí que «entre lo que pienso, lo que quiero decir, lo que creo decir, lo que digo, lo que quieres oír, lo que oyes, lo que crees entender, lo que quieres entender y lo que entiendes existen nueve oportunidades de no entendernos». Y no me puede parecer más acertado.

Hombres, mujeres y estilos comunicativos

¿Crees que existen diferencias entre hombres y mujeres a la hora de comunicarnos? Son muchos los profesionales de diversas áreas los que se han hecho esta misma pregunta y lo han investigado. Sociólogos, neurólogos, psicólogos, lingüistas, etc. llegan a la misma conclusión: que los hombres y las mujeres tenemos diferentes formas de comunicarnos verbal y no verbalmente. Otro asunto es ser capaces de discernir qué parte de responsabilidad tienen la biología, el desarrollo neurológico o la educación en cada caso. Lo que tengo claro es que el resultado solo puede explicarse por la interacción de muchísimos factores.

Antes de continuar, me gustaría aclarar que las diferencias entre hombres y mujeres no justifican las desigualdades o las injusticias. Y, en este caso, tampoco sirven para responsabilizar a una única persona de un proceso como es la comunicación, que tiene lugar entre, al menos, dos personas.

Mi experiencia profesional a nivel clínico y de divulgación me ha enseñado que es muy importante matizar este punto, y es que tengo la sensación de que luchando por la igualdad (como no puede ser de otro modo) hemos desarrollado un desadaptativo temor a las diferencias, pero haberlas haylas. Las hay entre hombres y mujeres, y también *entre* los hombres y *entre* las mujeres. Pero en ningún caso esas distinciones deben llevarnos a la desigualdad o a justificar el desprecio por otras personas.

Para cerrar este pequeño paréntesis, quisiera matizar que cuando hablamos de que las mujeres actúan no sé cómo o los hombres dicen no sé qué hablamos de mayorías estadísticas, y que no tiene que ver con conceptos como *normal*, *natural* o *mejor*. Por ejemplo, los hombres son más altos que las mujeres. Eso no quiere decir que no existan mujeres más altas que algunos hombres. Lo que hace que algo sea entendido como masculino o femenino es la frecuencia con la que ese comportamiento o esa característica se presenta en hombres o en mujeres; sin embargo, eso no indica que siempre y solo pueda ser así, ni que, en el caso de ser diferente a lo frecuente, sea peor. Cierro paréntesis.

Volviendo a los estilos comunicativos, ya en la década de los ochenta, según nos comenta la psicolingüista Deborah Tannen (1991), Daniel Maltz y Ruth Borker realizaron un estudio en el que analizaron las diferencias de género en la comunicación. En su investigación, observaron que hombres y mujeres manifiestan diferentes estilos comunicativos y que esto puede llevar a malentendidos en la interacción diaria. No hace falta ser un experimentado investigador para comprobarlo, ¿verdad? Basta con tener padres, hermanos o pareja.

Estos investigadores de la Universidad de California concluyeron que las mujeres valoran la comunicación como una herramienta para el vínculo, mientras que los hombres suelen estar más concentrados en el contenido, lo que produce diferencias en cómo cada género se comunica y en cómo se percibe e interpreta la comunicación del otro.

A conclusiones similares llegó Mary Ritchie Key,[54] otra socióloga experta en comunicación. Señala que las mujeres tienen más probabilidades de usar el contacto visual en la comunicación y de interpretar el lenguaje corporal, mientras que los hombres pueden ser más directos y menos sutiles en este sentido. Además, según sus investigaciones, las mujeres suelen usar más lenguaje de apoyo emocional, como palabras de aliento y afirmaciones positivas, mientras que los hombres tienden a utilizar lenguaje más directo, concreto y objetivo. También destaca que mientras las mujeres tienden a ser más detalladas y verbales en su comunicación, los hombres suelen ser más breves y tendentes a enfocarse en las soluciones.

Soluciones. ¿Cuántas veces has intentado ayudar a tu pareja diciéndole qué puede hacer para resolver su problema? ¿O cuántas veces le has dicho que no necesitas que te dé una solución sino solo que te escuche mientras te desahogas? ¿En cuál de los lugares sueles encontrarte tú?

Este *choque* es frecuente en las relaciones de pareja: mientras uno intenta exponer cómo se siente y ser escuchado, el otro, al ver cómo la persona que quiere lo pasa mal, intenta encontrar una solución para que el malestar se acabe. Como respuesta podemos recibir un «no me entiendes» o un «no quiero que me digas qué hacer». No es extraño que en una pareja hetero sea el hombre quien intente resolver los conflictos que su pareja padece, y tampoco es raro que la mujer se sienta incomprendida porque ya sabe qué hacer, solo necesita que, como a mí me gusta decir, *le den un poco de jabón*. Los hombres que participan en relaciones heterosexuales exitosas suelen ser capaces de separar la *solución del problema* de la *conversación sobre el problema*, y es un ejercicio consciente muy loable, ya que estamos programados para orientarnos a la resolución de los problemas, aunque haya ocasiones en las que nosotras solo queramos ser escuchadas.

En YouTube hay un corto sobre este asunto. Lleva por título *It's Not About The Nail*[55] y muestra a una pareja discutiendo sobre el dolor de cabeza que sufre la protagonista. A pesar de que ella tiene un clavo clavado en la frente y de que él intenta sugerir que quitárselo puede ser la solución, ella insiste en que el problema es el dolor de cabeza y no el clavo. La conversación que mantienen es un ejemplo de cómo a veces no nos escuchamos lo suficiente y nos cuesta entender el punto de vista del otro.

Puede que todo esto te suene desalentador, porque podrías llegar a creer que estamos condenados a no entendernos. Sin embargo, en la práctica, ser conscientes de estas diferencias nos ayuda a comprendernos e interpretarnos más correctamente y, en consecuencia, a reducir el conflicto.

Por ejemplo, si sabes que cuando le cuentas una preocupación a tu pareja él va a intentar ayudarte a resolverla o a que la relativices, no interpretarás sus palabras como una invalidación de tus emociones, sino como la mejor forma que, de momento, ha encontrado desde su manera de procesar este tipo de situaciones. O si ves que a tu pareja no le ayuda a sentirse mejor el repertorio de soluciones que acabas de plantear, no deducirás que no valora tus reflexiones, sino que en ese momento solo necesita ser validada y acompañada en su malestar.

Siguiendo este hilo de pensamiento, no pensarás que las mujeres son más pesadas porque tienden a hacer más preguntas personales, ya que las consideran como una forma de mantener una conversación, ni que los hombres son unos pasotas porque entienden útiles las preguntas solo cuando necesitan recibir una información concreta.

Tampoco concluirás que las mujeres son más invasivas y absorbentes porque suelen usar los pronombres *tú* y *nosotros*, lo que implica un sentido de unión con su interlocutor, ni que a tu pareja masculina tu día a día no le importa si no te pregunta, ya que los hombres son menos propensos a hacer preguntas personales, dado que consideran que si su interlocutor quiere decirles algo lo hará sin necesidad de preguntar.

Por supuesto, comprender las diferencias en cuanto a los estilos conversacionales no evitará que aparezcan conflictos, pero, como te decía, nos ayudará a que no nos desborden. Y, si algo no te gusta, siempre puedes solicitar a tu pareja que haga, diga o pregunte las cosas de otro modo. Estoy segura de que si está en su mano, lo hará. Del mismo modo que lo harías tú.

Si tenemos en cuenta otras características de los estilos conversacionales, independientemente del género, nos podemos encontrar con diferentes clasificaciones. Una de las más frecuentes es la que reconoce tres estilos principales: pasivo, agresivo y asertivo. Este último también conocido como el santo grial de la comunicación. El que es deseado y complicado a partes iguales. Bueno, lo de complicado es lo que dicen las malas lenguas. Como todo lo que es nuevo y está en proceso de aprendizaje, al principio es un poco artificial, pero con la práctica acabas asimilándolo y, reforzado por los buenos resultados que tiene, luego no puedes dejar de emplearlo.

Cuando adoptamos un estilo más bien pasivo, es probable que nos preocupemos principalmente por satisfacer a los demás y tratar de evitar la confrontación. Para lograrlo, solemos anteponer los derechos, deseos y opiniones de los demás por encima de los propios. Esto puede deberse más a un sentimiento de inseguridad que a un sincero respeto por los demás, lo que también nos impediría decir «no» cuando sea necesario.

Cuando nuestro enfoque es más agresivo, tendemos a anteponer nuestros intereses a los de los demás. Es probable que utilicemos tácticas como el chantaje emocional, la culpa o el enfado para alcanzar nuestros objetivos. Nuestras necesidades y deseos acaparan la mayor parte de nuestra atención, lo que puede llevarnos a tener conflictos con los demás (a menos que nos rodeemos exclusivamente de personas con un estilo más pasivo).

Es poco probable que te identifiques por completo con uno u otro estilo, ya que es común que adaptemos nuestra actitud a las circunstancias y a las personas con las que interactuamos. Por ejemplo, es posible que mostremos una actitud más pasiva frente a nuestro jefe y quizás más agresiva con un familiar o un amigo.

Aunque pueda parecer difícil, es posible tener una comunicación funcional y eficiente a través del estilo asertivo. Es una habilidad que puede ser aprendida y perfeccionada con el tiempo y la práctica. La clave es encontrar un equilibrio entre ser respetuosos con nosotros mismos y ser empáticos y respetuosos con los demás, lo que ayudará con toda seguridad a minimizar el drama.

Para que veas que no es tan complicado, voy a darte algunas pistas para iniciarte en el asunto. Como punto de partida, es importante elegir el momento y lugar adecuados. Es recomendable buscar un lugar tranquilo y con cierta privacidad, y asegurarse de tener suficiente tiempo para hablar con calma. Puede que no sea necesaria una conversación larga, a veces solo unos minutos pueden ser suficientes, siempre y cuando no haya distracciones ni interrupciones.

También es importante que ambas partes estéis abiertas y dispuestas a hablar. Si la otra persona no está motivada para tener la conversación en ese momento, ya sea porque está tensa, nerviosa o todavía enfadada, será difícil mantener un diálogo empático y paciente. Por eso es necesario asegurarse de que los dos estáis en un estado emocional adecuado, de no ser así puede ser mejor posponer la conversación para otro momento.

Cuando necesites expresar algo que te molesta o te afecta es útil que lo hagas desde tu propia perspectiva, desde el *yo*. Al fin y al cabo, lo que estás comunicando son tus propios sentimientos, deseos, opiniones o expectativas. Si comienzas a hacer críticas o sugerir cambios apuntando directamente al otro (por ejemplo, «es que lo que tú me haces es...»), es muy probable que la otra persona se ponga a la defensiva.

En cambio, si expones todo desde tu punto de vista usando frases que empiecen por «yo», como «yo creo», «yo pienso», «me gustaría», «desde mi punto de vista», «me siento», «me disgusta», «me encanta», «tengo la sensación»..., estás compartiendo tus pensamientos y emociones y dando la oportunidad de tener un intercambio de pareceres.

Si no encuentras las palabras, no te preocupes. Dedícate el tiempo que necesites para buscarlas con antelación. Puedes leer, escribir o hablar con alguien de confianza para poder encontrar las que logren reflejar cómo te sientes o lo que esperas. Que esa dificultad no te desanime: si te lo callas, estarás dando la posibilidad de que tu pareja interprete la situación desde su propia perspectiva, empleando la información que le proporcionan sus temores, deseos, opiniones, prejuicios y expectativas. En definitiva, sus sesgos.

Si te sigues sintiendo un poco perdido, no te preocupes. Cuando te cuente cuáles son los cuatro jinetes del apocalipsis verás ejemplos prácticos de cómo ser más asertivo. Antes me gustaría hablarte de una realidad que no siempre tenemos presente y que da lugar a muchos malos entendidos, y es que, aunque no estemos diciendo nada, todo el tiempo estamos comunicando algo.

Desde la imposibilidad de no comunicar hasta el apocalipsis comunicativo

Puede que el nombre de Paul Watzlawick (1921-2007) te resulte familiar. Además de uno de los psicólogos más relevantes del siglo xx, fue uno de los principales teóricos de la comunicación humana y de la terapia breve estratégica.

Watzlawick enfatizó la importancia que la comunicación tiene en nuestras vidas y fue uno de los expertos que mejor argumentó que la forma en que nos comunicamos con los demás tiene un impacto significativo tanto en nuestro bienestar emocional como en nuestras relaciones interpersonales. Dedicó gran parte de su vida profesional a investigar cómo las personas participamos en los procesos comunicativos, así como la influencia que factores como la cultura, el contexto, la naturaleza de la relación y la personalidad y los estilos de sus participantes tienen en todo lo relacionado con la comunicación.

Una de sus aportaciones más importantes es la teoría de la comunicación humana, que sostiene que esta no es solo la transmisión de información entre un emisor y un receptor, sino que también se construye con otros elemen-

Comprender las diferencias en cuanto a los estilos conversacionales no evitará que aparezcan conflictos, pero nos ayudará a que no nos desborden.

tos e informa acerca de los aspectos relacionales de la propia interacción.

Esta teoría, elaborada junto con Janet Beavin y Don Jackson, ha sido tan influyente en la intervención clínica y en la comprensión de cómo funcionan las relaciones humanas que tengo que contarte, aunque sea brevemente, los cinco axiomas sobre los que se sustenta para que tú mismo puedas comprobar la trascendencia que tienen cuando nos comunicamos con nuestros amigos, con la familia o la pareja.

El primero de ellos sostiene que es imposible no comunicar. Esto significa que incluso si no estamos hablando, nuestras acciones y comportamientos no dejan de seguir comunicando algo a los demás. Incluso cuando nos quedamos en silencio e inmóviles, estamos enviando un mensaje.

Por ejemplo, si estamos molestos, tendemos a cruzarnos de brazos y a fruncir el ceño. Y, aunque no pronunciemos palabra alguna, esta comunicación no verbal estará *contando* cómo nos sentimos. O imagina que tu pareja se queda en silencio durante una conversación. No estará diciendo nada, pero puede estar transmitiendo diferentes mensajes, como que está incómoda o aburrida o que prefiere no opinar, no vaya a ser que abra la boca y suba el precio del pan. De modo que siempre, aunque no queramos, estamos comunicando algo, ya sea a través de nuestras palabras o de nuestro cuerpo, o, incluso, como Watzlawick quiere que tengamos claro, a través de nuestro silencio.

El segundo axioma dice que toda comunicación tiene dos niveles: uno es el nivel de contenido y el otro el de relación. El primero se refiere al significado literal de las palabras que se están empleando, mientras que el nivel de relación alude a cómo las palabras están conectadas con la persona que las está diciendo y la persona que las está escuchando. Es decir, alude a cómo las palabras afectan a la relación que esas dos personas mantienen.

Por ejemplo, la pregunta «¿Puedo hablar contigo?» puede cambiar según la naturaleza de la relación que exista entre esas dos personas. Si se pronuncia en un ámbito romántico, el nivel de relación podría ser de confianza e intimidad, y la pregunta podría significar «Necesito hablar contigo sobre algo personal que me está afectando emocionalmente». En cambio, si se realiza en un ámbito profesional, puede que sea un jefe comunicándose con un empleado, por lo que el nivel de relación podría ser de autoridad y jerarquía, y la pregunta podría significar «Necesito discutir un asunto laboral contigo».

Lo que Watzlawick no quiere que perdamos de vista es que ambos niveles son igual de importantes porque el mensaje transmitido va a ser interpretado por el receptor en función de la relación que mantenga con el emisor, por lo que ambos influyen en la comunicación.

El tercer axioma se denomina «puntuación de la secuencia de hechos». Puede que por el nombre parezca algo complicado, pero en realidad se trata de señalar que todo tipo de interacción comunicativa se da de forma bidireccional, es decir, que tanto el emisor como el receptor se van influyendo mutuamente, y que estas secuencias serán interpretadas y *puntuadas* de forma diferente por cada persona.

Como tenemos nuestra propia forma de organizar y dar sentido a las cosas que suceden en una interacción o situación concretas, esto afecta a cómo percibimos los eventos y cómo los comunicamos a los demás. Por ejemplo, ¿te acuerdas de Leire e Isra, aquella pareja que discutía bastante por el tema del orden? Probablemente, en más de una de sus discusiones iniciales Isra abandonaba las conversaciones *a medias* con la intención de no añadir más leña al fuego, incluso yéndose de la habitación, convencido de que así estaba evitando un mal mayor. Sin embargo, esa secuencia de hechos seguramente era interpretada por Leire como una forma de castigo y abandono al negarse a seguir hablando con ella sobre un asunto tan relevante.

Es evidente, pues, que esta diferencia en la puntuación de la secuencia de hechos puede generar conflicto, dado que podemos estar relacionándonos desde diferentes supuestos e interpretaciones sobre lo que está sucediendo y sobre cómo se debe responder. Por eso es importante ser consciente de ello, para que tengamos presente que hay tantas realidades como personas participando en ellas y que incluso una buena intención puede ser muy mal interpretada.

Esto es superfácil de entender si recordamos la última discusión acalorada que hayamos podido tener con nuestro *partenaire* o la manera en la que hayamos intentado resolverla. En la consulta, por ejemplo, muchas parejas me cuentan cómo han vivido un intento de acercamiento sexual después de una discusión. Normalmente vosotros trasladáis la idea de que es una forma de reconectar con vuestra pareja, de comprobar que el vínculo sigue o de un intento de restaurarlo. Sin embargo, nosotras vivimos con más frecuencia ese intento como una absoluta falta de respeto por nuestro enfado porque nos cuesta *frungir* con los niveles de cortisol tan altos.

Este sería otro buen ejemplo de cómo la puntuación en la secuencia de los hechos puede estropear una buena comunicación. ¿Cómo podemos resolverlo? Siendo más explícitos y confiando en lo que nuestra pareja nos expresa.

El cuarto axioma establece que cuando nos comunicamos transmitimos y recibimos información de forma tanto digital como analógica, es decir, que lo hacemos a través de lo que decimos y de la forma en la que lo decimos.

Simplificando, diríamos que la comunicación digital guarda relación con lo verbal y la comunicación analógica tendría más que ver con la no verbal. Y la combinación de ambas es la que nos ayuda a comprender mejor lo que alguien nos está tratando de comunicar siempre y cuando sean congruentes; de lo contrario, Houston, tendremos un problema.

Volvamos a un ejemplo de pelea. Imagina que después de un tiempo que te parece apropiado, te acercas a tu pareja para preguntarle si se le ha pasado el enfado y si tiene ganas de hablar. Mirándote de reojo, con los brazos cruzados y con un rictus en la boca te responde que «Claro, cuando tú quieras». El mensaje digital, el verbal, es claro y no deja lugar a otra interpretación que la de que está disponible para conversar. Sin embargo, su comunicación no verbal nos indica todo lo contrario.

A este tipo de mensajes se los denomina comunicación paradójica de doble vínculo, ya que hay información contradictoria entre diferentes niveles. Esta contradicción se puede dar entre la comunicación verbal y la no verbal, como en el ejemplo anterior, o entre el nivel de contenido y el de relación. Cuando se lanzan, no importa cuál sea la respuesta que el interlocutor dé porque está condenado a no acertar. Otro ejemplo sería «No te preocupes, no me hagas caso». Si cumples con la orden, estás obedeciendo. Y si no la cumples, también.

Los mensajes de doble vínculo son confusos y pueden causar ansiedad a la persona que los recibe, ya que no sabe cómo responder a dos mensajes contradictorios. Por supuesto, la persona que los emite tampoco se encuentra en una situación mejor. Neutralizar este tipo de comunicación puede llegar a ser uno de los principales objetivos de la terapia de pareja.

El quinto y último axioma afirma que el intercambio

comunicativo puede ser simétrico o complementario, según esté basado en la igualdad o en la diferencia.

La comunicación simétrica se refiere a un intercambio donde ambas partes se comportan de manera similar. Por ejemplo, cuando dos amigos hablan entre ellos, es probable que tengan una comunicación simétrica, en la cual ambos tienen la misma cantidad de poder. En este caso, las dos personas pueden tratar de ser igualmente dominantes o igualmente sumisas, y esto puede crear un ambiente de cooperación o competencia.

Por otro lado, la comunicación complementaria tiene lugar cuando una persona se comporta de manera diferente a la otra. Por ejemplo, en una relación de jefe y empleado, de profesor y alumno o de padre e hijo. En todos los casos, el jefe, el profesor o el progenitor puede hablar de manera más dominante, mientras que el empleado, el alumno o el hijo lo harán de una forma más sumisa. Lógicamente, esto genera un contexto de jerarquía y orden.

Puede que *a priori* pienses que este último es el peor de los contextos en una relación de pareja. Pero estamos hablando de *roles* de comunicación, no de *tipos* de vínculo. En ese sentido, ninguna de las dos, la comunicación simétrica o la complementaria, es mejor o peor que la otra porque siempre dependerá del contexto.

Por ejemplo, podemos pensar, como te decía, que lo simétrico en una relación de pareja es mejor; sin embargo, si la conversación que estamos manteniendo se acaba convirtiendo en una fuerte discusión, la simetría no será la mejor estrategia, ya que lo único que conseguiremos es seguir peleando para ver *quién se lleva el gato al agua*. Es lo que se denomina *escalada simétrica*, y como puedes imaginar, no mola nada.

Del mismo modo, una comunicación complementaria no tiene por qué ser negativa. Por ejemplo, si te vas con tu pareja a esquiar pero tú tienes las habilidades de un pato mareado, mientras que ella es una experta gacela, no será mala idea que su experiencia complemente tu falta de práctica.

¿Complejo, eh? Me refiero a esto de la comunicación. Lo de esquiar ni lo intento, porque si ya voy pidiendo perdón a las farolas con las que me tropiezo por la calle, como para fantasear con esquiar. Puede que te preguntes cómo se puede hacer bien algo tan complicado. La respuesta es la metacomunicación, que consiste en hablar sobre cómo nos hablamos. De hecho, es lo que yo llevo haciendo todo el capítulo. Solo espero que después de leerlo se te acabe dando mejor comunicarte que a mí esquiar.

Ha llegado el momento de que te cuente con detalle quiénes son John Gottman, Robert Levenson y Julie Schwartz y cuáles son los cuatro jinetes del apocalipsis que descubrieron en las investigaciones que llevaron a cabo en el laboratorio del amor.

John Gottman es un matemático que en sus años mozos, mientras estudiaba en el MIT,[56] compartió habitación con el psicólogo Robert Levenson. Al parecer, este le vendió tan bien lo interesante que era esta área del estudio del ser humano que Gottman acabó doctorándose en Psicología.

Aunque Gottman inició su estudio en su primer laboratorio en la Universidad de Illinois en la década de 1970, fue en 1986 cuando construyó, junto con Levenson, un laboratorio en un apartamento en la Universidad de Washington, que se hizo famoso en los medios como el Love Lab.[57] Años después se sumaría al proyecto la también psicóloga Julie Schwartz, pareja de Gottman.

Desde entonces, y durante más de cuatro décadas, han observado, grabado y estudiado a más de 3.000 parejas, algunas de ellas, de forma longitudinal, a lo largo de más de veinte años, tratando de conocer y evaluar cómo afrontaban las diferentes etapas que iban atravesando. Parejas homosexuales, heterosexuales, parejas en las que alguno o ambos miembros padecían algún tipo de adicción, parejas en las que había violencia, parejas con hijos, sin hijos... Es decir, han analizado las interacciones de todo tipo de relaciones.

Las que participaban en las investigaciones pasaban unas horas o unos días, según el caso, en esta especie de Gran Hermano hablando de temas complicados, de recuerdos memorables de su relación o desempeñando actividades cotidianas como cocinar o limpiar.

Durante todo el tiempo de observación, las parejas eran grabadas y monitorizadas. Se registraban desde medidas fisiológicas como el pulso y la conductividad de la piel hasta sus expresiones faciales y las palabras que empleaban mientras conversaban o discutían. Además se realizaban entrevistas para recopilar más información sobre qué sentían o pensaban en cada momento cuando veían los vídeos.

Esta maravillosa combinación de saberes entre las matemáticas y la psicología ha permitido que conceptos tan complejos como la confianza sean operativizados y traducidos al lenguaje matemático. Por eso, y gracias a su método, hoy día Gottman es capaz de predecir, observando una interacción de aproximadamente un cuarto de hora, si una pareja seguirá junta en los próximos tres años con más de un 90 por ciento de posibilidades de acertar.

Además, la recopilación de esta gran cantidad de datos y su análisis es lo que ha permitido que hoy podamos hablar de la ciencia del amor y seamos capaces de afirmar que cuando una pareja no funciona suele ser visitada por los cuatro patrones de comunicación que pueden predecir el fracaso de una relación, que Gottman bautizó como los cuatro jinetes del apocalipsis.

Antes de continuar, me gustaría matizar que el problema no es que una pareja tenga conflictos que resolver, sino cómo los resuelve. Si imaginamos que los problemas son una pelota, las parejas exitosas son capaces de sostenerla entre ambos, mientras que las parejas que no están funcionando bien intentarán pasarle la pelota al otro. Por eso, el problema, valga la redundancia, no es tener problemas, sino qué hacemos para resolverlos. De hecho, superarlos de forma conjunta aumenta la confianza y mejora el vínculo de la pareja, pero para ello debemos evitar que esos jinetes campen a sus anchas por la relación.

El primero de ellos es la crítica, y aparece cuando nos centramos en el carácter de la pareja en lugar de expresar una queja específica sobre una conducta o una acción particular. Por ejemplo, cuando le decimos «No te importa tenerme aquí esperando. ¡Eres una impuntual!» en vez de decirle que es frecuente que no llegue a la hora y que te gustaría que llegara a tiempo cuando quedáis. Es cierto que la idea general, de alguna manera, coincide. Tu pareja no calcula bien el tiempo y suele hacerte esperar. Eso te disgusta, no te parece justo y quieres decírselo para que cambie. Sin embargo, etiquetarla, juzgarla y atribuir esa conducta a un rasgo de su personalidad no solo no resulta útil, sino que es perjudicial, porque la crítica puede dañar la autoestima de la otra persona a la vez que erosiona la confianza en la relación.

La forma de evitar este jinete es ser consciente de cuál es nuestro objetivo y tratar de describir la conducta que nos molesta en lugar de atacar a nuestra pareja. No está de más esperar a que nos bajen las revoluciones a la hora de hacerlo; de lo contrario, puede que nuestra comunicación digital (la verbal) no sea muy coherente con la analógica (la no verbal), y tengamos apretados los puños mientras le haces una amable propuesta.

El segundo jinete, la actitud defensiva, es la casi inevitable consecuencia del primero. Si nos sentimos atacados, tendemos a defendernos. Cierto es que esta respuesta también puede aparecer aunque te hayas quejado con una asertividad exquisita y cuidadosa. A veces nos cuesta tanto reconocer que podemos estar equivocados o, peor aún, ¡que nuestra pareja puede tener razón!, que en lugar de escuchar al otro y comprender su punto de vista nos ponemos a la defensiva.

Esto genera mucha frustración y puede dar lugar a una eterna escalada simétrica entre el primer y el segundo jinete. Ríete tú de las batallas entre raperos. No te lo cuento, te lo *dialogo*:

Jaime llega a casa más tarde de lo habitual porque su reunión de trabajo se ha alargado más de lo previsto. Además está muy nervioso porque mañana tiene la defensa de su tesis doctoral y, al darse cuenta de que no llegaba a la tintorería, le ha pedido a Nuria que, por favor, fuera ella.

> Jaime: Uff. Estoy agotado. Creo que me voy a dar una ducha y me voy a acostar para estar descansado mañana. Por cierto, ¿has podido recoger la camisa de la tintorería?
>
> Nuria: ¿Qué camisa?
>
> Jaime: La que voy a usar mañana en la defensa. Te he mandado un mensaje antes.
>
> Nuria: ¿A mí? ¡Qué va!
>
> Jaime: ¡Que sí, Nuria! Si hasta me has respondido. Te he dicho que llegaba tarde, que empezaras a cenar sin mí y que me recogieras la camisa y me has respondido con un OK. ¿Qué me pongo mañana entonces?
>
> Nuria: He leído entre líneas. No puedo estar a todo. Desde que te pusiste con la tesis todo lo tengo que hacer yo, así que encima no te enfades. Tengo muchas cosas que hacer y se me pasó, no es culpa mía.

Jaime: Sí es culpa tuya, siempre te olvidas de mis cosas.

Nuria: No es cierto, no me puedes culpar a mí por todo.

Jaime: No te estoy culpando, solo te pido que te hagas responsable de tus acciones, para variar.

Nuria: ¿Y tú qué? ¿Por qué no lo hiciste tú si era tan importante? No haberlo dejado todo para el último día, como haces siempre.

En este ejemplo, los dos acaban teniendo una actitud defensiva combinada con la crítica. Es posible que Nuria haya tenido que hacer un esfuerzo extra en los últimos tiempos al intentar apoyar a Jaime con su tesis doctoral y que se sienta cansada. También es bastante probable que Jaime no pueda llegar a todo y por eso, algunas veces, Nuria haya sido quien le ha echado un capote. Y es absolutamente comprensible que a ella se le pasen cosas y que él no pueda agendarse todo de forma más eficiente. Es lo que tiene ser humanos.

Sin embargo, en esta conversación ninguno de los dos está escuchando al otro, solo se pasan la patata caliente, y el diálogo hubiera ido por mejores derroteros si ante el error que ha cometido Nuria hubiera respondido con un sencillo «¡Lo siento, Jaime! He leído entre líneas porque iba con prisa y me he saltado el mensaje donde me pedías que recogiera la camisa». A partir de ahí, lo ideal es que hubieran cogido la pelota juntos, como diría Gottman, y hubieran pensado en qué prenda podría sustituirla o si podían pedírsela prestada a alguien.

El tercer jinete es el desprecio. Junto con el cuarto, el mejor predictor del divorcio. Aunque este sigue atacando a la pareja, es diferente a la crítica porque se habla a la pareja desde un plano de *superioridad*. El tono despectivo de las frases traslada la idea de sentirse por encima de la otra persona. El desprecio está presente cuando en la comunicación se incluyen los insultos, el sarcasmo y la ridiculización del otro. Cuando este jinete aparece, la conexión emocional y la confianza se debilitan de tal forma que la distancia entre ambos cada vez es mayor y la superación de la crisis es cada vez más complicada.

Un diálogo con este patrón de comunicación podría ser algo así:

> A: No puedo creer que hayas vuelto a olvidar mi cumpleaños. ¿Esto es todo lo que te importa?
>
> B: Oh, lo siento mucho, ¿quieres que te traiga un pastel para que dejes de lloriquear? Siempre te quejas de todo.

Como puedes imaginar, una pareja que se relaciona desde estas actitudes poco tiene a su favor a la hora de restaurar la confianza, el afecto, la complicidad y los demás ingredientes necesarios para mantener un vínculo funcional y enriquecedor.

El último jinete es el aislamiento, y se trata de la retirada emocional y/o física del conflicto. Normalmente, cuando alguien nos está hablando, para demostrarle que estamos escuchando solemos enviar señales verbales y no verbales. Podemos asentir con la cabeza u orientar nuestro cuerpo y nuestra mirada hacia la persona de forma que le confirmamos que le estamos prestando atención, lo que no implica que estemos necesariamente de acuerdo. En cambio, quien se aísla no mira, no se mueve, no atiende, no vocaliza. Actúa como quien estuviera oyendo llover. De hecho, puede que haya alguna mirada, pero una que transmite la idea de «estoy comprobando si has terminado ya o sigues diciendo tonterías».

Este jinete obstruye la comunicación de tal manera que la persona que se está intentando comunicar, creyendo que no se le está entendiendo o que se le está ignorando, se esfuerza todavía más en ser atendida y entendida. Como imaginarás, o como quizás hayas vivido en alguna ocasión, el ambiente es casi irrespirable. El silencio ensordecedor de quien se aísla es solo interrumpido por la retahíla de la persona que lucha por ser escuchada, normalmente a gritos.

Cuando una pareja mantiene este tipo de dinámicas estamos ante un indiscutible indicador del deterioro de la relación, porque en este contexto es muy difícil generar la confianza necesaria y casi imposible mantener la proporción mínima de cinco interacciones positivas por cada interacción negativa que hemos comentado antes.

Aunque estadísticamente es más frecuente que la mujer ejerza críticas y se esfuerce hasta el infinito por ser escuchada aunque tenga que perseguir a su pareja cuando aparece este jinete y que el hombre sea quien manifiesta una mayor actitud defensiva y de aislamiento,[58] lo cierto es que tanto hombres como mujeres podemos vernos inmersos en este tipo de dinámicas sin querer, y sin saber muy bien cómo salir de ellas.

Al hecho de que unos fenómenos sean más frecuentes que otros en un género o en otro se le puede atribuir una explicación fisiológica. Por ejemplo, una que suele estar detrás de respuestas como la actitud defensiva y el aislamiento es el fenómeno de inundación. Se trata de una respuesta fisiológica que se produce cuando nuestro cuerpo entra en un estado de activación máxima en respuesta a una amenaza percibida. Durante la inundación, nuestro cuerpo libera hormonas del estrés, como el cortisol y la adrenalina, lo que causa una serie de cambios fisiológicos, como la aceleración del ritmo cardiaco, la respiración rápida y superficial y el aumento de la sudoración. Estos cambios fisiológicos pueden hacernos sentir tan abrumados que nuestra capacidad para procesar información de manera efectiva y responder de una forma constructiva a una situación estresante se ve absolutamente mermada.

No obstante, lo cierto es que otras causas, como los aprendizajes que vamos adquiriendo a través de la experiencia, sean funcionales o no, también influyen y explican la llegada de este tipo de patrones de comunicación a una relación.

Si los cuatro jinetes se han empadronado en la relación, hablamos de que en esta predomina el afecto negativo, lo que nos lleva a interpretar todo de forma pesimista y desfavorable. Y cuando digo todo, es TODO. Tu pareja tose y te molesta. Tu pareja hace una broma y te parece una estupidez. Tu pareja te sonríe y piensas: «A ver qué quiere ahora».

Cuando se ha estado expuesto a este tipo de conversaciones durante un largo tiempo es más que probable que pensamientos como «no hay solución» y la creencia de que hablar no ayuda sean cada vez más frecuentes, haciendo que los miembros de la pareja sientan cada vez una mayor desconexión emocional y acaben por llevar una vida en paralelo dentro de la pareja.

Finalmente, se llega al punto de reescribir la historia de la relación. Cuando las parejas en crisis empiezan a recordar los inicios de su relación con una actitud negativa, es probable que el final sea inminente e inevitable en el 85 por ciento de los casos.

Lo sé, todo esto que te cuento no es muy alentador, pero recuerda que las relaciones no tienen por qué ser para siempre. Lo *ideal* es que si un vínculo, por el motivo que sea, ya no funciona y ha de tener un final, trabajemos para que, al menos, sea civilizado. Y, tanto para una cosa como para la otra, no necesitamos hablar mucho, pero sí comunicarnos bien.

El amor en los tiempos del WhatsApp

Hace ya unos cuantos años que considero necesario que en la carrera de Psicología y en los másteres de especialización se incluya como obligatoria una asignatura que explique cómo las aplicaciones de mensajería instantánea y las redes sociales influyen en nuestros estilos comunicativos y relaciones porque... ¡madre mía, qué desastre!

«Laura, es que yo me expreso mejor por escrito.» ¡Genial! No tengo nada que objetar, pero, por favor, escribe una carta, un mail o un *tochazo* por WhatsApp. Como quieras, pero que sea un texto con introducción, nudo y desenlace para que puedas expresar todas las ideas de la forma más ordenada, coherente y, a poder ser, asertiva posible.

Si vas dejando ideas y frases sueltas en un chat favoreces que la otra persona responda y/o interrumpa, y entre dimes y diretes, malentendidos y aclaraciones, es probable que se acabe perdiendo el hilo de lo que inicialmente querías transmitir.

No me gustaría parecer una *hater* del WhatsApp y demás aplicaciones. De hecho, me parecen herramientas de comunicación muy útiles en según qué casos. Por ejemplo, facilitan el intercambio de mensajes entre personas que pueden estar en lugares geográficamente muy distantes. También permiten, como los correos electrónicos, una conversación asincrónica, es decir, a diferencia de la llamada telefónica, la mensajería instantánea no obliga a que ambas personas estén disponibles al mismo tiempo. Además, posibilita que la información quede registrada y, aunque esto puede ser un arma de doble filo, no deja de ser un recurso útil para recordar detalles importantes o para resolver malentendidos. Pero no todo son ventajas, tienen inconvenientes que se vuelven mucho más potentes cuando una pareja con dificultades las emplea para comunicarse.

Lo que es indiscutible es que WhatsApp y *apps* similares han cambiado la forma en que nos comunicamos en nuestras relaciones amorosas o de ligoteo y, aunque pueden haber facilitado algunos aspectos, también son una fuente de nuevas dificultades. Si antes te decía que considerar la comunicación como emisor, receptor y mensaje era insuficiente, imagínate a qué puede quedar reducida cuando solo intercambiamos palabras en una pantalla.

La falta de información es inherente a la comunicación en línea y un maravilloso caldo de cultivo para malentendidos y para la frustración de expectativas disfuncionales como la creencia de que todo debe ser respondido al instante. Además, la comunicación constante a través de la aplicación puede convertir en un problema la continua necesidad de estar conectado. Pero vayamos *tropiezo a tropiezo*.

Parece evidente que uno de los principales inconvenientes de estas *apps* es la falta de contexto y de tono. Por muchos emojis, *gifs* y *stickers* que les pongamos, los mensajes de texto carecen de ambos. Desconocemos los contextos de quien emite y de quien recibe, tampoco sabemos el tono y la expresión no verbal que pueden acompañar al mensaje, lo que nos puede llevar a no entender una broma, no captar un enfado o, incluso, a sobreentenderlo, como les pasó a Alba y Ana en esta conversación.

> Alba: ¿Por qué no contestaste mi mensaje ayer? Estaba preocupada.
>
> Ana: Lo siento, estaba ocupada con cosas del curro. Pero ¿por qué estás molesta?
>
> Alba: No estoy molesta, solo quería saber si estabas bien. Pensé que te había pasado algo.

Ana: ¡Ah! Vaya. Pues por lo seca que estás pareces molesta. A ver si no voy a poder trabajar...

Alba: No, de verdad. No estoy molesta ni enfadada. Solo estaba preocupada.

Ana: Vale, menos mal. Es que por aquí es difícil expresarse bien. Siento haberte preocupado, se me pasaron las horas sin darme cuenta.

Alba estaba preocupada por Ana, pero su mensaje, al ser breve y conciso, se interpretó como un enfado. Esto provocó una primera respuesta defensiva por parte de Ana. Probablemente, si esta conversación la hubieran mantenido por teléfono o en persona, todo hubiera resultado más amable y menos equívoco.

Otro inconveniente es la facilidad con la que este tipo de conversaciones pueden verse interrumpidas. Y como no las consideramos como vías de comunicación secundarias, las empleamos para tratar cosas importantes, por lo que nos sentimos muy frustrados cuando no conseguimos nuestros objetivos. Es lo que hace unos días le pasó a Iker al intentar hacer planes con Paula.

Iker: Oye, cariño, ¿has pensado ya qué quieres hacer este fin de semana?

Paula: Podríamos ir al cine el sábado por la tarde.

Iker: ¡Venga! ¿Qué película quieres ver?

Paula: No sé, ¿tú tienes alguna preferencia?

Iker: Me gustaría ver la nueva de *Los guardianes de la galaxia*, que está en cartelera. ¿Te parece bien?

Paula recibe una llamada telefónica de su jefe. Después de unos minutos, vuelve a conectarse y se encuentra con varios mensajes de Iker:

Iker: HOLA.

Iker: HOLA. ¿SIGUES AHÍ?

Iker: EN FIN...

Paula: Sí, perdona, mi jefe me llamó de repente. ¿De qué estábamos hablando?

Iker: De qué hacer el sábado, pero da igual, ya lo hablamos luego.

Paula: No, no, que ahora puedo hablar.

Iker: Se me han quitado las ganas.

Sospecho que Iker está frustrado porque lo que en principio parecía una conversación sencilla y rápida ha quedado interrumpida por un hecho que, además, desconocía. Al no poder descifrar qué está pasando y, al mismo tiempo, no poder controlarlo, se genera una incertidumbre que cada vez toleramos peor.

Como además creemos que el WhatsApp es como el Nesquik, es decir, instantáneo, algunas veces tenemos la expectativa de que seremos respondidos de inmediato, lo cual, en función de la urgencia del asunto que queramos tratar, puede hacer que nos mostremos más impacientes con nuestro interlocutor. De hecho, tenemos la fantasía de que esa inmediatez podrá aliviar con más facilidad el malestar que pueden provocarnos asuntos tan gordos como descubrir que nuestra pareja nos ha engañado. Sin embargo, se nos olvida un pequeño detalle: que es un recurso comunicativamente hablando tan limitado que no es el mejor medio para tratar según qué temas.

Por ejemplo, aunque Rebeca y Urko se dieron cuenta de ello y acudieron a mi consulta, la cosa no empezó de la mejor manera:

Urko: Rebeca, ¿qué es esto que me acabo de encontrar en tu correo electrónico? (Urko adjunta pantallazos de los correos electrónicos que ella y Markel se han estado intercambiando.) ¿Me estás engañando con este?

Rebeca: ¿Por qué has entrado en mi correo? No es lo que te estás imaginando. Ha sido un error y quiero explicártelo. Lo siento.

Urko: ¿Cómo has podido hacerme esto?

Rebeca: Ha sido un error, pero te aseguro que no significa nada para mí. Todo empezó cuando estábamos tan mal, pero ya no hay nada.

Urko: ¿Cómo que no significa nada? Has estado follándote a otro tío. Eres una falsa.

Rebeca: Por favor, Urko, no me hables así. Sé que me equivoqué, pero quiero estar contigo. No te lo conté porque no significó nada.

Urko: No sé si puedo perdonarte esto.

Rebeca: ¿Quedamos mañana y lo hablamos, por favor?

Urko: No, no quiero hablar. No hay nada de que hablar. Necesito tiempo. Ya te llamaré. (Urko bloquea el contacto de Rebeca.)

Como no puedo extenderme hasta el infinito, no voy a comentar mucho acerca del hecho de que cuando nos sentimos inseguros o tenemos dudas sobre nuestra relación miremos el móvil, el correo o lo que sea de nuestra pareja. Puedo comprender por qué se hace, pero no es adecuado porque, además de que se vulnera el derecho a la intimidad de la otra persona, desde el punto de vista del vínculo le hacemos un flaco favor a la confianza. Paréntesis aparte, y aunque al cabo de una semana Rebeca y Urko quedaron para hablar, utilizar WhatsApp para abordar un asunto tan duro para una relación es muy poco útil. En este caso solo sirvió para *desvelar* el engaño, pero no hubo un intercambio útil ni completo de información.

En definitiva, mi recomendación profesional es que nunca abordéis asuntos trascendentes a través de una conversación de WhatsApp. Otra cosa es que te expreses mejor por escrito. En ese caso, incluso te animo a que lo escribas, pero si no puedes o alguno no desea un encuentro en persona, al menos graba un audio o incluso un vídeo, que lleva muchísima más información vital para que el acto comunicativo sea lo más fiel a lo que deseas comunicar.

Un problema derivado de la *hiperdisponibilidad* es que solemos trasladar a la mensajería instantánea la misma jerarquía que les damos a las relaciones afectivas. Es decir, si nuestra relación es más importante que la que mantienes con un compañero de trabajo, involuntariamente, puede que yo espere que, en caso de empate, me respondas a mí primero. Si no lo haces, y estamos atravesando un momento delicado, mis emociones me pueden llevar a pensar que das más importancia a tu compañero que a mí. ¿Tiene alguna lógica? Ninguna, pero ya sabemos que una cosa son las emociones y otra las razones. Por ejemplo, así es como se ha sentido Dani:

Dani: Hola, ¿estás ahí?

Rafa: Hola, cariño. Sí, estoy aquí. Dime.

Dani: Quería saber por qué no me has contestado antes.

Rafa: Porque estaba ocupado. ¿Qué pasa?

Dani: ¿Ocupado con qué, si puede saberse? Te he visto en línea.

Rafa: Estaba hablando con Néstor, el del curro.

Dani: Ya entiendo. Y era más importante escribirle a él que a mí.

Rafa: Dani, no entiendo por qué te pones así ni por qué debo darte explicaciones, pero sí, era urgente porque tenía que ver con el proyecto que presentamos mañana.

Dani: Ya, ya. Bueno, siempre te veo en línea y luego no me contestas.

Lo de «estabas en línea y no me has contestado» se merece una breve pero profunda reflexión. Seguramente sea algo que me encuentro con frecuencia en consulta precisamente porque trabajo con personas y relaciones que no están atravesando sus mejores momentos, pero ¿no tienes la sensación de que sacamos demasiadas conclusiones de la información que este tipo de aplicaciones nos facilita? El momento exacto de la última de conexión, si ha leído el mensaje o escuchado el audio, a qué hora lo ha hecho... incluso podemos calcular cuánto ha tardado entre leer y responder, etc. Insisto en que quizás mi visión esté sesgada por todas las horas durante las cuales he visto a mis pacientes sufrir por las deducciones e interpretaciones que hacen a partir de estos datos, pero creo que hacen un flaco favor a las parejas que están en crisis y, también, a las que están en construcción.

Hoy en día es frecuente pedirse el Instagram en vez del número de teléfono, especialmente entre las generaciones más jóvenes. Creo que esto se debe a que las redes sociales ofrecen una sensación de seguridad y comodidad que, en general, no se siente al interactuar en persona. A través de estas plataformas es más fácil para las personas buscar perfiles que se ajusten a sus intereses y preferencias, lo que hace que se sientan más confortables al interactuar con otras.

Sin embargo, la falta de riqueza informativa de este método de comunicación hace que muchas preguntas queden sin respuesta; y si el ser humano fuera capaz de convivir con esa incertidumbre no habría tanto problema, pero lo que hacemos es responder a esas cuestiones usando nuestros propios sesgos, creencias, experiencias anteriores, temores, etcétera.

Ya te imaginas por dónde voy, ¿verdad? Si no me respondes o lo haces tarde o en un tono menos cercano o seductor que el mío, puedo interpretar que no te gusto. Y como no quiero sentirme expuesta ni vulnerable, ni arrastrarme, ni parecer desesperada, decido *dejarte en leído*. Te prometo que palabras como estas las escucho prácticamente todas las semanas en consulta.

Voy a reproducir el hilo de pensamiento de Gonzalo, un paciente de veintitrés años que consulta por problemas de ansiedad derivados de, como él dice, «falta de seguridad en mí mismo». Es un tío apuesto, simpático, inteligente, pero terriblemente inseguro. Está convencido (¿por qué será?) de que a las chicas solo nos atraen los *malotes* y sabe que a él ese disfraz no le queda bien. Le cuesta ligar cuando sale de fiesta, así que ha empezado a hacerlo por las redes, pero no está libre de que sus fantasmas le visiten y le torturen, si cabe, aún más. Ahora está *conociendo* a Celia.

> ¿No le habrá hecho gracia el meme? Estos días atrás se ha reído con todo lo que he compartido. Pero han pasado varias horas y sigue sin responder. No entiendo nada. Hemos estado hablando todo el rato estos días y ahora ¿nada?
>
> Ya estamos como siempre. ¡Otra a la que no le importo lo suficiente como para responderme! Pues no le pienso escribir nada hasta que lo haga ella.

(Una hora después comprueba, porque por desgracia podemos hacerlo, que ella ha visto el mensaje, pero no le ha escrito nada. Solo ha reaccionado con el emoji de la carita llorando de la risa.)

> ¿Y ya? ¿Eso es todo? Creo que no voy a perder más tiempo con alguien que no valora mi atención. Si ella no puede ni molestarse en escribir una frase, probablemente no está interesada en mí. Voy a dejar de seguirla, no quiero parecer

desesperado y que piense que me gusta alguien que no muestra interés por mí.

Y colorín colorado, lo que *podría haber sido* se habrá acabado.

A Celia en concreto no la he conocido, pero como tengo a muchas Celias en consulta que también tienden a elaborar sus propias interpretaciones, voy a intentar hacer una especie de *patchwork* con las ideas que suelen compartir conmigo:

> Celia: A ver, Laura, si a mí me gusta Gonzalo, pero no quiero parecer desesperada y responderle siempre rápidamente. El último chico con el que salí me dijo que estaba demasiado disponible y eso le agobiaba. Pero al mismo tiempo no puedo evitar estar todo el rato mirando el Insta para ver si me ha escrito. Sé que es una tontería tardar en responder, pero no quiero que piense que soy demasiado fácil.
>
> ¿Qué hago? Realmente me gusta y quiero seguir hablando con él, pero tampoco quiero que piense que estoy demasiado disponible. Tal vez debería responderle, pero con un poco de retraso para no parecer tan ansiosa, ¿no?
>
> Es que mira lo último que me ha enviado. Es un meme que no he entendido y por eso no le he dicho nada, no quiero que piense que soy tonta.

¿Ves a lo que me refiero? Sesgos y más sesgos, interpretación y sobreinterpretación. Y sin ninguna certeza de haberlo hecho correctamente, tomamos decisiones que tienen consecuencias, a veces demasiado tempranas o improcedentes, sobre la incipiente relación.

La reacción del emoji con la risa para Gonzalo era insuficiente, para Celia era una forma de no dejar sin respuesta algo a lo que no sabía cómo responder. Pero cada uno, desde sus propios filtros, interpretó sin contrastar, y tomaron decisiones que los llevaron, sin haberlo hablado, a separar sus caminos.

Puede que la relación no hubiera ido más allá, pero, desde mi punto de vista, ese no es el problema. Lo que profesional y personalmente me preocupa es que no seamos conscientes de que, para los asuntos de dos, la mensajería instantánea y las redes sociales pueden tener más desventajas que beneficios si no nos damos cuenta de todas sus limitaciones.

En definitiva, mi recomendación es que dejes el WhatsApp para pedir que alguien compre el pan, cancelar una cita de tu psicóloga con antelación o para dejarte notas a ti mismo. Para todo lo demás, pasa de lo virtual a lo real e intenta no tomar decisiones trascendentes sin haber comprobado antes tus interpretaciones. Verás como, al final, me lo agradeces.

4.2. Construyendo la confianza...

Ha llegado el momento de hablar de la confianza, de lo que es y de lo que las parejas podemos hacer para fomentarla, porque no es algo que simplemente *se tiene*, sino algo que se alimenta, que se cuida, que se fortalece; en definitiva, que se construye.

¿Cómo la definirías? He consultado a la RAE y para ellos significa básicamente dos cosas: la esperanza firme que tienes en alguien o algo o la seguridad en ti mismo. También puede ser el secreto que le cuentas a alguien o la intimidad que tienes con esa persona.

Esto puede ayudarnos a hacernos una idea aproximada, pero no parece fácil de medir o cuantificar. Una definición más operativizable es la que nos da la teoría de juegos. Viene a decir que la confianza es la expectativa que tenemos de que la otra persona va a actuar en nuestro beneficio antes que en el propio. Como dice el psicólogo Ramón Nogueras en una de sus magníficas charlas,[59] «mi confianza en la pareja es el porcentaje que yo asigno a que el otro actúe manteniendo mi beneficio como una prioridad».

La teoría de juegos es un método matemático que se dedica al estudio de la manera en que las personas tomamos decisiones estratégicas en situaciones donde el éxito depende de las decisiones de los demás. Analiza las interacciones entre los jugadores, que pueden ser individuos, empresas o países, y cómo las decisiones de cada uno afectan a los demás. Se trata de un área tan apasionante como compleja que se utiliza en una amplia variedad de campos, como la economía, la política, la biología, la informática o la psicología.

No se me ocurre un enfoque mejor para entender cómo nuestro comportamiento y las decisiones que tomamos (ya sea en los grandes gestos, en los pequeños detalles o en la resolución de algún conflicto) influyen en la confianza que reine en nuestra relación y dependen también de aquella. Por este motivo te voy a contar en qué consiste el conocido *dilema del prisionero*.[60]

Imagina que Carla y Jorge han sido encarcelados como sospechosos de un robo y, lógicamente, están pensando en cuál es la mejor estrategia para pasar el menor tiempo posible en la cárcel. Sin embargo, no pueden comunicarse para tomar esa decisión porque están detenidos en calabozos separados. Aun así, la policía les ofrece el siguiente trato: Si Carla y Jorge confiesan, ambos van a la cárcel cinco años. Si Carla no confiesa, pero Jorge sí, ella irá a la cárcel diez años y él quedará libre. Si es Jorge quien no confiesa, pero Carla sí, él pasará los próximos diez años en la cárcel y ella quedará en libertad. Por último, si ni Carla ni Jorge confiesan, solo podrán ser condenados a un año de cárcel cada uno.

Parece evidente que lo mejor que pueden hacer es cooperar y no confesar. Si toman esta decisión, minimizan el tiempo total que pasarán en la cárcel, un año cada uno. Es decir, dos en total, frente a diez en cualquiera de los otros casos, ya fueran cinco cada uno o diez uno de los dos. Visto el percal, ¿qué decisión tomarías tú? Si nos ponemos en los zapatos de Carla, podemos imaginar que estará pensando que, haga lo que haga Jorge, su mejor opción es confesar (ya que podría quedar libre o pasar cinco años en prisión). Y, probablemente, Jorge estará pensando lo mismo.

Suponiendo que ambos confesaran, los dos estarían optando por *su* mejor estrategia y pasarían cinco años en la cárcel. A esta decisión y a su resultado se los conoce como el equilibrio de Nash, una situación en la cual ningún jugador puede mejorar su posición cambiando su estrategia de manera unilateral.

Sin embargo, dejando la cuestión ética y legal aparte, esta no sería la mejor solución para la pareja, ya que si hubieran cooperado no confesando habrían tomado la mejor decisión para ambos. Cooperar o no cooperar, esa es la diferencia. La diferencia entre tener y no tener confianza o trabajar para construirla. Es decir, para que una pareja pueda desarrollar la confianza necesaria para que la relación funcione, sus miembros deben tomar decisiones que, aunque les beneficien individualmente, no sean egoístas de cara al vínculo. En ocasiones, deberemos estar dispuestos a modificar nuestro comportamiento con el objetivo de beneficiar a nuestra pareja y/o a la relación.

Esto, por supuesto, no significa que haya que anteponer o priorizar siempre las necesidades y deseos del otro, ya que esto daría lugar, como hemos visto en el capítulo anterior, a una asimetría muy poco saludable. Lo que significa es tener presente que tu bienestar y felicidad están entrelazados con los de tu pareja de tal manera que si ambos estáis dispuestos a modificar vuestra conducta y a tomar decisiones pensando en el beneficio común más que en el propio, estaréis fomentando la confianza.

Este principio lo podemos aplicar a la hora de tomar decisiones trascendentes, pero también en actividades tan cotidianas como las tareas domésticas. Aquellas parejas que acuerdan un reparto pero que no gozan de un buen nivel de confianza acabarán, siguiendo con el ejemplo del dilema del prisionero, cumpliendo cinco o diez años de cárcel. ¿Por qué? Porque probablemente habrán llegado a un *acuerdo*, pero estarán constantemente fijándose en lo que hace (o no) el otro para decidir lo que uno mismo hace o no. Es decir, se organizarán de una forma no cooperativa buscando maximizar el beneficio individual o, al menos, la menor pérdida, olvidando que son un equipo.

Sin embargo, en las parejas con un alto nivel de confianza, cuando cualquiera de sus miembros tenga que decidir si hace más o menos, tomará la decisión pensando que eso ayuda a su pareja a estar mejor, y tendrá la esperanza de que la otra persona, en un futuro, actuará del mismo modo.

¿No me crees? Imagina que es a tu pareja a quien le toca tender la colada, pero hoy has llegado a casa antes de lo previsto y ves que la lavadora ha terminado el programa. Podrías no tenderla, a fin de cuentas, no te corresponde a ti. Si vuestra relación está inmersa en esa dinámica no cooperativa, lo más probable es que, si en otro momento se intercambiaran los papeles, también te tocara padecerla porque no tendería *tu colada*. Sin embargo, si estás en modo cooperativo, pensarás algo así como «hoy por ti, mañana por mí» y es probable que, si tu pareja se da cuenta, valore positivamente el gesto.

Creo que ahora mismo podría leerte el pensamiento: «Bueno, Laura, es que eso depende. Habrá días que esté con más disposición de tender la lavadora y otros que no, porque no siempre tenemos el mismo buen rollito». Y tendrás toda la razón. Efectivamente, hacerlo depende del buen rollito que *respires*, pero también del buen rollito al que *aspires*. Reflexiónalo por un momento. Si, por lo que sea, hay cierta tensión entre vosotros, tender esa colada que no lleva tu nombre ¿aumentará o reducirá esa tensión? ¿Puede ser visto como un gesto de acercamiento o será malinterpretado aumentando el malestar? Lo más probable es que suceda lo primero. Así que, como ves, en pareja, pensar bien suele implicar remar en favor de la confianza.

Esto es algo que Gottman también evaluó en su laboratorio del amor. Fue capaz de formular la confianza y medirla para asignarle un valor numérico a la que experimentaba cada miembro de la pareja. Para sorpresa de nadie pudo comprobar que las parejas exitosas tenían índices más elevados de confianza, lo que les permitía no alterarse mucho ante el conflicto, e incluso salir del malestar que pudiera provocarles mucho antes que las parejas que apenas confiaban en el otro, quienes necesitaban mucho más tiempo para desenfadarse si es que lo lograban.

Creo que no será difícil que nos pongamos de acuerdo en que la confianza es otro de los ingredientes indispensables en toda buena relación, ¿no? Quizás sea más complicado saber qué hacer para poder contar con ella, pero, inspirada en las investigaciones de Gottman y otros autores, como Perel, te voy a hacer algunas propuestas.

La confianza es la
expectativa que tenemos de
que la otra persona va a
actuar en nuestro beneficio
antes que en el propio.

Juguemos al Trivial

Es sabiduría popular decir que necesitamos tiempo para *coger confianza* con alguien, ¿verdad? Bien, te diré que no es solo cuestión de tiempo, sino también de información. Para sentir que confiamos en una persona, además de las horas, los días o los años, necesitamos conocerla. Conocer sus gustos y sus preferencias, pero también sus miedos, sus preocupaciones y sus sueños. Conocer cómo es, siente y funciona la otra persona nos facilita el hecho de comprenderla y hacerla sentir comprendida. ¿Y sabes cuándo es eso importante? Sí, además de en el día a día, en los conflictos. Conocer y comprender bien a nuestra pareja nos ayuda a *resolverlos* mejor.

La misma sabiduría popular dice que la información es poder, ¿no es cierto? Y aunque puede sonar algo maquiavélico, en este caso lo defiendo desde una perspectiva absolutamente bondadosa y benefactora. Cuando, por ejemplo, en las primeras citas nuestra pareja nos ha contado parte de su biografía, acontecimientos que ha sufrido, quizás algunos detalles sobre sus relaciones anteriores, sin saberlo, nos está dando la oportunidad de contextualizarla, de enriquecer el escenario que le reservamos en nuestra mente, lo que nos ayudará a reaccionar más adecuadamente ante nuestra pareja en diferentes situaciones y a saber cómo podemos satisfacer sus necesidades emocionales.

Como habrás imaginado, es mucho mejor que esa información sea bidireccional. Es decir, también es importante que tu pareja maneje este tipo de detalles sobre ti. Muchos los aprenderá de forma inconsciente, pero otros es necesario que los revelemos explícitamente. Además, dado que tanto las personas como las relaciones evolucionan y cambian, es relevante para la salud de la pareja que vayamos *actualizando las versiones*.

Como te decía, todo esto lo podemos ir descubriendo más o menos espontáneamente, en el roce natural de la pareja, o contándonos experiencias que consideramos trascendentes cuando, por ejemplo, hemos tenido que resolver un conflicto. Sin embargo, también existen otras estrategias más lúdicas y divertidas.

De hecho, en los años noventa ya se emitía un programa en el que las parejas tenían que demostrar cuánto se conocían respondiendo a preguntas de la vida cotidiana. Las risas venían cuando se comprobaba si la respuesta escrita en la pizarra coincidía con la enunciada por el o la *partenaire*.

Mi propuesta es que hagas algo parecido con tu pareja. Desde intentar responder a una serie de preguntas que os podéis intercambiar hasta dar las respuestas como si fueras tu pareja para contrastar después cuánto os conocéis. Algo así como un Trivial del amor.

El objetivo es doble: conocerse y pasar un buen rato. Eso sí, aviso para navegantes sensibles, aunque te pueda sorprender o incluso entristecer que tu pareja desconozca algo de ti, intenta relativizar pensando que esa es una oportunidad de darle la vuelta a la situación. Por desgracia, el ritmo frenético del día a día nos impide detenernos el tiempo suficiente para mirar (y no solo ver) a la persona con la que compartimos el viaje.

Ya, que lo de hablar y comunicarte no te termina de convencer, ¿no? Bueno, no pasa nada, pequeño saltamontes. Aquí van más alternativas.

Salid a caminar juntos quince, veinte o treinta minutos y comentad cómo os ha ido el día. Es una excelente manera de poneros al corriente sobre vuestras vidas, además de hacer un poquito de cardio.

Cocinad una receta juntos. Podéis poneros el domingo a hacer todo el *batch cooking* de la semana o una cena. Os sorprenderéis de lo vinculador que resulta llevar a cabo una tarea en común. Montar muebles de Ikea también vale.

Ved una película o serie juntos. Es una forma estupenda de conocer vuestros intereses, demostrar empatía y entrenar la asertividad. De hecho, es la ocasión perfecta para decirle a tu pareja: «Cariño, me gustaría que el próximo documental que viéramos no fuera de fútbol. ¿Qué te parece si vemos uno sobre el clítoris? Puede ser muy interesante para los dos».

Bromas aparte, compartir un rato de ocio televisivo, dada la gran oferta que hay, puede ser un muy *romantizable* recurso. A fin de cuentas, es bonito no poder avanzar en una serie hasta que llega el momento de hacerlo con tu pareja.

Jugad juntos al rol, a los videojuegos o a las cartas. Es una maravillosa ocasión para divertiros y también para explorar vuestra faceta competitiva.

¿Cómo sabes que te quiero?

No sabría decirte el porcentaje exacto, pero son muchas las sesiones de pareja que los profesionales dedicamos a esclarecer y *traducir* para el otro cómo su pareja los quiere. Los sentimientos de amor suelen darse por supuestos en toda relación. Incluso solemos dar por hecho que no solo los trasladamos, sino que son correctamente interpretados. Sin embargo, muchas personas manifiestan no saber si su pareja aún las quiere.

Ante esta situación, los aludidos unas veces resoplan y otras demuestran estar absolutamente sorprendidos. «¿Cómo vas a dudar de que te quiero?» Y aquí es donde los terapeutas llegamos con preguntas que pueden resultar extrañas, pero que son tremendamente útiles. Te animo a intentar darles respuesta.

- ¿Cómo sabes que tu pareja te quiere? ¿En qué sientes que te lo demuestra?
- ¿Cómo le transmites afecto a tu pareja? ¿En qué debería fijarse para notarlo?

Así es como encontramos un montón de pistas acerca de cómo somos queridos y descubrimos que muchas de esas muestras ni siquiera estaban siendo correctamente interpretadas.

Por ejemplo, cuando mi churri prepara la cafetera todas las mañanas sé que es un acto de amor. Los dos aborrecemos vaciar la borra del café, pero una de sus muestras de afecto consiste precisamente en eso: en levantarse unos minutos antes y tener el café preparado porque sabe que recién hecho es como más me gusta.

Siempre que hablo de esto pongo el ejemplo de Patricia y Ramón. Padres de tres hijos, los dos trabajan fuera de casa, con un estrés elevadísimo y una lista de reproches casi interminable. Recuerdo que, durante las primeras sesiones, más que una conversación mantenían una competición para ver quién hacía más en casa. Una decía que lavaba y tendía dos coladas de ropa al día, mientras que el otro recordaba que se encargaba de todo el papeleo y de cortar el césped. Ella se defendía diciendo que eso solo se hacía una vez al año, mientras que sus tareas eran diarias y más importantes. Entonces él contraatacaba diciendo que si ponía tantas lavadoras era porque ella quería... Un día empecé a puntuar sus conversaciones como si de un partido de tenis se tratara. Al principio me miraron como si estuviera un poco *cucú*, luego se dieron cuenta de la broma y se rieron. Aproveché ese momento para pedirles que hicieran una lista de las cosas que cada uno hacía por el otro. Fue entonces cuando descubrieron que se tenían en cuenta más de lo que pensaban.

Patricia, por ejemplo, recordaba la marca de lonchas de queso que más le gustaba a su pareja (que no era la misma que la preferida de sus hijos) y siempre se aseguraba de comprarla y ponérsela a él en las hamburguesas. Por su parte, Ramón solía estar al tanto de las novedades policiacas de Netflix, ya que eran las favoritas de Patricia. Como la cuenta estaba registrada con su correo electrónico, la información sobre las novedades le llegaba a él y las añadía a la lista de favoritos para no perderlas de vista. Pueden parecer detalles triviales, pero son ejemplos de que se piensa en el otro. Son actos de amor. Ser conscientes de esto marcó un antes y un después en la intervención terapéutica de Patricia y Ramón.

Como ves, las muestras de afecto pueden ser verbales y no verbales. Podríamos hacer una larga lista que incluiría desde los más explícitos «te quiero» hasta los más tiernos abrazos, pasando por gestos de agradecimiento, interés, deseo o complicidad.

Sí, sé que no es posible vivir en una permanente nube de manifestaciones de amor, cariño, deseo, paciencia y comprensión. No pasa nada siempre y cuando mantengamos la famosa proporción *áurea* de 5:1 de Gottman, quien, como ya te he comentado anteriormente, comprobó que las parejas funcionales y con un vínculo saludable intercambiaban, al menos, cinco interacciones positivas por cada interacción negativa. Esta conclusión sugiere, como ya sabes, que las parejas exitosas no están formadas por seres de luz que nunca discuten, sino por personas que lo hacen de forma mucho más funcional y encuentran la manera de contrarrestar la influencia de los malos ratos. Tampoco te lo tomes como un reto matemático, sino más bien como una guía general que nos dice que las interacciones positivas deben prevalecer sobre las negativas para mantener una relación saludable y feliz.

Por si acaso te falta inspiración, te cuento algunos trucos que pueden ayudarte:

Haced cada uno un listado con, al menos, cuatro cualidades de vuestra pareja y ejemplos que las reflejen. Después intercambiadlas. Quizás te sorprenda comprobar que hay cosas de ti que tu pareja valora y aprecia y que ni siquiera sabías.

Sacad los álbumes de fotos (o tirad de carrete de Google) y recordad cosas que hicisteis cuando empezasteis a salir. Os refrescará la memoria sobre los lugares, momentos y actividades que compartíais y que consiguieron que os enamorarais el uno del otro.

Compra un paquete de pósits y escribe mensajes simpáticos, de agradecimiento, de admiración, piropos, bonitos recuerdos o libidinosos deseos y escóndelos en lugares que solo tu pareja pueda encontrar, como su cartera, el cajón de su ropa interior (sí, también vale el de los calcetines) o su mochila del gimnasio.

También puedes abrazarla, besarla, acariciarla y demostrar físicamente tus sentimientos en cualquier momento. ¿Sabías que los besos que duran más de seis segundos son los que de verdad refuerzan el vínculo (y quizás otras cosillas)?

Muchas parejas con problemas en su relación o en su vida sexual evitan el contacto físico, precisamente para no fomentar la cercanía, pero, paradójicamente, lejos de arreglar el conflicto, lo aumentan. No renuncies a manifestar afecto. Dar un beso, un abrazo o una caricia sensual no obliga a hacer borrón y cuenta nueva ni a mantener una relación sexual, pero, desde luego, acerca posturas, física y emocionalmente.

Si piensas mal...

Hay un refrán que dice «piensa mal y acertarás». No se me ocurre peor consejo para poner en práctica en una relación de pareja. ¿Qué sentido tendría que nuestra pareja hiciera cosas con la única intención de fastidiarnos? Es cierto que cuando estamos enfadados podemos ser hirientes y, como hemos visto, uno de los peores enemigos de una pareja es estar a la defensiva. Pero si de verdad piensas que la motivación principal de tu pareja es hacerte daño o despreciarte, te pido encarecidamente que reflexiones acerca de por qué sigues *ahí*.

Una cosa es que nos hagan daño y otra muy distinta que quieran hacernos daño. Yo puedo darte un pisotón y lastimarte. Tu reacción dependerá de la interpretación que hagas de los motivos que me han llevado a ello. Si me conoces y sabes que soy torpe por naturaleza te será más sencillo perdonarme que si interpretas que lo he hecho adrede.

Algo similar es lo que te propongo que hagas respecto de tu pareja. Siempre que puedas intenta mantener una perspectiva positiva, una actitud amable a la hora de juzgar sus comportamientos, sus pensamientos o, incluso, sus sentimientos. Es decir, intenta ser tan amable con el juicio de la otra persona como, espero, lo serías contigo.

Cuando en una pareja hay tensión y lo que predomina es el afecto negativo (ya sabes, lo de que se tira un pedo y te molesta), es fácil que tendamos a la mala interpretación de lo que el otro hace o deja de hacer. Por ejemplo, imagina que tú y tu pareja habéis decidido organizar una cena especial en casa. Como no os da la vida, os repartís las tareas: a ti te toca comprar el sushi y a tu pareja el postre. Sin embargo, como vas como pollo sin cabeza, cuando llegas a casa te das cuenta de que ¡te has olvidado! Te sientes fatal porque te preocupa que piense que no le das importancia al plan. Por suerte, aún estás a tiempo y puedes llamar para encargarlo y que lo traigan a casa. Ahora imagina que el olvido lo comete tu pareja y no trae el postre. Si no estamos de muy buen rollo, en lugar de mostrar la misma comprensión que espero que hubieras tenido contigo, puedes llegar a pensar y decirle: «Siempre te olvidas de las cosas importantes. ¿Por qué no puedes hacer bien algo tan simple como comprar el postre?». Sí, lo has reconocido bien, el apocalipsis comunicativo estaría llamando a su puerta.

Para poder llevar a cabo esto que te propongo no solo tendrás que hacer un esfuerzo cognitivo para buscar alternativas a tu primera interpretación (que es inútil o que todo le da igual); también tendrás que conocer mejor a tu pareja (de ahí mi propuesta del Trivial), e incluso las distintas formas en las que hombres y mujeres procesamos la información o afrontamos una discusión, pues te servirán para comprender mejor tanto su comportamiento como el tuyo.

Por ejemplo, ¿sabías que hombres y mujeres no recordamos las cosas de la misma manera? Según los estudios de Elizabeth Loftus, psicóloga experta en memoria, se ha demostrado que hay diferencias notables a la hora de recordar información.

Loftus realizó un interesante experimento conocido como el test de la habitación. Hombres y mujeres fueron introducidos por separado en una habitación con cien objetos durante dos minutos. En ese tiempo tenían que observar y memorizar todo lo que pudieran. Después de salir de la habitación, se esperaban veinte minutos antes de preguntarles qué objetos recordaban. Los resultados fueron sorprendentes: en promedio, las mujeres fueron capaces de recordar una veintena de objetos, mientras que los hombres solo memorizaron una media de siete.

Esta diferencia a la hora de recordar tiene consecuencias en nuestras relaciones de pareja. En el laboratorio del amor se observó que cuando una mujer quiere resolver un conflicto con su pareja, en hasta un 40 por ciento de las ocasiones el marido no tiene ni idea de qué le están hablando. Es decir, 4 de cada 10 veces en las que les decimos «Manolo, tenemos que hablar...», Manolo no tiene ni la más puñetera idea de a qué nos referimos. En ese caso estaremos tentadas a pensar que todo le importa un pimiento, pero lo más probable es que no se deba a la falta de interés, sino a cómo procesamos y almacenamos la información en nuestra memoria.

También tenemos, en general, diferentes formas de procesar el miedo y reaccionar ante el nivel de alerta y activación que nos despierta, por ejemplo, una discusión con nuestra pareja. Los estudios indican que la respuesta masculina al estrés suele asociarse con el enfado, por lo que su primera respuesta puede ser la de enfrentamiento. En el caso de las mujeres, parece que la activación fisiológica en ese sentido resulta menor, pero el nivel de temor que recorre nuestro cuerpo es mayor.

Las parejas que no consiguen gestionar los conflictos de una forma eficiente acaban enredadas en críticas, respuestas defensivas, persecuciones por la casa para aclarar el asunto entre gritos y, quizás, algún que otro portazo. Sin embargo, las parejas exitosas, al percibir el temor o sobresalto de sus *partenaires*, tienden a atenuarlo con cercanía física, quizás algún leve contacto corporal, o con algún gesto conciliador.

En definitiva, solo cuando somos conscientes de estos detalles podemos tener una actitud más amable y positiva hacia nuestra pareja. Te puedo garantizar que pocas veces, por no decir que nunca por el momento, me he encontrado con alguien que haga las cosas única y exclusivamente con el objetivo de fastidiar a su pareja. Lo que pasa es que todos somos distintos y puede que no afrontemos la situación del mismo modo. Cuando nos acercamos a nuestra pareja desde esta perspectiva, fortalecemos el vínculo porque somos capaces de comunicarnos mejor.

Si sientes que te cuesta ver a tu pareja con estos ojos, te propongo un filtro, no de amor, sino de percepción. Intenta activar tus radares positivos, una de las tareas más útiles y provechosas que los terapeutas prescribimos. Consiste en que te comprometas a buscar y resaltar los aspectos y comportamientos de tu pareja que te hagan sentir bien, feliz o valorado/a. Pueden ser desde pequeños, pero significativos, gestos, hasta conductas relevantes de apoyo ante un problema. De esta manera te enfocarás en lo bueno y en lo que está funcionando en lugar de centrarte únicamente en los problemas o dificultades, lo que creará un ambiente más favorable para la comunicación. Por cierto, todas las *multas* que tu radar detecte, notifícalas. Y si la tarea te gusta, propón que sea recíproca.

Aprovecha la ocasión

Vivimos en un mundo de ritmos tan frenéticos que se nos va el tiempo en lo urgente, perdiendo de vista las cosas importantes; y me atrevería a decir que, entre ellas, lo que nos perdemos es a la propia pareja.

¿Te resulta familiar esa escena en la que una persona entra por la puerta de casa saludando a aquellas almas que en ese momento la habitan y lo que recibe en respuesta son leves gruñidos o un sutil levantamiento de cejas? Por recibir, no recibe ni una mirada, porque los ojos de su pareja pueden estar fijos en la pantalla del ordenador y los de sus vástagos en las del móvil o la tableta.

Estamos alimentando una fea costumbre: la de no atender en cuerpo y alma a las solicitudes de atención de nuestra pareja. Y esto no rema a favor de la confianza. Las parejas que se sienten fuertemente vinculadas tienen por costumbre orientarse, literalmente, hacia su pareja cuando esta menciona su nombre o le hace una pregunta.

Te pongo un par de ejemplos:

Sheila está inmersa en la lectura, en el periódico digital, de una noticia relacionada con su trabajo. En ese preciso momento, Pedro entra en la habitación y le pregunta qué le apetece cenar esa noche. Sheila detiene su lectura, levanta la vista y, con una sonrisa amable, responde que tiene antojo de carne. Pedro le guiña un ojo y se va.

Sheila está inmersa en la lectura, en el periódico digital, de una noticia relacionada con su trabajo. En ese preciso momento, Pedro entra en la habitación y le pregunta qué le apetece cenar esa noche. Sin levantar la vista de su lectura, responde con muy poco entusiasmo que carne. Pedro, en silencio, se va de la habitación.

Se trata de un pequeño detalle. Tan pequeño que no son más de diez segundos, pero, como te puedes imaginar, marcan una gran diferencia. Por supuesto, esto no quiere decir que tengas que dejar que, por ejemplo, la tortilla se queme en la sartén porque tu chica te haya pedido que le acerques la escalera para sacar el nórdico del altillo. Sin embargo, puedes decirle (o gritarle con cariño si hace falta) que irás en cuanto quites la sartén de la vitrocerámica. Esto le hará sentirse atendida y entendida, lo cual es maravilloso para la confianza.

La idea que pretendo transmitir es que a diario tenemos oportunidades para conectar con nuestra pareja, para trasladarle la idea de que es importante para nosotros. Por supuesto que las sorpresas y las cenas románticas están bien (no seré yo quien te diga que no las prepares), pero no es necesario que esperemos a tener una noche o un fin de semana libre o a que se alineen los astros para decirle, con la voz y con el cuerpo, que tiene toda nuestra atención.

De hecho, podemos demostrarlo casi en cada intercambio comunicativo, porque cualquier requerimiento de atención de un miembro de la pareja es una ocasión para aumentar o disminuir la confianza. Puede ser desde un «ayúdame a decidir» hasta un «juega conmigo», pasando por «tengo una duda» o «cuéntame cómo estás». En definitiva, se trata de hacernos un poco más de casito...

Además de lo que ya te he comentado, te propongo algunos *tips* que también pueden ayudarte en este sentido:

- Tened citas semanales. Propón a tu pareja planificar una salida, cena o evento especial cada semana para pasar tiempo de calidad juntos.
- Sofá, mantita y conversación. Sentarse con tu *partenaire* un ratito mientras compartís una copa de vino, o de zumo, unos nachos o unas *crudités* y os contáis qué tal ha ido el día, qué tenéis previsto hacer mañana o algún asunto que os divierta.
- Comprad un pestillo. Si tenéis vástagos que tienen dificultades para entender lo que implica ver la puerta de la habitación de los padres cerrada, comprad un pestillo. Os dará la intimidad necesaria para hacer lo que deseéis con ella.
- Apagad o silenciad los móviles a partir de determinada hora. Así podréis evitar distracciones y estar más presentes el uno para el otro.
- Duchaos juntos. Además del necesario ahorro de agua, sería un momento íntimo para relajaros, tocaros, mimaros y disfrutar de vuestra compañía.
- Enviaos a diario mensajes cariñosos o memes. Un «Buenos días, bombón» o un meme de alguna broma que tengáis la complicidad de compartir os hará sentiros conectados incluso en la distancia.

Debate sobre el estado de la relación

Del mismo modo que sucede en el Parlamento, es buena idea que las parejas dediquemos tiempo a conversar sobre temas relevantes para nuestra unión.

Por supuesto, estos debates pueden ser precipitados por algún evento imprevisto, como la visita inesperada de una suegra, o pueden aflorar en momentos más proclives, como cuando los hijos han salido y estamos solos y tranquilos compartiendo una agradable sobremesa.

Al igual que en la práctica parlamentaria, abordar estos asuntos puede generar más de un conflicto. Sin embargo, esto no supone necesariamente el problema, ya que las parejas que gozan de buena salud también los tienen, pero cuentan con estrategias útiles para tratarlos de la manera menos perjudicial para el vínculo.

Como me parece feo no compartir cosas tan relevantes para el bienestar, te las detallo a continuación. Para empezar, sus miembros contemplan la posibilidad de que ellos estén equivocados y su pareja pueda tener razón. Esto se manifiesta teniendo un estilo comunicativo muy concreto que puede que hayas deducido ya unas páginas antes pero, por si acaso, te lo resumo. Se trata de estar física y emocionalmente orientado, abierto y atento a tu pareja. Esto facilitará la tarea de tomar conciencia de la emoción que intenta comunicarte. Al mismo tiempo es importante tener presente que el propósito de la conversación no es defenderse, sino comprender lo que el otro nos quiere decir y tratar de empatizar.

Aunque estemos tentados de hacerlo, sobre todo si se trata de alguna crítica hacia nosotros, lo ideal es no tratar de poner excusas o justificarse, ya que, normalmente, lo que la otra persona busca es sentirse comprendida. Cuando nos comunicamos así, independientemente de la resolución, el conflicto evoluciona mucho mejor porque estamos trabajando la confianza desde la empatía y no malgastamos energías en defendernos.

Como todo se entiende mejor con un ejemplo, te reproduzco una conversación de una pareja con la que trabajé. Julen y Zoe necesitaban de mucha ayuda familiar con la crianza de sus pequeños debido a que ambos trabajaban a turnos. Zoe tenía la sensación de que su suegra no respetaba los límites de su hogar, por lo que Julen y ella acostumbraban a tener muchos conflictos. Las discusiones solían girar en torno a acusar/defender a la suegra, a pesar de que, curiosamente, a los dos les molestaba que la madre de Julen usara la copia que tenía de la llave para entrar en la casa sin avisar. No sin esfuerzo, ambos consiguieron dejar de atacarse y defenderse para tener una conversación que les permitió buscar una solución conjunta.

> Zoe: Cariño, necesito hablar contigo. Tu madre sigue entrando en casa sin avisar usando su llave. Me hace sentir invadida y me gustaría que encontráramos una solución.
>
> Julen: Entiendo cómo te sientes. Aunque sé que no lo hace con mala intención, entiendo que te haga sentir invadida. Lo siento.
>
> Zoe: No estoy buscando culpar a nadie, de verdad, solo quiero que entienda que necesitamos establecer límites claros y que respete nuestro espacio y nuestros horarios.
>
> Julen: Creo que puedo quedar con ella y explicarle cómo nos sentimos. De hecho, puedo proponerle que nos pregunte antes de venir, porque no siempre nos pilla en un buen momento.

La madre de Julen necesitó que le recordaran la petición en más de una ocasión, pero, finalmente, respetó la petición de su hijo y su nuera.

Otro recurso muy útil es saber parar la discusión cuando estamos demasiado activados fisiológicamente, es decir, saber cuándo ha llegado el momento de autorregularse. Aunque te parezca una broma, un truco infalible es respirar hondo y contar hasta veinte. Resulta que cuando lo hacemos activamos el nervio vago y este disminuye la activación fisiológica. ¡Así de fácil!

Si ves que no es suficiente también puedes solicitar un tiempo muerto y alejarte de la escena. En estos casos suelen ser necesarios, al menos, veinte minutos para que tu ritmo cardiaco vuelva a la normalidad. Ten en cuenta que en ese tiempo no debes estar dándole vueltas al asunto. Lo ideal es hacer algo totalmente opuesto que no alimente ese mal rollito.

Cuando esto sucede es importante que la pareja respete ese tiempo y espacio; por eso las parejas, guiadas por un terapeuta o no, suelen pactar esta estrategia antes de ponerla en práctica, no vaya a ser que te marches dando un portazo y sea peor el remedio que la enfermedad.

Otra recomendación que te hago encarecidamente es que seáis muy respetuosos con el *orden del día*, es decir, que elijáis un tema de discusión cada vez. Si estamos hablando de tu madre, estamos hablando de tu madre. Si quieres, luego, en otro momento, hablamos de la mía.

Y, por último, pero no menos importante, no perdáis de vista lo que los profesionales denominamos *intentos de desagravio*. Son esos pequeños gestos, guiños, bromas o caricias que solemos hacer cuando tratamos de quitar hierro al asunto o reducir la tensión del momento. Si los ves o se te ocurren, te animo a que los aceptes, porque todo lo que podamos hacer para reducir la intensidad de la discusión será en beneficio de la pareja, dándole la oportunidad de llegar a una resolución más positiva del conflicto, el cual, por cierto, puede quedar en tablas, porque, como bien sabes ya, siete de cada diez no son resolubles, si bien las parejas exitosas aprenden a convivir con ellos.

4.3. ... Deshaciendo la cama

Confío en haber logrado transmitirte la idea de que la intimidad sexual no es importante solo por el sexo en sí mismo, sino por todo lo que implica. Mantener relaciones sexuales con tu pareja significa compartir complicidad, comunicación y placer. Significa darle un tiempo y un lugar a vuestra relación para disfrutarse a sí misma y disfrutar de vosotros. Significa aceptación, admiración, deseo, cariño y diversión. Por todo esto, sea en la frecuencia que sea y con las prácticas que a vosotros más os gusten, es importante que no lo despreciemos.

¿Se puede vivir sin sexo? Por supuesto, pero ¿por qué ibas a querer renunciar a algo que no solo es gratis sino beneficioso y saludable?

Creo que después de haberte hablado de lo amplia que es la diversidad sexual y de desmontarte más de un mito, lo tienes todo para empezar o seguir disfrutando de tu vida sexual compartida.

¿Cómo dices? ¿Que la rutina te lo está poniendo difícil? Si no te lo he dicho ya, lo hago ahora: el enemigo del placer y del deseo no es la rutina (seguro que cobras rutinariamente y no tienes problema con ello). El verdadero adversario es el aburrimiento. Esto no quiere decir, claro, que tengamos que tener un repertorio sexual diferente para cada día, semana o mes del año, porque no se trata tanto de la novedad como de la imprevisibilidad.

Por ejemplo, si sabes que a tu pareja le vuelve loca el sexo oral y que su postura preferida es ser penetrada situándose sobre ti cual amazona, pero siempre empezáis por el sexo oral y acabáis con la penetración, ¿qué crees que pasaría si intercambiáis el orden de los factores? Estoy segura de que el producto sería el mismo y orgasmaría como siempre. Porque ya os conocéis y existe una anticipación de ese placer, pero habría una novedad respecto del guion.

En las próximas ocasiones, quizás no sepa predecir cómo será la película erótica que os vais a montar y querer descubrirlo puede despertar su deseo. Este es un ejemplo en el que solo hemos cambiado una variable: el orden. Pero se pueden cambiar muchas más, como quién toma la iniciativa, en qué lugares (o sobre qué muebles) lo hacéis o, incluso, el momento del día o el día de la semana. Así que imagina cuántas posibilidades tenéis como pareja para salir de la tan denostada rutina. Piensa que el sexo y su deseo es como el sueño: no lo podemos forzar, pero sí crear las condiciones más favorables para que aparezca.

Para terminar, una última reflexión. No existe el «felices para siempre», y cuando lo somos no podemos perder de vista que cada uno lo es a su manera. Y, aunque en ocasiones las parejas sencillamente dejan de funcionar y el vínculo puede caducar, ten presente que todas, en algún momento de nuestra historia relacional, podemos intentar ser *perfectamente imperfectas*, siempre que no descuidemos la comunicación, la confianza y nuestra intimidad.

Espero haber aportado mi granito de arena en tan emocionante aventura. Si ves que lo que en estas páginas te cuento no es suficiente, por favor, no dudéis en pedir ayuda profesional. Ninguno de nosotros hemos nacido sabiendo y no somos menos por ello.

Muchas gracias, de corazón, por haberme acompañado hasta aquí.

Mantener relaciones sexuales con tu pareja significa compartir complicidad, comunicación y placer. [...] Por todo esto, sea en la frecuencia que sea y con las prácticas que a vosotros más os gusten, es importante que no lo despreciemos.

BIBLIOGRAFÍA

Alcaide, P., *Cómo superar un bollodrama*, Editorial Egales, Madrid, 2019.

Alonso Peña, J. R., *El cerebro enamorado: Los mecanismos neuronales del amor*, Espasa, Barcelona, 2021 (ebook).

Asociación Americana de Psiquiatría, *Manual diagnóstico y estadístico de los trastornos mentales. DSM-5*, Editorial Médica Panamericana, Madrid, 2013.

Asociación Americana de Psiquiatría, *Guía de consulta de los criterios diagnósticos del DSM-5*, Médica Panamericana, Madrid, 2014.

Ayuso, L., y García L., *Los españoles y la sexualidad en el siglo XXI*, Centro de Investigaciones Sociológicas, Madrid, 2014.

Bergner, D., *¿Qué quieren las mujeres?*, Destino, Barcelona, 2013.

Borrillo, D., *Homofobia*, Edicions Bellaterra, Barcelona, 2001.

Brochmann, N., y Dahl, E., *El libro de la vagina*, Grijalbo, Barcelona, 2017.

Brotto, L., *Better sex through mindfulness*, Greystone Books, Vancouver, 2018 (ebook).

Burgos, G., *La masturbación*, De Vecchi, Barcelona, 2012.

—, *Mente y deseo en la mujer*, Biblioteca nueva, Madrid, 2009.

Bustamante, J., *¿En qué piensan los hombres?*, Booket, Barcelona, 2014.

Cabello Santamaría, F., *Manual de sexología y terapia sexual*, Síntesis, Madrid, 2010.

Caillé, P., *Uno más uno son tres: la pareja revelada a sí misma*, Paidós, Barcelona, 1992.

Cantón, J., y Cortés, M. R., «Sintomatología, evaluación y tratamiento del abuso sexual infantil», *Manual de psicología clínica*

infantil y del adolescente (eds. V. E. Caballo y M. A. Simón), Editorial Pirámide, Madrid, 2001.
De Béjar, S., *Tu sexo es tuyo*, Booket, Barcelona, 2004.
—, *Deseo*, Booket, Barcelona, 2013.
Diamond, J., *¿Por qué es divertido el sexo?*, Debolsillo Editorial, Barcelona, 2011.
Easton, D., y Hardy, J., *Ética promiscua*, Melusina, Santa Úrsula, 2023.
Echeburúa, E., y Fernández-Montalvo, J., *Celos en la pareja: una emoción destructiva*, Ariel, Barcelona, 2010.
Estupinyà, P., *S=EX2. La ciencia del sexo*, Debate, Barcelona, 2015.
—, *El sexo en la consulta médica*, Random House, Barcelona, 2013.
Etxebarria, I., *Los sentimientos de culpa*, Arguval Editorial, Málaga, 2006.
Fisher, H., *Why we love*, Henry Holt and Co., Nueva York, 2005 (ebook).
Foucault, M., *Historia de la sexualidad 1, 2 y 3*, Siglo XXI, Madrid, 2003.
Freixas, A., *Sin reglas*, Capitán Swing, Madrid, 2018.
García-Vega Redondo, L., y García Vega, L., *Amor, deseo y pasión*, EMSE EDAPP, Barcelona, 2018.
Gómez, J., *Apego y sexualidad*, Alianza Editorial, Madrid, 2009.
—, *Psicología de la sexualidad*, Alianza Editorial, Madrid, 2013.
Gottman, J., *The Science of Trust*, WW Norton, Nueva York, 2011 (ebook).
Gottman, J. S., y Gottman, J. S., *Diez claves para transformar tu matrimonio*, Paidós, Barcelona, 2008.
Gottman, J. S., y Silver, N., *Siete reglas de oro para vivir en pareja*, Debolsillo Editorial, Barcelona, 2010.
Hite, S., *El informe Hite. Estudio de la sexualidad femenina*, Plaza & Janés, Barcelona, 1977.
—, *El informe Hite. Estudio de la sexualidad masculina*, Punto de lectura, Madrid, 2002.
Hutter, R., *El poder de las hormonas*, Editorial Crítica, Barcelona, 2019.
Janssen, E., *The Psychophysiology of Sex*, Indiana University Press, Bloomington, 2007 (ebook).
Johnson, S., *Abrázame fuerte*, Editorial Alba, Barcelona, 2019.
Kaplan, H. S., *La nueva terapia sexual I*, Alianza Editorial, Madrid, 2014.
—, *La nueva terapia sexual II*, Alianza Editorial, Madrid, 2014.
—, *Los trastornos del deseo sexual*, Grijalbo, Barcelona, 1981.

—, *Manual ilustrado de terapia sexual*, Penguin Random House Grupo Editorial, Barcelona, 2015.
Kleinplatz, P., y Ménard, D., *Magnificent Sex: Lessons from Extraordinary Lovers*, Routledge, Nueva York, 2020 (ebook).
Komisaruk, B., Beyer-Flores, C., y Whipple, B., *La ciencia del orgasmo*, Paidós, Barcelona, 2008.
Labriola, K., *El libro de los celos*, Melusina, Santa Úrsula, 2017.
Landarroitajauregi, J., *Homos y heteros*, Isesus, Valladolid, 2014.
—, *Sexorum scientia vulgata*, Isesus, Valladolid, 2016.
LeVay, S., *El cerebro sexual*, Alianza Editorial, Madrid, 1993.
López, F., *Amores y desamores*, Biblioteca nueva, Madrid, 2009.
Martín, G. J., *Quiérete mucho, maricón*, Roca Bolsillo, Barcelona, 2019.
Martínez, S., *La ciencia del sexo*, Batiscafo, Barcelona, 2016.
Masters, W. H., y Johnson, V., *Respuesta sexual humana*, Intermédica, Buenos Aires, 1967.
Matute, H., *Nuestra mente nos engaña*, Shackleton Books, Barcelona, 2019.
Ministerio de Sanidad y Consumo, Organización Médica Colegial, *Guía de buena práctica clínica en disfunciones sexuales*, IM&C, Madrid, 2004.
Mora, F., *Los laberintos del placer en el cerebro humano*, Alianza Editorial, Madrid, 2006.
Moran, C., *Cómo ser mujer*, Anagrama, Barcelona, 2013.
Morán, L., y Gu, R., *Iguales pero diferentes: La aventura de crecer con la familia, los amigos y en el amor*, Boldletters, Barcelona, 2023.
Morán, L., *Orgas(mitos)*, Next Door Publishers, Pamplona, 2019.
—, *¿Por qué no deseo?*, Next Door Publishers, Pamplona, 2022.
—, *Sexualidad*, Emse Edapp S. L., Barcelona, 2021.
Morfa, J. D., *Prevención de los conflictos de pareja*, Desclée De Brower, Bilbao, 2003.
Morgado, I., *Deseo y placer*, Editorial Planeta, Barcelona, 2019.
Nagoski, E., *Tal como eres*, Neo Person, Madrid, 2021.
Nardone, G., y Rampin, M., *La mente contra la naturaleza*, Integral, Barcelona, 2007.
Neff, K., *Sé amable contigo mismo*, Paidós, Barcelona, 2016.
Opi, E. P., y Landarroitajauregi, J., *Materiales para una teoría de pareja*, Isesus, Valladolid, 2014.
Organización Mundial de la Salud, *Guía de bolsillo de la clasificación CIE-10: clasificación de los trastornos mentales y del comportamiento*, Editorial Médica Panamericana, Madrid, 2010.

Perel, E., *El dilema de la pareja*, Editorial Planeta, Barcelona, 2020.
—, *Inteligencia erótica*, Temas de hoy, Barcelona, 2007.
Rincón, P. J., y Fernández, M. G., *Psicoterapia de parejas*, Editorial CCS, Madrid, 2005.
Ryan, C., y Jethá, C., *En el principio era el sexo: los orígenes de la sexualidad moderna*, Paidós, Barcelona, 2012.
Schnarch, D., *Passionate Marriage: Keeping Love and Intimacy Alive in Committed Relationships*, WW Norton & Co, Nueva York, 2009.
Seco, K., *Eyaculación precoz: manual de diagnóstico y tratamiento*, Editorial Fundamentos, Madrid, 2009.
Serrano, M., *El climaterio. Todo lo que sabes de la menopausia es mentira*, Arcopress, Córdoba, 2019.
Sheff, E., *Apuntes sobre poliamor: Una guía para entender a las personas poliamorosas*, Continta Me Tienes, Miranda de Arga, 2021.
Sternberg, R., *El triángulo del amor*, Paidós, Barcelona, 1989.
Tannen, D., *Tú no me entiendes*, Círculo de Lectores, Barcelona, 1991.
Villadangos López, F., *Sexualidad masculina. ¿Hombres o titanes?*, autopublicación (ebook).
Watzlawick, P., Bavelas, J. B., y Jackson, D. D., *Teoría de la comunicación humana: interacciones, patologías y paradojas*, Herder, Barcelona, 1981.

NOTAS

1. *Sistema* será un concepto clave a lo largo de todo el libro. Por eso el principal enfoque teórico que trabaja las relaciones de pareja y familia se conoce como psicología o terapia sistémica, porque se basa en la teoría general de sistemas, una disciplina que estudia cómo los elementos interactúan e influyen entre sí y forman una totalidad organizada. Un sistema puede ser desde un ecosistema natural hasta una empresa, el cuerpo humano o una pareja.
2. Si quisiera hacerlo en profundidad, cedería la palabra a otros profesionales expertos en la materia, como, por ejemplo, el sexólogo Miguel Vagalume.
3. He intentado comprobarlo con el traductor de Google y sí, me dice que 危 significa *peligro*, pero que 機 quiere decir *máquina*. Puede que sea polisémico y ese carácter tenga más significados. Hasta aquí llegan mis pesquisas.
4. <https://www.youtube.com/watch?v=orouFvnorpM&ab_channel=MensaEspa%C3%B1a>.
5. Morán, 2022.
6. Por si no te lo he comentado antes, extradiádico es todo aquello que es ajeno a la díada, a la pareja. En este caso me refiero a todas las interacciones externas que influyen en la dinámica de la relación.
7. Pérez Opi, 2014.
8. Cabe señalar que mientras antes la monogamia significaba uno para toda la vida, en la actualidad la entendemos como uno cada vez.
9. Morán y Gu, 2023.

10. Puedes echarle un vistazo en esta web <https://universodee-mociones.com/>. Me gustaría aclarar que no tengo ningún interés o beneficio económico ni en su promoción ni en su venta. Si te lo recomiendo es porque en mi día a día profesional me ha resultado tremendamente provechoso.
11. Según la teoría de las cinco emociones básicas, el ser humano experimenta alegría, tristeza, ira, asco y miedo. Puede que, además, te resulten familiares, porque son las emociones protagonistas de la película de animación de Pixar *Del revés*, de 2015.
12. El magenta, el azul cian y el amarillo medio si hablamos de los colores entendidos como pigmentos, y el rojo, el azul y el verde si nos referimos a los colores como luz.
13. Es una comedia romántica de 1997 protagonizada por Salma Hayek y Matthew Perry.
14. A riesgo de repetirme, recuerda que *lo del principio* es un estado de enajenación mental transitorio.
15. <http://www.robertjsternberg.com/love>.
16. <https://centroborobil.com/>.
17. <https://dle.rae.es/celo>.
18. Echeburúa, 2010.
19. Pérez Opi, 2014.
20. Labriola, 2017.
21. Pérez Opi, 2014.
22. *La princesa prometida* es una película de aventuras y romance dirigida por Rob Reiner y estrenada en 1987.
23. *Dentro del laberinto* es una película de fantasía dirigida por Jim Henson y estrenada en 1986.
24. <https://www.elcorreo.com/bizkaiadmoda/amor-y-sexo/errores-comunes-cometen-20201217101318-nt.html>.
25. Como si este consejo, aunque bienintencionado, hubiera funcionado alguna vez.
26. Aunque imagino que la conoces, *Grease* es un famoso musical de comedia romántica ambientado en la década de 1950. La película sigue la historia de Sandy Olsson (Olivia Newton-John), una joven ingenua y dulce, y Danny Zuko (John Travolta), un chico carismático y rebelde, que se enamoran durante el verano.
27. Por si no te resultaran familiares estas siglas, te aclaro que el *BDSM* es un término creado en los años noventa que abarca una serie de prácticas sexuales que tienen en común el intercambio erótico del control y del poder, siempre dentro de un

contexto muy bien definido y temporal. Las siglas tienen que ver con conceptos como el *bondage*, la disciplina, la dominación y sumisión, el sadismo y el masoquismo.

28. Por si tienes curiosidad, eran Sócrates, Aristófanes, Alcibíades, Pausanias, Erixímaco, Agatón y Fedro.
29. <https://historicodigital.com/download/Platon,%20el%20banquete.pdf>.
30. En un alarde de superación del mito de la media naranja hemos cambiado *completar* por *complementar*; pero no estoy del todo segura de que hayamos erradicado totalmente el significado del primero.
31. <https://www.pikaramagazine.com/2020/02/solteronas/>.
32. Uno de los personajes protagonistas de la aclamada serie de HBO *Juego de Tronos*, basada en las novelas de George R. R. Martin.
33. Sí, en un alarde de modernización, hemos pasado de convertir lo pecaminoso en patológico, como si el cambio hubiera sido benéfico para nuestras sexualidades...
34. «La salud sexual y su relación con la salud reproductiva: un enfoque operativo». <https://apps.who.int/iris/bitstream/handle/10665/274656/9789243512884-spa.pdf>.
35. FDA son las siglas en inglés de Food and Drug Administration, es decir, la Administración de Alimentos y Medicamentos. En la Unión Europea, su homóloga es la Agencia Europea de Medicamentos.
36. Morán, 2019.
37. No tuvieron los mismos remilgos a la hora de recoger el deseo sexual hipoactivo, aunque es cierto que tampoco hay criterios cuantificables.
38. <https://www.publico.es/ciencias/dinosaurios-disfrutaban-preliminares-del-sexo.html>.
39. *The Witcher* es una serie de televisión basada en la saga de libros del mismo nombre escrita por Andrzej Sapkowski. Fue producida por Netflix y lanzada en 2019.
40. <https://elpais.com/diario/1998/09/19/internacional/906156004_850215.html>.
41. Es decir, arrodillada y apoyándose en las palmas de las manos mientras es penetrada posteriormente por la vagina.
42. El término *cougar* en castellano significa 'puma' y hace referencia a las mujeres maduras que son sexualmente activas y prefieren parejas más jóvenes que ellas.

43. Freixas, 2018.
44. Morán, 2019.
45. Por ejemplo, si la masturbación se realiza de forma compulsiva o como recurso para manejar otro tipo de emociones y su práctica nos lleva a perder funcionalidad y bienestar en otras áreas de nuestra vida.
46. Robertson, M., Bartholomew, K., y Cobb, R., «Need Fulfillment in Polyamorous Relationships», *Journal of Sex Research*, 51 (2013), doi: 10.1080/00224499.2012.742998.
47. Por si acaso no eres fan de *Star Wars*, Chewbacca es un wookiee, amigo y leal copiloto de Han Solo, personaje interpretado por Harrison Ford en la saga.
48. Gottman, 2010.
49. Gottman, 2010.
50. En función de los datos arrojados por sus investigaciones, identificó tres principales estilos. El *validador*, que corresponde con el estereotipo que tenemos de la buena comunicación; el *evitador*, que intenta solucionar los problemas no abordándolos, y el *volátil*, como Nerea y Jon.
51. Estela Reynolds es un personaje de la serie de televisión española *La que se avecina* interpretado por Antonia San Juan.
52. *Black Mirror* es una serie de televisión británica de ciencia ficción distópica creada por Charlie Brooker. La serie se estrenó en el año 2011. Ha tenido cinco temporadas, además de un largometraje especial interactivo. Cada capítulo cuenta una historia independiente, pero todos se centran en temas como la privacidad, la vigilancia, la inteligencia artificial, la realidad virtual, las redes sociales o la manipulación de la información.
53. *Sesgos cognitivos y adaptación al medio*, Burgos, 2018; charla recogida en la plataforma Naukas. <https://www.youtube.com/watch?v=GB6-oPQJo0E>, consultado el 6 de mayo de 2023.
54. Bodine, A., «Mary Ritchie Key, Male/Female Language. Metuchen, N. J.: The Scarecrow Press, 1975», *Language in Society*, 6 (1) (1977), pp. 104-110, doi:10.1017/S0047404500004929.
55. <https://www.youtube.com/watch?v=-4EDhdAHrOg&ab_channel=JasonHeadley>.
56. El famoso Instituto de Tecnología de Massachusetts.
57. Laboratorio del amor.
58. Gottman, 2010.
59. <https://www.youtube.com/watch?v=yuMiSBqb5Vs&ab_channel=MensaEspa%C3%B1a>.

60. Por si te apetece profundizar o escuchar a alguien que seguro que lo explica mucho mejor que yo, te recomiendo que veas el episodio «Matemática Royale» del programa *Una matemática viene a verte* de la fantástica matemática Clara Grima: <https://www.rtve.es/play/videos/una-matematica-viene-a-verte/matematica-royale/6893755/>.

La primera edición de este libro
se imprimió en Liberdúplex, S. L.
en noviembre de 2023